# Fernweh Deutschland

Naturparadiese
direkt vor
der Haustür
erleben

# Fernweh Deutschland

Naturparadiese
direkt vor
der Haustür
erleben

Julia Schattauer

BRUCKMANN

## DIE MITTE
## Von Wäldern, Wein und Wiesen 101

## DER NORDEN
## Salz auf den Lippen, Wind im Gesicht 09

**01 INSELURLAUB** Entdecke die ruhigen Seiten Rügens. **02 FELSMASSIV** Erkunde die Felsen im Pfälzerwald.
**03 WANDERTAG** Erwandere die Fränkische Schweiz. **04 ALPENLAND** Bewundere die Berge und Seen im Süden.

DER SÜDEN

## Zwischen höchsten Gipfeln und kristallklaren Bergseen   187

03

04

**AUENLAND**
Die Flussauen im
Unteren Odertal sind
bedeutsamer Lebens-
raum für seltene Arten.

# Salz auf den Lippen, Wind im Gesicht

01

02

# Das Wattenmeer

*Bei jedem Schritt macht der Schlick unter den nackten Füßen ein schmatzendes Geräusch. Es ist ungewohnt, den nassen Meeresboden an den Fußsohlen zu spüren, aber es fühlt sich gut an. Dazu zaust der Wind die Haare, der Blick ist abwechselnd zum weiten Horizont gerichtet oder auf das Watt auf der Suche nach Würmern – so geht Wattwandern, die beste Möglichkeit, das einmalige Naturwunder im Norden kennenzulernen. Auch wenn das Watt auf den ersten Blick karg wirkt, es ist der bedeutendste Naturraum in Deutschland und das vogelreichste Gebiet Europas.*

## NATURWUNDER IM GROSSFORMAT

Das Wattenmeer liegt im südöstlichen Teil der Nordsee in der sogenannten Deutschen Bucht. Es erstreckt sich vom niederländischen Den Helder entlang der deutschen Küste bis nach Dänemark. Im deutschen Teil des Wattenmeers sind drei Nationalparks ausgewiesen. Der 1985 gegründete Nationalpark Schleswig-Holsteinisches Wattenmeer ist der älteste. Es folgten der Nationalpark Niedersächsisches Wattenmeer und der Nationalpark Hamburgisches Wattenmeer. Der Großteil des Wattenmeers zählt heute zum UNESCO-Weltnaturerbe. Gemeinsam mit Wattgebieten in den Niederlanden und Dänemark umfasst das Wattenmeer knapp 11500 Quadratkilometer und ist damit das größte seiner Art weltweit. Beeindruckende Fakten, die sich an der Küste noch großartiger anfühlen, als es die nackten Zahlen erahnen lassen.

**01 BLÜTENMEER**
Für Farbe im Wattenmeer sorgt der Seelavendel.

**02 GOLDSCHIMMER**
Im Herbst scheinen die Salzwiesen golden.

**03 LEERE**
Ebbe auf Langeneß ist Essenszeit für Vögel.

## MEHR ALS NUR SCHLICK

Zum Ökosystem gehört nicht nur das eigentliche Watt, auch Salzwiesen, Dünen, Strände und Geestkliffs gestalten den vielfältigen Lebensraum. Tiere und Pflanzen haben sich an die speziellen Bedingungen angepasst. Das Spiel der Gezeiten ist dabei einem Sechsstundentakt unterworfen. Bei Ebbe zieht sich das Meer zurück und hinterlässt den Meeresgrund als

03

feuchtes Watt, während bei Flut das Wasser bis auf die Salzwiesen vordringt. Das Wattenmeer ist die Heimat vieler Tierarten, nicht nur der an den sandigen Hinterlassenschaften erkennbaren Wattwürmer. So tummeln sich unzählige Seehunde an der Nordseeküste, die sich am besten beim Faulenzen auf den Sandbänken beobachten lassen. Von Mai bis September gebären sie hier ihre Jungen, die Heuler. Sogar Schweinswale leben in der Nordsee. Die größten Chancen auf eine Schweinswalbegegnung besteht im Frühjahr. Zwischen März und Mai lassen sich die Tiere häufig blicken. Zahlenmäßig beanspruchen aber definitiv die Vögel die Spitzenposition an der Nordsee. Für sie ist das Watt ein großes All-you-can-eat-Buffet. Die Spezialisierung auf Wattwürmer sieht man einigen von ihnen sogar an. Vögel wie der Große Brachvogel oder der Rotschenkel sind an den langen dünnen Schnäbeln zu erkennen, mit denen sie die Würmer problemlos aus den Sandröhren ziehen. Neben Hunderttausenden einheimischer Brutpaare legen hier jedes Jahr mehr als zehn Millionen Zugvögel Station ein, um sich für die Weiterreise zu stärken.

### DAS WATT HAUTNAH ERLEBEN

Wer die Zeiten von Ebbe und Flut im Auge behält und sich vorher genau informiert, kann das Wattenmeer auf eigene Faust erkunden. Sicherer und unterhaltsamer laufen aber die Wanderungen mit geschulten Wattführern ab. Beim Ausgraben von Wattwürmern und Muscheln oder beim Erkennen der vorbeifliegenden Vögel erfährt man spielerisch viel Wissenswertes über das Leben rund ums Watt. Also Hosen hochkrempeln, Schuhe aus und ab in den Schlick!

### DIE HALLIGEN

Wer von Abgeschiedenheit und dem Leben in der Natur träumt, der ist auf den Halligen richtig. Die nicht oder nur wenig geschützten Marschinseln liegen nur ein paar Meter über dem Meeresspiegel und werden regelmäßig bei Sturmfluten überschwemmt. Der Dichter Theodor Storm (1817–1888) nannte die Halligen »Schwimmende Träume«. Auch bei Besuchern

02

ist die Faszination für die Ruhe und Ursprünglichkeit ungebrochen. Wenn die Tagesausflügler von den Nachbarinseln kommen, kann es mit der Stille kurzzeitig vorbei sein. Wer die Ruhe wirklich erleben will, bleibt länger und bekommt dann, wenn alle Kurzurlauber die Inseln verlassen haben, einen authentischen Eindruck vom Alltag auf den Halligen.

### WIND UND WETTER

Für die Bewohner der Halligen ist das Leben hier nicht immer nur Idyll. Rund 300 Menschen verteilen sich auf fünf der zehn besiedelten Inselchen – Hooge, Langeneß, Oland, Gröde und Nordstrandischmoor. Inmitten der See sind sie ständig Wind und Wetter ausgesetzt. Dass es außer dem Regenwasser keine Süßwasserquellen auf den Inseln gibt, hat die Fauna und Flora maßgeblich beeinflusst. Hier gedeihen Strandwermut, Halligflieder, Portulak-Keilmende und die zartrosafarbene Strandaster. Da kaum Landwirtschaft möglich ist, waren Viehhaltung und Fischerei früher die einzigen Möglichkeiten zum Überleben. Heute arbeiten die Halligbewohner vorwiegend für den Küstenschutz oder im Tourismus. Die Halligerhäuser stehen auf sogenannten Warften,

01

künstlichen Erdhügeln. Bei »Land unter« ragen nur noch diese kleinen Hügel mit den Wohnhäusern aus dem Wasser. Die Menschen haben sich an die Abgeschiedenheit gewöhnt. Man arrangiert sich damit. Der Zusammenhalt untereinander ist groß, außerdem gibt es stets Vorräte im Haus, falls man wieder von der Außenwelt abgeschnitten ist. Vielleicht wirken die Halligbewohner deshalb eine Spur entspannter als andere Menschen? Wenn alle Wiesen überflutet sind, wird Tee aufgesetzt und gewartet. Das Motto »Abwarten und Tee trinken« kann nur hier erfunden worden sein.

**01 TIERISCH**
Auf der Hallig sind Schafe die Wegbegleiter.

**02 EINSAMKEIT**
Weite und Ruhe sind das Kapital der Hallig.

**03 ÜBERSCHWEMMT**
Von mühsamer Landwirtschaft lebt heute kaum noch jemand.

**TIPP**

**Fremde
in der Nacht**

Eine einmalige Erfahrung ist eine Nachtwanderung auf Langeneß. Auf den Halligen herrscht noch echte und tiefe Dunkelheit, die es im lichtverschmutzten Europa fast nirgendwo noch so zu erleben gibt. An der Wasserkante nehmen die Besucher bei Dunkelheit die Geräusche von Wind und Meer auf ganz besonders intensive Weise wahr.

www.schutzstation-wattenmeer.de

03

# Zuhause ist, wo man auch am Abend »Moin« sagt

01

02

# Ostfriesische Inseln

*Der Nordsee-Aufenthalt heilt viele Beschwerden. Die frische Luft sorgt für einen freien Kopf, Asthmatiker können endlich durchatmen und Gestresste zur Ruhe kommen. Die Ostfriesischen Inseln sind aber auch das perfekte Ziel für Wassersportler, die mal wieder aufs Board hüpfen wollen. Hier gibt es für jedes Bedürfnis das passende Angebot – oder besser gesagt, die passende Insel. Den weiten Himmel und die frische Seebrise haben Juist, Langeoog und Borkum gemein, doch jede Insel hat ihre besonderen Reize. Drei ostfriesische Perlen für Aktivreisende und Erholungssuchende und alle, die sich nach einem endlosen Horizont sehnen.*

## DREI INSELN FÜR DIE GESUNDHEIT

Manche nennen Juist die schönste Sandbank der Welt. Die Einwohner sprechen bei ihrer Insel lieber vom *Töwerland*, was so viel wie »Zauberland« bedeutet. Wer einmal dem Charme der Insel verfallen ist, stellt keine Fragen nach dem Warum. Was Besucher und Bewohner gleichermaßen an Juist schätzen, ist die Ruhe. Auch wenn Juist nicht mehr als Geheimtipp gilt, lässt sich der Frieden noch hinter jeder Ecke finden. Da auf Juist keine Autos fahren, mit Ausnahme von Rettungsdienst und Post, gibt es weder Motorenlärm noch Abgase. Was nicht zu Fuß erledigt wird, übernehmen Pferdekutschen. Auch von Massen an Tagesgästen bleibt Juist verschont. Wegen der Tide verkehren die Fähren seltener als auf den Nachbarinseln. Bei all der Ruhe und Erholung – was genau macht man denn nun auf Juist? In Zeiten von Arbeits-

und Freizeitstress ist das Nichtstun ungewohnt geworden. Doch wer einmal mit dem Nichtstun, etwa in Form von kilometerlangen Strandspaziergängen und Teetrinken, angefangen hat, kann gar nicht mehr aufhören. Und dann sind da ja auch noch die Robben und Seehunde an der Ostspitze der Seeseite, die besucht, und die vielen Wanderwege über die Insel, die erkundet werden wollen. Angst vor Langeweile ist auf jeden Fall unbegründet!

## SANDWÜSTE AUF OSTFRIESISCH

Juists größtes Kapital sind die unverbauten, kilometerlangen Strände. Die Insel ist an der schmalsten Stelle nur knapp 500 Meter breit, aber 17 Kilometer lang. Genauso lang ist auch der Sandstrand.

03

Nicht entgehen lassen sollte man sich den Spaziergang zur Bill. Das große Sandriff liegt am westlichen Ende der Insel. Hier, wo Nordsee und Wattenmeer aufeinandertreffen, befinden sich große, von Prielen durchzogene Sandbänke. Bei Ebbe bleibt nichts als eine riesige Sandwüste zum Bestaunen.
Auf Juist weht immer Wind, daher stehen hier nur wenige Bäume. Eine Ausnahme gibt es aber: Das vom Biologen Otto Leege (1862–1951) ange-

**01 DÜNENROMANTIK**
To-dos: Nichtstun außer Strandspaziergänge.

**03 FELLNASE**
Seehunde fühlen sich auf den Inseln pudelwohl.

**02 GEGEN DEN WIND**
Langeoog und Wassersport, das perfekte Match!

legte Wäldchen westlich des Hammersees, übrigens der größte Süßwassersee der Ostfriesischen Inseln. Dort ließ der Wissenschaftler über 50 000 Bäume anpflanzen, die dem Wind trotzen, darunter auch seltene Arten wie Schwarzerle und Karpatenbirke. Ein Wanderweg führt durch das Waldgebiet bis zu einer Aussichtsplattform, die den Blick auf Land und See bietet.

### EIN PARADIES FÜR SPORTLER

Wenn eine Kuppe von sage und schreibe 20 Metern die höchste Erhebung ist, weiß man, dass man sich in Nordfriesland bewegt. Auf Langeoog kommen Besucher auf der Höhenpromenade Melkhorndüne »hoch« hinaus. Doch das ist nicht die einzige Möglichkeit, um an der frischen Seeluft aktiv zu werden. Hier wird immer und überall Sport getrieben. Also Laufschuhe an, Stöcke in die Hand oder rein in den Sattel!
Wer sein Workout an den Strand verlegen will, ist in Langeoog an der richtigen Adresse. Fast ganzjährig locken am Sportstrand Fitnessangebote: ob »Fit in den Tag«, »Bootcamp« oder das abendliche »Athletik-Training«. Natürlich sind auch die Klassiker wie Beachvolleyball, Beachsoccer oder Boccia vertreten. Die Seebrise trocknet den Schweiß ...

01

02

### SPASS IM WASSER

Wer lieber in die Wellen möchte, der erlebt Wind und Wasser beim Windsurfen oder Kitesurfen. Das Kiten ist vergleichsweise leicht zu erlernen. Wer die ersten Sprünge und Tricks gemeistert hat, kann sich bald nichts Schöneres vorstellen. Für Funsportler ist Wasserski das Richtige! Das testet man am besten am Wasserskilift in Hooksiel. Wer es etwas entspannter angehen will, wählt das Segelboot. Schließlich gilt die Nordsee als eines der schönsten Segelreviere der Welt, aber auch als sehr anspruchsvoll. Ein Segeltörn mit einem erfahrenen Segler bietet sich daher an.

### BESTE LUFT AUF BORKUM

Borkum hat von einer Sache mehr als genug: gute Luft zum Atmen. Das Hochseeklima sorgt für Frischluft der Extraklasse. Durch Borkums besondere Lage ist die Luft pollenarm und jodhaltig. Davon profitieren vor allem Allergiker. Bei der rund zweistündigen Überfahrt von Emden hat man genügend Zeit, um sich auf die Insel und ihre besonderen Bedingungen einzustimmen. Die 30 Kilometer Entfernung zum Festland sorgen einerseits für den nötigen Abstand zum Alltag, andererseits für ein spezielles Klima. Menschen, die unter Allergien oder Asthma leiden, finden auf Borkum beste Voraussetzungen für ihren Urlaub. Die Europäische Stiftung für Allergieforschung hat Borkum als erste Insel in Europa als allergikerfreundlich zertifiziert. Rund 180 Unterkünfte und viele Einzelhändler haben ihre Einrichtungen an die Bedürfnisse von Allergikern angepasst und weisen Inhaltsstoffe von Lebensmitteln aus. Neben der Luft tragen auch die milden Temperaturen zum Wohlbefinden bei. Der Golfstrom sorgt dafür, dass die Sommer auf der Insel nicht zu heiß werden und die Winter meist mild ausfallen.

**01 NATURNAH**
Wo wenig Menschen sind, lassen sich Tiere beobachten.

**02 PRACHTVOGEL**
Der Fasan – wenn man ihn nicht sieht, hört man seine Rufe.

**03 VOGELPARADIES**
Auf Langeoog können Hobby-Ornithologen viel sehen. Hier ein Schwarm Riesentafelenten.

**TIPP**

### Gut gehandelt

Langeoog ist die erste deutsche Fairtrade-Insel. Hier wird fairer Handel gefördert und dafür gesorgt, dass proportional zur Einwohnerzahl eine bestimmte Anzahl an Geschäften, Hotels, Restaurants und Cafés Fairtrade-Produkte verarbeiten oder verkaufen. So kommen auf der Insel überwiegend Fairtrade-Kaffee und fair gehandelter Ostfriesentee in die Tassen oder in die Langeooger Mehrweg-Becher. Bitte nachmachen!

www.fairtrade-towns.de

03

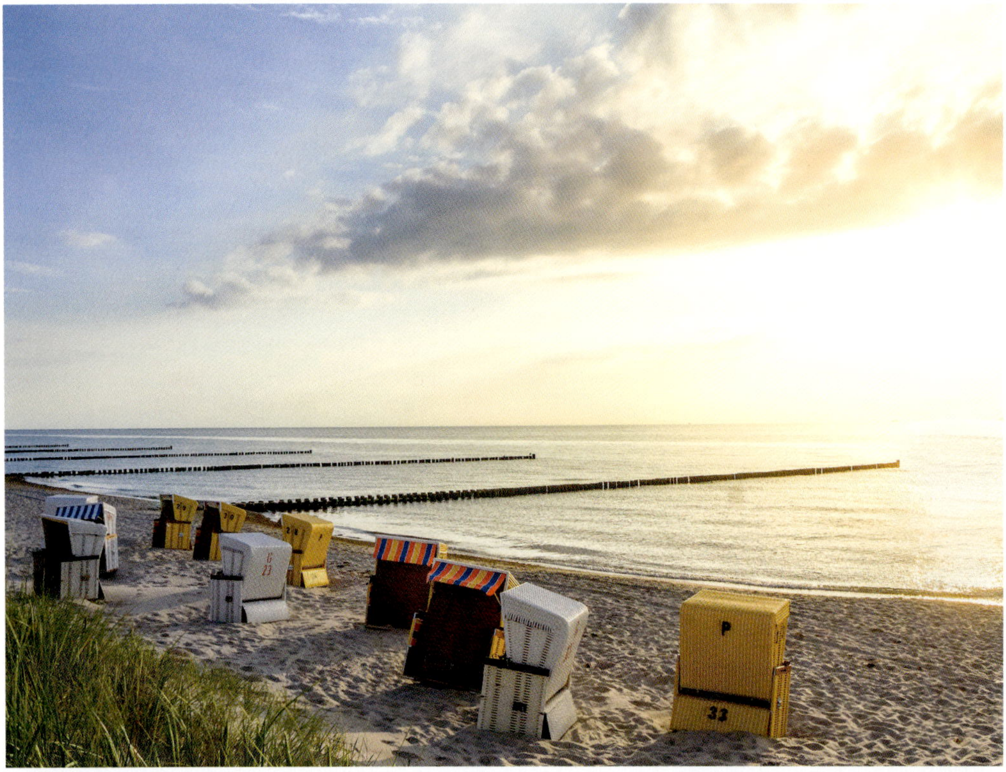

01

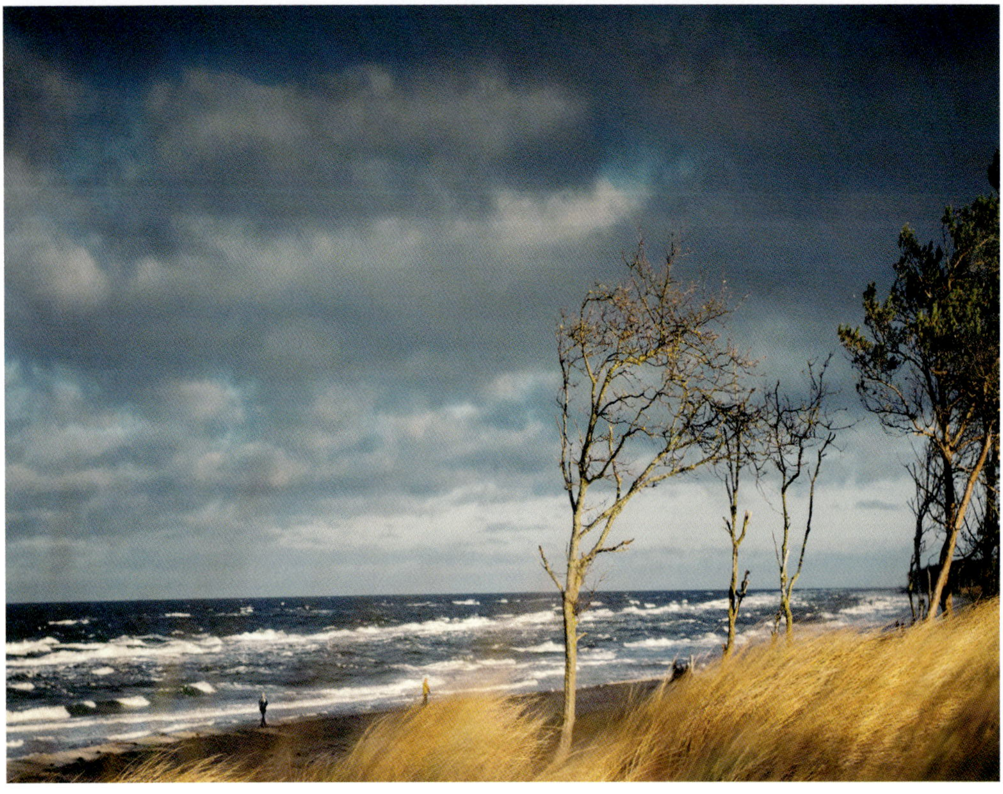

02

# Vorpommersche Boddenlandschaft

*Wenn eine deutsche Gegend das Zeug zur Karibik hat, dann die Lagunen der Vorpommerschen Boddenlandschaft – hier kann sich die Natur in vielen Kontrasten bewundern lassen. Blauer Bodden, beigefarbene Steilküsten, mit Schilf bewachsene Dünen, aber auch viele Bäume und sogar dichter Wald prägen das Bild von Fischland-Darß-Zingst, der Halbinsel mitten im Nationalpark Vorpommersche Boddenlandschaft. Der etwas sperrige Name ist schnell erklärt: Früher waren es drei eigenständige Inseln, die im Laufe von Jahrhunderten schlichtweg zusammengewachsen sind.*

## VIELFÄLTIGE KÜSTENLANDSCHAFT

Träumen wir nicht alle von einem Ausstieg auf Zeit, am liebsten auf einer Insel? Beim perfekten Inselerlebnis denken wir an pudrig weichen Sandstrand, an das weite Meer und Palmen. Dazu ein uriger Strandbungalow und der Inselurlaub ist perfekt. Auf Fischland-Darß-Zingst gibt es Sandstrand in Hülle und Fülle, die vom Wind gebogenen Windflüchter ersetzen die Palmen. Statt der Strandhütte im Dschungel steht hier das Zelt in den Dünen. Sogar ursprünglichen Wald findet man: Das Ahrenshooper Holz wird seit 1967 nicht mehr bewirtschaftet. Der Wald ist wieder Wildnis und bietet Vögeln, Insekten und Fledermäusen eine Heimat. Die europäische Stechpalme ist weit verbreitet. Ein Urwald mit exotischen Pflanzen! Es ist also alles da, was man zum perfekten Urlaub am Meer braucht. Wer muss da noch in die Karibik?

## DIE KRANICHE FLIEGEN EIN

Wenn ein Kranich trompetet, kann das schon laut werden. Wer das Trompeten nun tausendfach hört, wird es nicht so schnell vergessen. Wenn die Kraniche an die Ostsee kommen, ist das sowohl optisch als auch akustisch ein echtes Naturschauspiel. Die Vögel bilden keilförmige Formationen am Himmel – ein Anblick, bei dem man unweigerlich den Atem anhält. In großen Schwärmen lassen sich die Tiere zweimal im Jahr blicken. Die Reise der Zugvögel folgt immer den gleichen Routen. Eine davon führt direkt über den Nationalpark Vorpommersche Boddenlandschaft. Die Tiere bleiben ihren Rastplätzen treu. Im Herbst machen sich die Kraniche, deren Spannweite fast zweieinhalb Meter beträgt, von Skandinavien und Osteuropa auf den Weg in die Winterquartiere. Die Rügen-Bock-Region ist dabei einer ihrer wichtigsten Rastplätze in Europa. Um die 40 000 Vögel halten sich von September bis Anfang November in der Umgebung von Zingst auf, um einen Zwischenstopp einzulegen, sich zu erholen und Kraft zu tanken. Die ungestörten Rastgebiete der Boddenlandschaft und der Insel Bock mit ihren großen Nahrungsvorräten eignen sich ideal, um das nötige Fettpolster für die weite Reise anzulegen. Auf dem Rückweg in die Brutgebiete, die Moore Skandinaviens,

**01 BEACHTIME**
In Ahrenshoop gibt es Urwald und Bilderbuchstrand.

**02 PALMENERSATZ**
Die knorrigen Windflüchter haben sich der Meeresbrise gebeugt.

**03 IN FORMATION**
Zingst, einer der besten Orte, um Kraniche zu sehen.

03

machen die Kraniche erneut im März hier Halt und werden schon sehnsüchtig erwartet. Denn längst sind sie Frühlingsboten und gern gesehene Gäste, schließlich gelten sie als »Vögel des Glücks«, die zudem die Touristen in Scharen anlocken. Am besten lassen sich die Zugvögel in der Umgebung von Zingst beobachten, zum Beispiel auf dem barrierefreien Beobachtungsplatz am Boddenteich oder in Pramort, dem östlichsten Teil der Halbinsel. Doch Kraniche sind sehr sensibel und scheu. Um die Tiere zu schützen, wird die Besucherzahl in Pramort daher täglich beschränkt.

02

## IMMATERIELLES KULTURERBE

Der Bodden wäre nicht der Bodden ohne die braunen Segel der Zeesenboote. Früher prägten sie genauso wie die Reetdächer der Fischerhäuser das Bild der Landschaft. Die einzigartigen Boote wurden bereits im 15. Jahrhundert für den Fischfang genutzt, denn mit

ihrem geringen Tiefgang eignen sie sich ideal für die flachen Boddengewässer. Zwischenzeitlich waren sie aus dem Alltag verschwunden, doch heute erleben die Boote ein Revival bei Sport- und Freizeitseglern. Die Aufnahme der Boote in die Liste des immateriellen Kulturerbes der UNESCO 2018 würdigte ihre einmalige Konstruktion. Einige Zeesenbootbesitzer bieten Törns zum Mitsegeln an. In den Sommermonaten finden auch Zeesenbootregatten in Zingst, Wustrow, Dierhagen, Barth, Bodstedt und Althagen statt. Wenn dann 40 bis 50 braune Segel gleichzeitig über dem Wasser stehen, ist das ein imposanter Anblick.

## DIE KÜNSTLER UND DAS MEER

Schon vor mehr als 125 Jahren hat es das Ostseebad Ahrenshoop auf der Halbinsel Fischland-Darß-Zingst den Künstlern angetan. Ab 1892 entstand hier eine Künstlerkolonie, die bis heute Spuren hinterlassen hat. Auch jetzt verweilen noch mehrere Stipendiaten im Künstlerrefugium Ahrenshoop, Galerien zeigen ihre Werke. Die Gründung der Künstlerkolonie geht in erster Linie auf den Maler Paul Müller-Kaempff (1861–1941) zurück, der hier die Malschule St. Lucas gründete. Nach und nach schlossen sich Künstler an, die Inspiration und Gemeinschaft suchten,

01

unter ihnen auch der Brücke-Maler Erich Heckel. Die Ruhe der Natur, Ereignisse wie der
Kranichzug und das Leben am Meer gefiel
den Künstlern. Am Strand und im flachen
Hinterland fanden sie Erholung und neue Ein-
drücke für ihre Arbeit. Als der Erste Weltkrieg
ausbrach, endete das Zusammenleben in der
Künstlerkolonie. Erst nach dem Zweiten Weltkrieg belebte sich die Künstlerkolonie wieder.
In der DDR entwickelte sich Ahrenshoop zum
Ferienidyll für die kulturelle Elite, doch auch
weniger angepasste Künstler durften hier
arbeiten. Diese Offenheit gilt bis heute als
Prämisse.

**01 WEITBLICK**
134 Stufen, 30 Meter
Höhe bis zur Aussicht vom
Darßer Leuchtturm.

**02 AHOI!**
Die Zeesenboote dienen
heute vor allem als Frei-
zeitboote.

**03 TAUCHGANG**
Mit der Tauchgondel geht
es am Zingster Pier unter
Wasser.

---

**TIPP**

### Zelten in den Dünen

Wer seinen Urlaub mitten in der Natur
verbringen möchte, schlägt sein Zelt in
den Dünen auf. Oder vielleicht doch
lieber im Küstenwald? Auf dem Darß
geht beides. Zur Ferienanlage Prerow im
Nordwesten des Darß gehört nicht nur
ein zweieinhalb Kilometer langer
Traumstrand, man kann hier sein Zelt
aufschlagen und sich sogar mit dem
Wohnwagen auf den Sandstrand stellen.

www.regenbogen.ag/
ferienanlagen/prerow

03

02

*Die Geschichte »der Insel«, wie die Helgoländer ihr Eiland schlicht nennen, verlief wechselhaft. Gelehrte und Revolutionäre, Marine und Hochadel prägten Hegoland. Heute kommen Besucher vor allem wegen des Klimas. Entgegen dem Klischee ist es auf Deutschlands einziger Hochseeinsel dank des Golfstroms mild – sogar so mild, dass hier Feigen wachsen und es selbst im Winter selten richtig kalt wird.*

### FARBTUPFER IM MEER

Beim Strandspaziergang auf Helgoland gibt es mehr zu sehen als weißen Sand. Mit etwas Glück findet man auf der einzigen Felseninsel der Nordsee den goldfarbenen Bernstein oder gar den einzigartigen roten Feuerstein. Auch die vorgelagerten Brandungspfeiler wie die Lange Anna stechen farblich hervor. Der 47 Meter hohe Zacken besteht aus gewaltigen 25 000 Tonnen rotem Buntsandstein und ist unbestritten das Wahrzeichen der Insel. Auch der von Tausenden Seevögeln bevölkerte Lummenfelsen beeindruckt die Besucher. Doch nicht nur der Buntsandstein sorgt für

Farbtupfer. Auch die Zivilisation hinterlässt farbenfrohe Spuren auf der Insel. Die bemalten Hummerbuden, die ehemaligen Werkstätten der Fischer, sind vermutlich die meistgeposteten Spots der Insel.

### KINDERSTUBE DER KEGELROBBEN

Warme Winter und mehr Sonnenstunden als das Festland – das mögen nicht nur Bewohner und Touristen, das lieben auch die Kegelrobben. Die bringen hier im Winter ihre Jungen zur Welt und profitieren vom sanften Klima. Auf Helgolands Nebeninsel Düne, die im 18. Jahrhundert von der Hauptinsel abbrach, befindet sich die größte Kegelrobben-Kolonie Deutschlands.

Die bis zu 300 Kilogramm schweren Meeressäuger suchen seit Mitte der 1990er-Jahre wieder das Inselchen auf. Ende des letzten Jahrhunderts schienen die Kegelrobben in der deutschen Bucht bereits ausgestorben, doch nun kommen sie wieder regelmäßig her und richten jedes Jahr einen Kindergarten für ihre

01

Jungen ein. Im Winter kann man den Kegelrobben samt Nachwuchs auf der Düne bei Aufzucht, Paarung und Rangkämpfen zusehen – das ist beeindruckend und ziemlich knuffig. Ach ja, woher die Kegelrobben ihren Namen haben? Wer sich die kegelförmigen Köpfe anschaut, weiß Bescheid.

### FOTO-EXKURSIONEN

Für ambitionierte Hobbyfotografen ist Helgoland eine einmalige Fundgrube an Natur- und Tiersujets. Der Wechsel von Sonne, Wind und Wolken erzeugt vielfältige Lichtstimmungen. Allein dieses Flair füllt schon die Speicher von Handys und Digitalkameras, doch die eigentlichen Stars sind die tierischen Bewohner. Die Kegelrobben und Seehunde auf der Düne und die gigantische Schar an Seevögeln auf den Buntsandsteinfelsen bieten unzählige Motive. Statt einfach auf eigene Faust mit der Kamera loszuziehen, lohnt es sich, eine professionelle Fotoexkursion in Betracht zu ziehen. Dabei kommt man nicht nur zu den besten Plätzen, sondern erhält auch Unterstützung bei den Einstellungen und der Nachbearbeitung. Je nach Jahreszeit werden verschiedene Schwerpunkte gesetzt: Im Frühsommer stehen die Seevögel wie der Basstölpel mit seinen eisblauen Augen im Mittelpunkt. Die Vögel bieten beim Brüten auf den Felsen, beim Fischfang oder in den Lüften wunderschöne Motive. Im Winter sind die Robben mit ihrem Nachwuchs die Hauptdarsteller. Dabei darf man sich den Meeressäugern erstaunlich dicht nähern: Bis zu einem Sicherheitsabstand von 30 Metern kann man an die Tiere heran, die meist mit großer Neugierde auf die Besucher reagieren. Ein tolles Erlebnis, mit und ohne Kamera. Landschaftsfotografen kommen ganzjährig bei Wanderungen entlang der Klippen zum Zug.

**TIPP**

### Bunker und Big Bang

Einen ganz anderen Eindruck von der Insel verschafft einem der Besuch der unterirdischen Bunkeranlagen aus dem Zweiten Weltkrieg. Sie sind heute Teil des Museums Helgoland. Bei einer einstündigen Führung durch Bunker und Stollen gibt es Informationen zur Festungsgeschichte der Insel von der Militärzeit des Kaiserreichs bis zum sogenannten Big Bang durch die Briten.

www.museum-helgoland.de/bunker

03

**01 VOGEL-KOLONIE**
Seit 1991 sind Basstölpel wieder auf Helgoland anzutreffen.

**02 FELSENINSEL**
Die charakteristischen Buntsandsteinfelsen von Helgoland.

**03 KINDERSTUBE**
Im Winter ist Wurfzeit, dann gibt es Kegelrobben-Nachwuchs.

**STRANDGLÜHEN**
Der Lister Ellenbogen
im Glanz der Sonne.

01

# Sylt

*Bei einer Zugfahrt beruhigt der Blick aus dem Fenster, und zugleich steigen Vorfreude und Spannung, wenn sich die Landschaft mit jedem Kilometer verändert. Ungewöhnlich verläuft die letzte knappe Stunde auf dem Weg nach Sylt, wenn sich links und rechts des elf Kilometer langen Hindenburgdamms die Wasserfläche dehnt. In Westerland angekommen, ruft gleich das Meer. In der Fußgängerzone hört man bereits die Wellen rauschen, die Luft riecht salzig, Möwen kreischen. Dann nichts wie Kurtaxe zahlen und über die Promenade ab zum Strand. Schuhe aus, Sand spüren, Urlaub an.*

## CHAMPAGNERLUFT UND FAMILIENPARADIES

Bei solchen Eindrücken geht Sylt-Freunden das Herz auf: ein paar Meter entlang der Promenade spazieren, vorbei an der Muschel, in der im Sommer Konzerte stattfinden; im Rücken die Fassade des Hotels Miramar neben dem großen Kur-Zentrum mit der Sylter Welle. Am Strand bauen Kinder Sandburgen im Akkord, Möwen ziehen ihre Kreise über den Köpfen der Strandspaziergänger. Der Blick schweift über das Wasser und gewöhnt sich schnell an die Weite, so als hätten die Augen das Meer vermisst. Darauf ist Verlass: Ein paar Minuten am Strand, und der Kopf ist wieder frei. In Westerland erstreckt sich der Strand scheinbar endlos. Im Sommer verwandelt er sich zum Familienferienparadies, erst im Spätherbst wird die Insel ruhiger. Die Sonnenstrahlen wärmen noch immer, doch die Atmosphäre gleicht nicht mehr einem Freibad im August. Jetzt hüllen bunte Windjacken die Spaziergänger auf der Promenade ein und manch einer isst das Fischbrötchen mit Handschuhen.

**01 WELLENSPIEL**
In der Nebensaison wird es ruhig, nur die Wellen tosen.

**02 NACHBARN**
Im Norden der Insel gibt es mehr Schafe als Menschen.

## EIN KLIFF IST LEGENDE

Sylt sorgt nicht nur für Ohrwürmer, Stichwort Westerland, sondern auch für Bilder im Kopf: die Sansibar, Gosch und die Edelboutiquen in Reetdachhäuschen. Sylt ist ein Promi-Ziel, doch es darauf zu reduzieren, wäre viel zu einfach. Noch hat Sylt viel Ursprüngliches zu bieten, ruhige Ecken und jede Menge wunderschöne Natur. Wer sich ein wenig von den Hauptstränden und einschlägigen Restaurants entfernt, findet sie mühelos. Der vielleicht schönste Ort der Insel ist das Rote Kliff. Es liegt am Weststrand zwischen Wenningstedt und Kampen und ist ganze vier Kilometer lang. Bis zu 30 Meter ragt die rote Wand in die Höhe – besonders beeindruckend bei Sonnenuntergang. Wenn die Sonne tief steht und auf den Lehmkies scheint, färbt sich das Kliff in kräftigem Rot. Direkt am Roten Kliff befindet sich nicht nur die berühmteste Düne der Insel, sie trägt auch einen Namen: Mit 52 Metern bildet die Uwe-Düne die höchste Erhebung Sylts. Von hier führen Wanderwege entlang des Kliffs und bieten spektakuläre Aussichten. Auf Holzbohlenpfaden geht es je nach Jahreszeit durch grünes Gras, blühende Heide oder weiße Winterlandschaften. Übrigens: Das Busnetz ist auf Sylt sehr gut ausgebaut. Alle Orte

02

01

02

erreicht man problemlos mit öffentlichen Verkehrsmitteln. Ansonsten leiht man sich ein Fahrrad oder wahlweise E-Bike und erkundet die Insel auf eigene Faust.

## SCHAFE AM ELLENBOGEN

Wer im Sommer auf die Insel kommt und trotzdem den Strand in Ruhe genießen will, ist am Ellenbogen richtig. Die zu List gehörende Halbinsel ist der nördlichste Zipfel Sylts und damit ganz Deutschlands. Sogar das Handy wähnt sich hier schon im Ausland und loggt sich ins dänische Netz ein. Statt Bars und Strandkörben gibt es nur ein paar Einheimische und jede Menge Schafe. Der Strand ist vielleicht der feinste der Insel und bietet den perfekten Blick über Nordsee und Wattenmeer, die an der Ostspitze aufeinandertreffen. Nur wenige Häuser stehen am Ellenbogen, dafür aber zwei Leuchttürme. Bei einer Wanderung über den Strand kann man der Syltfähre auf dem Weg nach Rømø hinterherwinken. Ansonsten begegnen einem höchstens ein paar Kitesurfer, die am Königshafen ihre Sprünge üben. Die Schönheit des Lister Ellenbogens lässt sich übrigens auch im Film begutachten. Roman Polanskis »The Ghostwriter« wurde hier gedreht, auch wenn der Plot im Film kurzerhand an die amerikanische Ostküste verlegt wird.

## EINE IDYLLE UND EINIGE KLISCHEES

Sylt wäre nicht Sylt, wenn es nicht doch ein paar Klischees bedienen würde. Eines davon, die hohe Dichte an Edelboutiquen und Nobelkarossen, findet man in Keitum. Davon abgesehen ist Keitum der vielleicht schönste Ort der

**01 GOLDEN HOUR**
Das Rote Kliff ist der schönste Ort für Sonnenuntergänge.

**02 SYLT-ROMANTIK**
Auf dem Leuchtturm in Hörnum kann man sich trauen lassen.

### TIPP

#### Frühstück mit Anhang

Mitten in Westerland befindet sich die Villa 54° Nord, die sich dank der zentralen Lage für Kurztrips ans Meer anbietet. Das Design-Hotel ist stilvoll und modern eingerichtet. Das Besondere: In der Villa 54° Nord wird gemeinsam an einem großen Tisch gefrühstückt. Statt anonymem Buffet gibt es Gespräche am Frühstückstisch, bei denen man einiges über die Insel erfährt.

www.villa54-sylt.de

Insel. Das alte Kapitänsdorf war bis zur Mitte des 19. Jahrhunderts der Hauptort der Insel und Wohnsitz vieler Kapitäne. Die reetgedeckten Häuser mit den Steinwällen haben teilweise bis zu 200 Jahre auf dem Buckel. Beim Spaziergang durch die Straßen geht es durch schmucke Gässchen, vorbei an gemütlich eingerichteten Cafés und kleinen Deko-Läden und natürlich an namhaften Designerboutiquen. Das Altfriesische Haus zeigt die Wohnkultur des 18. Jahrhunderts und beleuchtet die Geschichte des Dorfs samt Walfang und Fischerei.

## SCHWITZEN AM STRAND

Für Saunagänger sind die Sylter Strandsaunen ein Muss! Erst schwitzen, dann Abkühlung in den Dünen suchen oder direkt in die Fluten der Nordsee stürzen. Nordfriesisch saunieren lässt es sich in vier Strandsaunen am Weststrand und zwar sowohl in List als auch in Rantum, am Strandabschnitt Samoa und ganz im Süden in Hörnum. Die Strandsaunen sind zwischen April und Oktober geöffnet, in Hörnum sogar ganzjährig. Wer einen kompletten Tag in der Therme verbringen will, kann in der Sylter Welle in Westerland ausgiebig plantschen und saunieren.

*Wildeshauser was? Die Wildeshauser Geest in Niedersachsen ist zugegebenermaßen nicht jedem ein Begriff. Dabei verspricht die Landschaft mit dichten Mischwäldern, Feuchtwiesen, Sanddünen, Heideflächen und Hünengräbern viel Abwechslung. Ob Radtouren im Frühjahr, Wanderungen im Spätsommer durch die blühende Heide oder durch die Stille des Winterwalds – in der Wildeshauser Geest ist immer Saison.*

### KLEINE GROSSE UNBEKANNTE

Der Naturpark Wildeshauser Geest südwestlich von Bremen und Oldenburg ist mit 1500 Quadratkilometern der größte Naturpark Niedersachsens, und er belegt auch einen Spitzenplatz unter den Naturparks in Deutschland. Im Schutzgebiet wird die einzigartige Landschaft erhalten und zugleich für Besucher zugänglich gemacht – das niederdeutsche Wort Geest bedeutet »trocken«. Dass die Wildeshauser Geest so aussieht, wie sie sich heute den Besuchern präsentiert, geht auf die vorletzte Eiszeit vor rund 100 000 Jahren zurück. In der sogenannten Saale-Vereisung bedeckten Eis-

01

massen und der darin enthaltene Gesteinsschutt die Region. Die sich ständig bewegenden Gletscher bildeten Hügel und Täler wie beispielsweise das Huntetal. Die Eismassen mit einer Höhe von bis zu einem Kilometer hinterließen beim Abschmelzen Gesteinsmaterial aus Skandinavien, das in Form von tonnenschweren Findlingen zurückblieb. Da die Geestlandschaften durch die Ablagerungen aus den Eiszeiten etwas höher und somit von den umliegenden Mooren und Sturmfluten geschützt lagen, siedelten sich hier schon früh Menschen an. Vor mehr als 5000 Jahren bauten sie aus den riesigen Findlingen beeindruckende Steingräber, die noch heute zu bewundern sind.

### DIE STEINGRÄBER DER GEEST

Wer mit dem Fahrrad die Landschaft erkundet, für den sind die Steingräber stetig wiederkehrende Begleiter – so zum Beispiel auf dem 177 Kilometer langen Geestradweg. Die Radstrecke verbindet die Flüsse Ems und Weser und durchquert dabei die abwechslungsreichen Landschaften der Altmoränenlandschaft. Die imposanten Gräber, auch Hünengräber genannt, begleiten den Radweg wie stille Zeugen aus grauer Vorzeit. Ihre Namen sind eigenwillig. Sie heißen etwa »Deuvels Brotschapp«, »Stennhus« oder »De Hoogen Stainer«, und sie erzählen nicht selten uralte Geschichten: So auch das ursprünglich von 170 Findlingsblöcken eingefasste Grab »Visbeker Braut« bei Wildeshausen. Der Sage nach wollte eine junge Frau den von den Eltern ausgesuchten Bräutigam auf keinen Fall zum Mann nehmen und stattdessen lieber zu Stein erstarren. Gesagt, getan und dabei nahm sie gleich ihre gesamte Gefolgschaft mit ins Steingrab. Dem abgelehnten Bräutigam erging es kaum besser. Nur wenige Kilometer entfernt befindet sich auch der »Visbeker Bräutigam« – vielleicht ließ ihn die

# Wildeshauser Geest

Scham versteinern. Etwas weiter östlich, südlich der Kreisstadt Wildeshausen mit fast 20 000 Einwohnern, liegt das berühmte Pestruper Gräberfeld mit mehr als 500 stein- und bronzezeitlichen Grabhügeln. Das Gräberfeld ist die größte bronze- und eisenzeitliche Nekropole im nördlichen Mitteleuropa und gehört zur Straße der Megalithkultur. Doch bei den Radtouren gibt es noch mehr am Wegesrand zu entdecken als uralte Steine. So stehen in der Geest mehr als 20 Wasser- und Windmühlen und die malerischen Ruinen des ehemaligen Zisterzienserklosters in Hude, gegründet 1232. Viele fahrradfreundliche Unterkünfte sorgen für erholsame Nächte bei Mehrtagestouren durch den Naturpark Wildeshauser Geest.

**TIPP**

**Tankstopp am Melkhus**

Der Naturpark Wildeshauser Geest ist bestens auf Radfahrer eingestellt. Wer unterwegs eine Rast einlegen will, kann in einem der elf Melkhüser einkehren, die sich über die Parkfläche verteilen. Sie halten Spezialitäten aus regionaler Milchproduktion vor. Wie wäre es mit einem Glas frischer Buttermilch, mit leckeren Quarkspeisen oder einem Milchmischgetränk?

Lage der Melkhüser:
www.wildegeest.de/melkhuser

**01 ASTBEWOHNER**
Ein trällerndes Rotkehlchen: Ein Blick nach oben lohnt sich.

**02 SAGEN-STEINE**
Braut und Bräutigam: Die Namen haben Sagenhintergrund.

02

01

02

# Altes Land

*»Ach schüttel mich, schüttel mich, wir Äpfel sind alle miteinander reif.« Der Gedanke an Frau Holle stellt sich wie von selbst ein, wenn man im Spätsommer ins Alte Land kommt. Mit ihren knorrige Ästen scheinen die kleinen Obstbäume Spalier zu stehen – einer neben dem anderen und das reihenweise. An den vielen Ästen hängen ab August die ersten Frühäpfel. Sie sind kräftig rot und duften verlockend. Wenn die Ernte beginnt, ist das ganze Land auf den Beinen. Die Traktoren stehen mit Anhängern bereit, auf denen sich die Äpfel türmen. Bis heute ist die Apfelernte Knochenarbeit.*

## EIN AUSFLUG IN KINDERTAGE

Der Herbst ist sicher die arbeitsreichste Zeit des Jahres, doch dann liegt auch ein besonderer Zauber in der Luft. Aus den Backstuben und Cafés strömt der Duft von frischem Apfelkuchen und kitzelt die Nase der vorbeikommenden Besucher. Es ist dieser Duft, der Erinnerungen an die Kindheit weckt, an Herbstferien bei der Oma, die am Samstag mit stoischer Geduld Äpfel schälte. Bis endlich der fruchtig-süße Kuchen genügend abgekühlt war, dass man ihn essen durfte, dauerte es gefühlt ewig.

Im Alten Land ist im Herbst an jedem Tag Apfelkuchenzeit. Die Regale der Hofläden sind randvoll gefüllt mit Äpfeln und Birnen, den ersten Marmeladen und Kanistern mit Apfelsaft in allen Varianten. Die Küchen der Restaurants zaubern regionale Spezialitäten wie die Altenländer Apfelsuppe auf den Teller, Apfelfeste werden gefeiert und wer will, darf selbst bei der Ernte mit anpacken. Der Apfelanbau nimmt rund 90 Prozent der Anbauflächen im Alten Land ein, aber auch Kirschen, Birnen oder Zwetschgen runden das fruchtige Angebot ab und sorgen für bunte Vielfalt auf den Tellern.

## FRUCHTBARER BODEN

Westlich von Hamburg, zwischen der Elbe und der Hansestadt Stade gelegen, befindet sich mit dem Alten Land das größte zusammenhängende Obstanbaugebiet Nordeuropas. Der Obstanbau entlang der Elbmarschen hat schon seit Jahrhunderten Tradition. Hier, wo die Nordsee im Mündungstrichter der Elbe für maritimes Klima sorgt und die Böden fruchtbar sind, fallen die Winter durch die warmen Westwinde meist mild aus. Es besteht kaum die Gefahr von Bodenfrost, und die Tage sind sonnenreich. Ideale Voraussetzungen also für den Obstanbau. Niederländische Siedler schufen Kanäle und Deiche und machten das Land urbar. Diese einzigartige von Menschen geschaffene Kulturlandschaft umfasst heute rund 10 500 Hektar Obstanbaufläche. Der fruchtbare Marschboden und seine reichen Erträge bescherten den Bauern früh Wohlstand. Noch heute lässt er sich an den wunderschönen Bauernhäusern ablesen. Die alten

03

**01 WEISSES MEER**
Die Apfelblüte ist die schönste Zeit im Alten Land.

**02 ERNTEZEIT**
Wenn die Äpfel reif sind, geht es an die Arbeit.

**03 PERLENGLANZ**
Ob Schönfrucht oder Liebesperlen genannt – das Lila bezirzt.

Fachwerkhäuser sind zwischen den weißen Holzbalken farbig bemalt, oft bilden die Backsteine ein hübsches Muster. Die Eingangstüren schmücken meist farbige Ornamente, und auch die Giebel sind reich verziert. Die Obstbäume, die hübschen Bauernhöfe, dazwischen Mühlen und das oft sonnige Wetter: Das Alte Land könnte wirklich aus einem Märchen stammen.

02

### IM TAKT DER NATUR

Der natürliche Reifezyklus bestimmt den Takt im Alten Land. Neben den Erntewochen ist der Frühling unbestritten die schönste Zeit im Land. Millionen Bäume verwandeln die Region dann in ein leuchtendes Blütenmeer. Zahlreiche Besucher kommen jetzt ins Land, um das Blütenwunder mit eigenen Augen zu sehen. Im April startet das Spektakel mit den Kirschblüten, Ende April bis in den Mai ziehen dann die Apfelblüten nach. Das Blütenmeer scheint endlos – ein Naturspektakel, das es so nirgendwo sonst in Deutschland zu bestaunen gibt. Zeitgleich mit der Natur erwacht die Feierlaune der Menschen: Am ersten Maiwochen-

ende findet das Altländer Blütenfest statt. In Jork stehen dann zwei Bühnen bereit. Stände mit Bratwurst und Fisch, mit Saft, Kuchen und Obstler sorgen für das leibliche Wohl. Zum Abschluss der Feierlichkeiten schlängelt sich ein Blütenkorso durch den Ort. Die Trachtentänze zeigen, wie lebendig die Altländer Traditionen auch heute noch sind. Traditionell wird beim Blütenfest die neue Blütenkönigin gekrönt, die das Alte Land weltweit repräsentiert. Mit Bus oder Schiff begeben sich viele Besucher auf Blütenfahrt und erfahren dabei alles, was es zum Alten Land und seinen fruchtigen Schätzen zu wissen gibt.

### UNTERWEGS IM ALTEN LAND

Wenn die rosa-weiße Pracht verblüht ist, kehrt ein wenig Ruhe ein – eine gute Gelegenheit, um das Alte Land mit dem Fahrrad zu erkunden. Das Radwandernetz im gesamten Alten Land umfasst rund 1000 Kilometer. Der bekannte Elberadweg, 1300 Kilometer lang, und der Nordseeküstenradweg über fast 6000 Kilometer verlaufen als Radfernwege durch das Alte Land. Abwechslungsreiche Touren führen auf dem Elbdeich vorbei an den Obstbaumwiesen oder mitten durch die Plantagen. Den Wegesrand säumen alte Fachwerkhäuser, Hofläden und Cafés für eine kleine Rast zwischendurch. Im Ernteherbst macht vor allem die

01

Obstroute Spaß. Diese Radtour führt in zwei Schleifen von 39 und 41 Kilometern Länge durch die Obstbäume entlang der Elbe bis nach Stade und Buxtehude.

Wer lieber zu Fuß unterwegs ist, wählt von Jork aus den Obstlehrpfad mitten durch die Plantagen. Schautafeln sorgen dafür, dass man auf der Strecke von eineinhalb Kilometern einiges dazulernt und am Ende einen guten Überblick über den Obstanbau hat. Nach so viel Bildung kann man sich guten Gewissens dem gesunden Schlemmen widmen.

**01 MÖWENAUSFLUG**
Die Nähe zum Meer sieht man auch an den tierischen Besuchern.

**02 FRÜHJAHR**
Zur Apfelblüte werden zahlreiche Blütenfeste gefeiert.

**03 TRADITIONELL**
Fachwerkhäuser wie dieses in Jork sieht man im Alten Land häufig.

**TIPP**

### Das Blütenbarometer

Das genaue Datum der Blüte lässt sich schwer vorhersagen, da bereits wenige sonnige und warme Tage im Frühjahr ausreichen, um die Knospen sprießen zu lassen. Tägliche Informationen über den aktuellen Stand der Kirsch- und Apfelblüte gibt das Blütenbarometer. An alle Apfelfans: Wer konkreten Anteil an der großen Apfelleidenschaft haben möchte, kann eine Baumpatenschaft abschließen und die Äpfel selbst ernten und behalten.

www.bluetenbarometer.de

03

»Es ist so still; die Heide
liegt im warmen
Mittagssonnenstrahle;
Ein rosenroter Schimmer
fliegt um ihre alten
Gräbermale;
Die Kräuter blühn;
der Heideduft
Steigt in die blaue
Sommerluft.«

Aus: »Abseits« von Theodor Storm

**HEIDESOMMER**
Heideglühen in der
Abendsonne.

*Lila, wohin das Auge reicht. Jedes Jahr im Spätsommer erblüht die Heide in leuchtendem Violett. Dann bilden Millionen von einzelnen Blüten einen dichten Heideteppich. Zwischen den Zwergsträuchern der Besenheide stehen dunkle Wacholderbüsche, einige Kiefern und Birken. Heidebienen summen um die Blüten, und die Heidschnucken bewegen sich als weiße und braune Farbtupfer grasend durch die charakteristische Landschaft. Harmonisch fügen sich vereinzelte Reetdachhäuser ins Bild. Die Abendsonne lässt die Heide glühen. Heideromantik pur. Schöner könnte auch ein Künstler ein Fleckchen Erde nicht malen.*

02

## LANDSTRICH ZUM SCHWÄRMEN

Die Lüneburger Heide beginnt südlich von Hamburg und erstreckt sich bis in den Osten Niedersachsens. So typisch die Heide heute für die Region ist, ursprünglich sah es hier ganz anders aus. Dichte Wälder statt karger Heide – eigentlich wäre das norddeutsche Flachland von großen Wäldern bedeckt, hätten die Menschen in der Bronzezeit nicht mit Ackerbau und Viehzucht begonnen. Die offenen Flächen und lichten Wälder machten Platz für das genügsame Heidekraut, das sich rasch ausbreiten konnte. Calluna vulgaris lautet der lateinische Name der hier verbreiteten Besenheide, die 2019 den Titel »Blume des Jahres« erhielt. Noch im 18. Jahrhundert erstreckten sich die Heidelandschaften über weite Gebiete in Europa, doch heute gibt es außerhalb der Lüneburger Heide kaum größere zusammenhängende Flächen. Das Naturschutzgebiet Lüneburger Heide wurde im Jahr 1921 als erster Naturpark Deutschlands gegründet. Mit einer Fläche von 107 000 Hektar gehört er zu den größten seiner Art. Um die Heide zu erhalten, setzt man auf die Arbeit der Heidschnucken, die den Boden für die Besen- und Glockenheide freihalten. Sie sind also nicht nur schön anzusehen, sondern als tierische Heidepfleger fest angestellt.

01

**01 BLÜTEZEIT**
Im August und September ist Heideblütezeit.

**03 LÄNDLICH**
Wie aus dem Märchenbuch wirkt dieser Schafstall in der Heide.

**02 LANDSCHAFTSPFLEGE**
Die Heidschnucke ist das Wappentier der Lüneburger Heide.

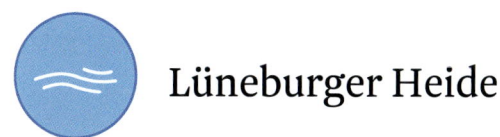

# Lüneburger Heide

## WENN DIE HEIDE BLÜHT

Die Einheimischen wissen es genau: Die Heide blüht jedes Jahr vom 8. August bis zum 9. September. So will es zumindest eine weit verbreitete Faustregel. Natürlich kann die Blüte auch einmal früher oder später einsetzen, doch sicher ist: Im Spätsommer, wenn das kräftige Lila die niedrigen Sträucher bunt färbt, liegt ein besonderer Zauber in der Luft. Wer den Wilseder Berg besteigt, mit 169 Metern die höchste Erhebung weit und breit, hat einen wunderschönen Panoramablick über die blühende Heidelandschaft. Erst von oben erschließt sich die Fläche in ihrer ganzen Größe. Besonders schöne Stimmungen erzeugt das Licht der untergehenden Sonne am frühen Abend. Die Ortschaften Undeloh, Döhle und

Nieder- sowie Overhaverbeck sind gute Startpunkte für Wanderungen zum Wilseder Berg. Auch der Heidschnuckenweg bietet sich für ausgedehnte Spaziergänge an, schließlich gilt er als eine der schönsten Wanderrouten Deutschlands. Der Weg verbindet die Heidelandschaften der Nord- und Südheide zwischen Hamburg und Celle und führt dabei an den schönsten Orten der gesamten Region vorbei. Wer ohne Auto anreist, kann bequem und klimafreundlich den Heide-Shuttle nutzen. Kostenlose Busse verkehren immer vom 15. Juli bis 15. Oktober auf vier Ringlinien zwischen den Heideorten und den Regionalbahnhöfen. Die Mitnahme von Fahrrädern auf Anhängern ist dabei ebenfalls kostenlos – autofrei zu reisen stellt hier also wirklich kein Problem dar.

03

### ALLES, NUR NICHT LILA

Zweifellos ist die Heideblüte die unbestrittene Attraktion, und die meisten Besucher reisen extra zur Blüte an. Doch die Lüneburger Heide ist weit mehr als nur eine Heidelandschaft. Moore, Laubwälder, Bäche und Flüsse und nicht zuletzt die Heidedörfer samt ihren Backsteinhäusern, Reetdächern und Hofanlagen machen den Naturpark Lüneburger Heide zu einem Ausflugsziel mit zahlreichen Facetten. Viele Wander- und Radwege laden zum Entdecken der Landschaft ein – und zwar das ganze Jahr über.

02

Wer die Heideblüte auch außerhalb der eigentlichen Blütezeit erleben will, kommt im Heidegarten in den Genuss der violetten Pracht. Der Schaugarten liegt direkt an einem Schafstall am Rande des Schneverdinger Landschaftsschutzgebiets Höpen und zeigt mehr als 130 verschiedene Heidearten. Kulturell lohnen sich Abstecher in die umliegenden Städte wie Lüneburg und Celle. In Lüneburg ist das Deutsche Salzmuseum ein sehenswerter Programmpunkt, nicht nur bei schlechtem Wetter. Über 1000 Jahre waren die Salzgewinnung und der Verkauf des »weißen Goldes« der wichtigste Wirtschaftszweig der Region. Das Museum, untergebracht im Industriedenkmal Saline Lüneburg, widmet sich dieser langen Zeitspanne. In Celle steht die einzige seit der Barockzeit erhaltene Synagoge Norddeutschlands. Für Familien gibt es zudem zahlreiche

01

Tier- und Freizeitparks wie den Serengetipark in Hodenhagen, der mit Safaris mitten in Niedersachsen lockt. Egal, wofür man sich entscheidet, am Ende kommt bei einem Urlaub in der Heide jeder auf seine Kosten.

## FESTE ZUR BLÜTE

Die Heideblüte wird in der Region standesgemäß mit Festen gefeiert. Das Heideblütenfest in Amelinghausen findet in wunderschöner Kulisse am Lopausee statt. Für die Feierlichkeiten wird der Wald romantisch beleuchtet. Highlights sind Konzerte und Tänze sowie die größte Freiluft-Lasershow Norddeutschlands und ein Feuerwerk. Den Abschluss läutet die Wahl der Heidekönigin am vorletzten Sonntag im August ein. Auch die Stadt Schneverdingen veranstaltet ein Fest zu Ehren der Heideblüte – mit eigener Heidekönigin, Festumzug, Aufführungen und einem Feuerwerk. Den stimmungsvollen Höhepunkt bildet der Lampionumzug.

### TIPP

### Hof mit Ambiente

Im idyllischen Heideort Niederhaverbeck mitten im Naturschutzpark Lüneburger Heide befindet sich die Pension Haverbeckhof. Das Haus unterm traditionellen Strohdach wirkt wie der Inbegriff von Ruhe und Naturnähe. Zudem gibt es einen ruhigen Biergarten und ein Restaurant, das auf regionale und frische Zutaten Wert legt. Das Fleisch kommt aus dem eigenen Jagdrevier.

www.haverbeckhof.de

**01 BLÜTENTEPPICH**
Soweit das Auge reicht nur lila Blüten.

**02 HEIDEGLÜHEN …**
… im Licht der untergehenden Sonne.

**03 ATMOSPHÄRISCH**
Nebelverhangen wirkt die Heidelandschaft mystisch.

03

01

02

*Ein riesiges rundes Nest auf dem Kamin, darin zwei langbeinige schwarz-weiße Vögel mit markanten roten Schnäbeln – sie scheinen schwer beschäftigt. Mit ihren Schnäbeln zupfen und stochern die Störche an den Ästen, fliegen davon und kommen kurz darauf mit neuen Stöckchen zurück. Die Größe des Horts zeigt an, wie viele Jahre die Störche die Kinderstube schon nutzen. Denn jedes Frühjahr kehrt das Paar zurück ins Wendland und hofft, ihr Nest unversehrt vorzufinden. Mit ein paar Ästen wird nachgebessert, und so wächst es von Jahr zu Jahr. Ein wenig weiches Moos und fertig ist das Sommerhaus.*

03

## SOMMERSITZ DER STÖRCHE

Immer wenn man Störche auf den Dächern sieht, hüpft einem das Herz. Ein Storch ist etwas besonders: Er erinnert an Kindheit und Märchen – ob als Glücksbringer Adebar, Baby-Bote oder Gevatter Langbein. Naturhistorisch betrachtet ist der Storch ein Kulturfolger, und das war nicht immer von Vorteil. Stromleitungen, Pestizide, intensive Landwirtschaft und die Trockenlegung von Feuchtgebieten machen dem Schreitvogel das Leben schwer. Fast waren die Weißstörche in Deutschland ausgestorben, doch langsam erholen sich die Bestände durch verstärkte Schutzmaßnahmen. In der Wendländer Elbtalaue, die sich am nördlichen Rand des Wendlands von Schnackenburg im Osten bis Neu Darchau im Westen erstreckt, fühlen sich die Störche besonders wohl. In fast jedem Dorf

brütet ab April ein Paar. Das Biosphärenreservat Niedersächsische Elbtalaue bietet den Störchen eine ursprüngliche Flusslandschaft mit großen Überschwemmungsflächen, Feuchtwiesen und Auwäldern. Allein ein Drittel aller in Niedersachsen brütenden Weißstörche lebt dort. Auch andere fast verschwundene Tierarten sind hierher zurückgekehrt, so zum Beispiel der Elbe-Biber, der bereits 1819 als ausgestorben galt.

## NAH AM STORCH

Von Nest zu Nest führt die Deutsche Storchenstraße auf mehreren Hundert Kilometern von Brietlingen im nördlichen Niedersachsen flussaufwärts bis Schnackenburg im Landkreis Lüchow-Dannenberg. Auf dem Weg durch die Natur können die Vögel auf den Feldern oder Wiesen beim Jagen beobachtet werden. Ganz nebenbei kommt man in den Genuss, die Flusslandschaft der Elbe näher kennenzulernen. Ein Tipp: Wer im Frühjahr ausmachen will, ob die Jungen bereits geschlüpft sind, kann das an der Haltung der Altvögel sehen. Stehen sie am Rand und lassen den Platz in der Mitte frei, sind die Jungvögel geschlüpft. Ab Juni schauen die Jungtiere dann schon über den Nestrand, ab Ende Juli werden sie flügge. Die Deutsche Storchenstraße ist als Rundtour für

**01 ENTSCHLEUNIGUNG**
Im Wendland und der Altmark darf man einen Gang runterschalten.

**03 NESTBAU**
Der Blick auf die Dächer lohnt sich hier immer, das nächste Storchennest ist nicht weit.

**02 WILD**
Nicht nur Störche sind hier heimisch, auch Wild fühlt sich wohl.

Autofahrer und Radfahrer ausgewiesen, abschnittsweise führt sie entlang des Elberadwegs. Teilstrecken können als Tagestouren gefahren werden, wie die rund 40 Kilometer lange Route durch die nördliche Neuhauser Elbmarsch von Darchau nach Bleckede. Am äußersten Rand der Altmark im Norden des Landkreises Stendal liegt ein weiteres Storchendorf. In Wahrenberg, ebenfalls am Elberadweg gelegen, bevölkern rund 80 Störche die Auenlandschaften.

02

### ENTLANG DES GRÜNEN BANDES

Früher standen hier Mauern, Wachtürme und Stacheldrahtzaun. Heute ist der ehemalige Grenzstreifen zwischen Elbe, Altmark und Wendland ein bedeutendes Naturschutzgebiet. Im Vierländereck zwischen Niedersachsen, Brandenburg, Mecklenburg-Vorpommern und Sachsen-Anhalt führt der längste Abschnitt des sogenannten Grünen Bandes durch die Erlebnisregion Elbe-Altmark-Wendland. Viele bedrohte Tier- und Pflanzenarten sind in den diversen Landschaften entlang des Grünen Bandes heimisch geworden. Ob die Elbtalauen im Norden, der im Süden liegende Salzwedeler

Stadtforst, einer der größten Erlenbruchwälder Deutschlands, ob die Landgraben-Dumme-Niederung mit ihren Fließgewässern oder die Heideflächen nördlich des Arendsees; so unterschiedlich die Naturräume auch sind – die jüngere Geschichte verbindet sie.

An der ehemaligen innerdeutschen Grenze lassen sich bis heute Spuren des historischen Grenzraums entdecken. Hoch aufragende Türme, Grenzerbrücken und Gedenksteine stehen wie stumme Zeitzeugen im früheren Niemandsland. Doch sind sie eingebettet in ein Naturparadies, das sich in den 40 Jahren der deutschen Teilung und danach entwickeln konnte. Das Grüne Band lässt sich auf einer mehrtägigen Radtour erleben. Über 190 Kilometer folgt der Vier-Länder-Grenzweg dem Verlauf des Grünen Bandes. Schilder weisen auf Besonderheiten am Wegesrand hin. Das können besondere Lebensräume, seltene Pflanzen oder Tiere sein oder historische Hinterlassenschaften wie Türme und die Reste slawischer Besiedlungen. Hinschauen lohnt sich!

01

**01 ENTDECKUNGEN**
Eine Mühle entlang des
Grünen Bandes.

**03 ERLEBNISREGION**
Die Elbe schlängelt sich
durch die Erlebnisregion
Elbe-Altmark-Wendland.

**02 ZEITREISE**
Die Burg Tangermünde
gehört zu den kulturellen
Schätzen der Region.

## EINMALIGE RUNDLINGSDÖRFER

Was die Dörfer mit den schönen Namen
Gühlitz, Köhlen, Saaße, Jabel oder Meuchefitz
eint? Sie sind allesamt rund. Sie gehören zu
den sogenannten Rundlingsdörfern im Wendland. Die kleinen, zu einem zentralen Platz aus-
gerichteten Dörfer sind größtenteils im späten
Mittelalter entstanden und weltweit nahezu
einzigartig. Viele der Häuser, teilweise sogar
ganze Dörfer, stehen unter Denkmalschutz. Der
Versuch, die Orte auf die deutsche Vorschlags-
liste für das UNESCO-Weltkulturerbe zu setzen,
scheiterte allerdings. Ein sieben Kilometer langer Rundweg verbindet vier der Rundlingsdörfer – Satemin, Jabel, Meuchefitz und Gühlitz.
Ein längerer Rundweg von 34 Kilometern führt
an Lübeln, Bussau und Belitz vorbei. In Lübeln
informiert das Freilichtmuseum Wendlandhof
über die Rundlingsdörfer und das Landleben
vor rund 200 Jahren.

**TIPP**

### Übernachten im Rundlingsdorf

In den Rundlingsdörfern gibt es in
Ferienwohnungen und Gästezimmern
sogar die Möglichkeit zu übernachten,
zum Beispiel in der Anlage Satemin Eins.
Im gleichnamigen Ort liegt das
denkmalgeschützte Haupthaus mit dem
Wendland-Café. Außerdem gibt es eine
Holzwerkstatt, einen Keramikladen und
zwei neu ausgebaute Ferienwohnungen
im Garten.

www.satemineins.de

03

*Der Dichter Rainer Maria Rilke schwärmte vom Himmel und seinen fantastischen Wolkenformationen, die Malerin Paula Modersohn-Becker sah hier ihr »Wunderland«. Wenn sich reihenweise Künstler ansiedeln, um die Natur auf Leinwand zu bannen, dann muss es sich um einen ganz besonderen Ort handeln. Wie Worpswede. Hier fanden die Künstler nicht nur Inspiration, sondern auch die Gemeinschaft mit Gleichgesinnten.*

### ZURÜCK ZUR NATUR

Raus aus den Großstädten, rein in die Natur – als sich Ende des 19. Jahrhunderts die ersten Maler in Worpswede am Teufelsmoor ansiedelten, erlebten sie in der ländlichen Einsamkeit das Kontrastprogramm zu ihrem Alltag in der Stadt. Weg von der streng getakteten Lehre der Akademien ging es mitten hinein in die Ursprünglichkeit des Landlebens. In der Natur suchten die Künstler Inspiration jenseits vom städtischen

und schulischen Regelwerk und entdeckten in den mystischen Mooren malerische Motive. Mehr noch – sie fanden in den Bauernhäusern und der Gemeinschaft ein neues Zuhause.

### EIN FALL VON STADTFLUCHT

Wer hätte gedacht, dass drei junge Maler namens Fritz Mackensen, Hans am Ende und Otto Modersohn die Zukunft des bis dahin bescheidenen Orts Worpswede 1889 so nachhaltig verändern würden? Von der Abgeschiedenheit des Bauerndorfs begeistert, folgten die Künstler dem Zeitgeist und gründeten in Worpswede eine Kolonie zum gemeinsamen Malen und Leben. Immer mehr Künstler kamen, und das Dorf machte sich rasch über die Grenzen hinweg einen Namen. Neben Bernhard Hoetger, Fritz Overbeck, Heinrich Vogeler und Paula Modersohn-Becker ließen sich auch Rainer Maria Rilke und seine späterer Ehefrau

01

# Worpswede und das Teufelsmoor

02

Clara Westhoff vom schlichten Leben und der geheimnisvollen Moorlandschaft inspirieren. Der Nationalsozialismus markierte einen tiefen Einschnitt für Worpswede. Völkische Ideen fielen in der Künstlerkolonie auf fruchtbaren Boden, und nicht wenige Künstler wurden zu begeisterten Anhängern des Regimes.

## DAS MODERNE WORPSWEDE

Heute ist Worpswede, in dem mittlerweile mehr als 9000 Menschen leben, wieder ein Ort für Künstler und Kunstfreunde. Wer auf den Kopfsteinpflasterstraßen durchs Dorf spaziert, kann dem Flair nachspüren. Gleich sechs Museen laden dazu ein, die Werke der »Worpsweder Meister«, aber auch der zeitgenössischen Künstler zu bewundern. Ins zauberhafte Haus im Schluh rettete Martha Vogeler, die Witwe des Jugendstil-Allrounders Heinrich Vogeler, das originale Inventar aus dem Barkenhoff – er war der Mittelpunkt der einstigen Kolonie. Quer durch den sanierten Ortskern verläuft die Kunstmeile Bergstraße, in der auch das leibliche Wohl nicht zu kurz kommt.

**01 TEUFLISCH**
Bei Nebel und Morgenrot ist der Name augenscheinlich Programm.

**02 DORFLEBEN**
Auf dem Land fanden Künstler das einfache Leben.

---

**TIPP**

### Trip im Torfkahn

Ein besonderes Erlebnis ist die Fahrt mit dem Torfkahn, den schwarzen Eichenholz-booten. Die originalgetreuen Nachbauten erinnern an die historischen Torfkähne, die zwischen Mitte des 18. und Anfang des 19. Jahrhunderts die wichtigsten Fortbewegungsmittel der Gegend darstellten. Fans von Eisenbahnromantik begeben sich mit dem Moorexpress, einer nostalgischen Museumsbahn, auf eine erlebnisreiche Zeitreise.

www.kulturland-teufelsmoor.de

## MÄRCHENHAFTE MOORLANDSCHAFT

Um das Wesen der hier entstandenen Werke zu ergründen, muss man allerdings raus aus dem Dorf und rein in die Natur. Die mystische Leere des Teufelsmoors regt seit Urzeiten die Fantasie der Menschen an. Das Moorwasser prägt die Landschaft mit seinen Gräben, Bächen und Flüssen, die schließlich in die Nordsee münden. Da der größte Teil des Teufelsmoors unter Naturschutz steht, empfiehlt es sich, an einer der geführten Erkundungstouren teilzunehmen, die von der Biologischen Station Osterholz angeboten werden. Die Möglichkeiten, die Worpsweder Natur zu erleben, sind vielfältig: Ob zu Fuß, mit dem Rad oder im Kanu, die Faszination für die Landschaft lässt sich auf vielen Wegen nachspüren – auch ganz ohne künstlerische Ambitionen.

Verwunschen,
geheimnisumwoben,
unheilvoll und mystisch.
Das Moor schafft
es auch heute noch,
unsere Fantasie
zu wecken.

*Wer den Blick nach vorne richtet, sieht entweder Rügen oder die weite See. Der Blick ins Insel-innere fängt je nach Jahreszeit feurig-blühenden Sanddorn, violette Heide oder glitzernden Raureif ein. Hiddensee ist eine Insel zum Durch-atmen. Weder Autos noch E-Scooter stören hier die Ruhe. Gern herangezogene Vergleiche wie »Perle Rügens« oder »Capri Pommerns« braucht es nicht, denn Hiddensee kann gut für sich allein stehen.*

01

## CHARMANTES HIDEAWAY

Wer von der Fähre steigt und seinen Fuß auf Hiddensee setzt, bemerkt sie sofort, die Ruhe. Keine Autos am Hafen, stattdessen Pferde-kutschen. Die sanftmütigen Kaltblüter schar-ren mit den Hufen, schnauben leise und geben mit ihren Schritten den Takt von Hiddensee vor. Nicht nur die Besucher, auch die Waren werden mit nur einer Pferdestärke transpor-tiert. Das autofreie Stückchen Land, von den Bewohnern liebevoll dat söte Länneken, »das süße Ländchen«, genannt, scheint etwas aus der Zeit gefallen zu sein. Der perfekte Ort für Romantiker – oder einfach alle, die abschalten wollen. Die knapp 17 Kilometer lange Ostsee-insel im Nationalpark Vorpommersche Bod-denlandschaft ist nur durch eine Sandbank von Rügen getrennt. Gut 1000 Einwohner leben in den vier Gemeinden von Hiddensee, dazu kommen mehr als 250 000 Tagesgäste pro Jahr. Von Hiddensee als Geheimtipp kann keine Rede sein, doch wer die Insel nicht nur im Rahmen eines Tagesausflugs besucht und länger bleibt, spürt ihre Ruhe und Ursprüng-lichkeit.

## INSELERLEBNIS ZU FUSS

Im Nordwesten erstreckt sich die Steilküste namens Dornbuschkliff bis zu den 60 Meter hohen Steilklippen. Dahinter liegt das Dorn-busch-Hochland mit seinem 27 Meter hohen Leuchtturm. Wer den Aufstieg auf den 1888 in Betrieb genommenen Turm wagt, wird mit ei-nem Panoramablick über Insel und Meer be-lohnt. In der Mitte der Insel erstreckt sich das Flachland zwischen der ausgedehnten Küsten-dünenheide und den Sandstränden. Nur acht Kilometer liegen zwischen den Dörfern Neuen-dorf im Süden und Kloster im Norden.
Die Insel lässt sich auf vielen kleinen Sandwegen erkunden, dabei hat man stets den salzigen Duft des Meerwassers gemischt mit den würzigen Aromen von Birke und Sanddorn in der Nase. Pittoreske Fischerhäuser ragen zwischen den Dünen auf. Vor allem in Neuendorf, dem alten Fischerdorf und ruhigsten Ort der Insel, gibt es noch viele der weiß getünchten und unter Denk-malschutz stehenden Reetdachhäuser zu sehen. Den ganzen Tag an der frischen Seeluft verbrin-gen, den Abend mit einem Gläschen Sanddorn-likör ausklingen lassen, was braucht man mehr?

**01 AUTOFREI**
Hiddensee erkundet man zu Fuß oder mit dem Rad.

**02 LEUCHTFEUER**
102 Stufen führen auf den Leuchtturm Dornbusch.

# Hiddensee

## VON KÜNSTLERN UND PROMIS

Die Ruhe zog schon früh Künstler und Schriftsteller an. Sie suchten hier Erholung und Muße und trugen Hiddensee den Beinamen Künstlerinsel ein. Bereits um 1900 gab es mehrere Hotels. Viele Künstler blieben aber auch dauerhaft. Gottfried Benn, Carl Zuckmayer, der Brücke-Maler Erich Heckel, Käthe Kruse, Albert Einstein, Thomas Mann und Sigmund Freud sind nur einige der prominentesten Inselliebhaber. Nach mehreren Aufenthalten kaufte der Dramatiker Gerhart Hauptmann 1930 das Haus »Seedorn« in Kloster, das heute als Museum zugänglich ist. Auch das Grab des Schriftstellers befindet sich auf dem kleinen örtlichen Friedhof. Die dänische Stummfilm-Legende Asta Nielsen (1881–1972) verbrachte mehrere Sommer in Vitte und lud regelmäßig die Crème de la Crème der Berliner Künstlerszene zu sich ein. Auch ihr Haus ist für Besucher geöffnet.

**TIPP**

### Die beste Zeit

Besonders schön ist die Insel im Mai zur Ginsterblüte, und im August, wenn die Dünenheide Hiddensee violett färbt. Im Herbst finden regelmäßig Kranichfahrten statt, wenn die Tiere sich massenhaft auf den Rastplätzen tummeln. Naturkundliche Führungen und Bootsfahrten sind die beste Möglichkeit, um Flora und Fauna kennenzulernen.

www.seebad-hiddensee.de,
www.hiddensee.m-vp.de

02

02

*Kein Bild verbindet sich so sehr mit der Epoche der Romantik wie die »Kreidefelsen auf Rügen«, die Caspar David Friedrich 1818 malte. Die Natur als Spiegel menschlicher Empfindungen, das intensive Verhältnis zwischen Mensch und Natur – das konnten Künstler wie Friedrich bei ihren Ausflügen in die freie Natur an den Kreidefelsen intensiv erleben. In gewisser Weise dürfen die Romantiker mit ihrem religiösen Naturempfinden als Vorreiter des Naturschutzes gelten. Ihre Werke zeigen die atemberaubende Schönheit der beeindruckenden Landschaften und inspirieren dazu, diese zu bewahren.*

### SCHÖNHEIT IM NORDEN

Heute gilt als sicher, dass die Felsen der Kleinen Stubbenkammer Caspar David Friedrich (1774–1840) zu seinem Bild inspirierten – und gewiss hat den Greifswalder Künstler auch der Königsstuhl beeindruckt. Doch wer den Ausblick von der Aussichtsplattform auf sich wirken lässt, merkt schnell, dass es die Landschaft auf dem Bild so nicht gibt. Das liegt einerseits daran, dass Friedrich eine Kombination mehrerer Felsformationen für seinen dramatischen Bildaufbau nutzte. Andererseits hat es mit dem stetigen Wandel zu tun, dem die Kreidefelsen unterliegen. Durch Erosion verändert sich das Bild der Felsen unentwegt. Riesige Stücke brechen ab und stürzen ins Meer, etwa der berühmte Wissower Klinken im Jahr 2005. Die Aussicht vom Königsstuhl, wo die Klippen eine Höhe von 118 Metern erreichen, ist das Wahrzeichen der Insel, und der Postkarten-Anblick nimmt bis heute gefangen.

01

# Rügen

## PERSPEKTIVWECHSEL

Die beste Sicht auf die Felsen eröffnet die Victoria-Sicht, die direkt am Hochuferweg unweit des Königsstuhls liegt. Hier betritt man einen Balkon, von dem man die Kreidefelsen entlang der Küste betrachten kann. Doch Vorsicht: Wer unter Höhenangst leidet, sollte diesen Platz nicht betreten. Eine gute Möglichkeit, um etwas Abstand zu den anderen Romantikfans zu gewinnen und die imposanten Felsen aus einer anderen Perspektive zu erleben, ist der Weg am Wasser entlang. Knapp 500 Stufen führten bis 2016 hinab zum steinigen Strand – heute muss man auf die Treppe am Kieler Bach ausweichen, um ans Ufer zu gelangen. Vom Strand

aus bietet sich ein komplett anderer Blick auf die weißen Felsen, vielleicht noch imposanter. Zugleich lohnt es sich, nach unten zu schauen. Mit etwas Glück findet man beim Strandspaziergang sogar ein Stückchen Bernstein. Und wenn nicht, macht auch das Suchen Spaß. Besonders gut stehen die Chancen nach stürmischen Nächten.

## PARK UND WELTERBE

Um dem Naturgefühl eines Romantikers wirklich nachzuspüren, lohnt sich die genauere Erkundung des Nationalparks Jasmund. Neben den Kreidefelsen birgt Deutschlands kleinster Nationalpark ein einzigartiges Stück Natur: die Alten Buchenwälder. Was zunächst gar nicht so spektakulär klingt, ist fast einzigartig in Europa. Vor rund 4000 Jahren bedeckten Buchenwälder noch weite Teile Europas. Durch den Energiehunger der industriellen Revolution und die Ausdehnung landwirtschaftlicher Flächen sind fast alle verschwunden. Die Alten

**01 PANORAMA-BAD**
Strandtag mit Blick auf die Kreidefelsen.

**02 BOOTSFAHRT**
Auf etwas größere Boote steigen Besucher für die Ausflugsfahrten.

**03 STIMMUNGSVOLL**
Am Abend kehrt auch auf Rügen Ruhe ein.

03

Buchenwälder auf Jasmund zählen seit 2011 zum UNESCO-Weltnaturerbe. Wer durch den seit 1990 bestehenden Nationalpark wandert und dabei die Kombination aus weißen Kreidefelsen, Buchenwäldern und der blauen Ostsee vor Augen hat, braucht nicht viel Fantasie, um sich hier Künstler wie Caspar David Friedrich und seine Nachfolger mit dem Skizzenbuch vorzustellen. Man sieht sie lebhaft vor Augen, wie sie durch den Wald streifen und zeichnen. Die tiefe Demut vor der Natur, die den Bildern innewohnt, berührt bis heute.

## FRONTALE BEWUNDERUNG

Am Königsstuhl betrachtet man sie von oben, am Strand von unten und vom Boot aus sieht man die Kreidefelsen in ihrer ganzen Pracht von vorn. Eine Bootsfahrt entlang der Klippen ist vor allem am Morgen oder kurz vor Sonnenuntergang am schönsten. Dann umfängt die weißen Felsen ein goldenes Licht, und sie erscheinen auch ganz ohne Kunst romantisch. In den Sommermonaten starten Ausflugsboote von Sassnitz, Binz, Göhren, Sellin oder Gager aus.

## INSELBAUKUNST

So sehr die Augen bei einer Reise nach Rügen von den Naturschönheiten abgelenkt sein mögen, man kommt nicht umhin, die besondere Architektur zu bemerken. Rügen ohne seine Bäderarchitektur wäre einfach nicht Rügen. Deutschlands größte Insel ist ein Paradebeispiel für Inselbaukunst. Hier gibt es herrschaftliche Strandvillen im Stil der Bäderarchitektur, aber auch Bauwerke der Moderne. Die meisten Häuser stammen aus der Zeit um 1900, als namhafte Architekten Hotels und Pensionen im Stil des Klassizismus, des Jugendstils und des Historizismus errichteten. Die Gebäude sind repräsentativ und dennoch von der Leichtigkeit des Meeres inspiriert. Die Liste an wunderschönen Villen im Bäderstil ist lang: Villa Haiderose, Haus Klünder, Villa Meeresgruß heißen nur einige der Gebäude in den nostalgischen Seebädern Binz oder Sellin.

**01 BAUKUNST**
Die Selliner Seebrücke mit Restaurant und Tauchglocke.

**02 ROMANTIK**
Die Schönheit der Kreidefelsen inspirierte Künstler.

01

02

01

02

## FEUDAL UND MODERN

Die diversen Bauherren haben der Insel in den verschiedenen Zeiten ein facettenreiches Gesicht verliehen. Neben der verspielten Bäderarchitektur prägen die urigen, mit Reet gedeckten Fischerhäuser und die schlichten Backsteinkirchen das ländliche Rügen. Feudaler und unbestritten imposant erscheinen Schlösser wie das Jagdschloss Granitz bei Binz. Auch Herrenhäuser wie der Prachtbau des Grafen Douglas im Stil der Neorenaissance zählen dazu.

Doch neben den noblen Gebäuden kann Rügen auch skurril. Wer nichtsahnend zum ersten Mal den ehemaligen Rettungsturm des Binzer Baumeisters Ulrich Mühter erblickt, wird sich wundern, was ein UFO am Strand zu suchen hat. Müther konzipierte das futuristische Gebäude in den 1960er-Jahren. Heute kann man sich hier sogar das Ja-Wort geben. Überall finden sich Müther-Spuren auf der Insel – beispielsweise auch ein höhlenartiges Buswartehäuschen in Buschvitz.

Das größte und sicher bizarrste Bauwerk der Insel ist allerdings die ehemalige »Kraft durch Freude«-Ferienmeile in Prora. Die Nationalsozialisten planten ein Gebäude mit gigantischen Ausmaßen direkt am Strand. Mehr als 20 000 Urlauber sollte der »Koloss von Rügen« einmal beherbergen. Doch der Bau wurde nie vollendet. Zu DDR-Zeiten nutzte das Militär die Anlage, und nach einigen Zwischenlösungen teilen sich heute eine Jugendherberge, Ferienunterkünfte, Luxuseigentumswohnungen und ein Museum den Gebäudekomplex.

**01 ZEITZEUGEN**
Die Ruine des alten Pegelturms am Kap Arkona.

**02 SCHATTENSPENDER**
Die alten Buchenwälder auf Rügen sind Weltnaturerbe.

**03 NOSTALGISCH**
Der Rasende Roland verkehrt auf der Linie RB 32.

## TIPP

### Das Vitaminpaket

Auf Rügen wächst Sanddorn fast überall. Zum Rundumerlebnis gehört das ein oder andere Sanddorn-Produkt also unbedingt dazu. Marmelade, Säfte und Limos, Likör, aber auch Senf, Chutney und Fruchtschnitten gibt es aus der gesunden Vitaminbombe. Also ausprobieren und am besten noch ein paar Souvenirs einpacken!

www.ruegen.de,
www.wirsindinsel.de

03

## RASENDER ROLAND

Eine besonders schöne Art, auf der Insel unterwegs zu sein, ermöglicht der Rasende Roland. Die dampfbetriebene Schmalspurbahn lässt nicht nur bei Eisenbahnromantikern die Herzen höher schlagen. Wenn Roland, das »rasend« ist als Ironie zu verstehen, über die Insel tuckert und dabei pfeift und bimmelt, fühlt man sich in eine andere Zeit versetzt. Dieses Stück Technikgeschichte auf Schienen fährt von Putbus über Binz, Sellin und Baabe nach Göhren. An rund 100 Tagen in der Saison verkehrt die Linie RB 32 zusätzlich von Lauterbach Mole.

SONNENINSEL USEDOM
Alle Zeichen auf Urlaub.

02

*Dicke Schneeflocken bleiben kurz an der Fensterscheibe kleben, bevor sie als dünne Rinnsale hinabperlen. Der Blick schweift auf die im Dunklen liegende Ostsee. Über dem Meer steht riesig der Vollmond. Der Anblick ist fast zu kitschig, um wahr zu sein. Das Mondlicht bricht sich in den Wellen. Der Strand hat sich in einen Eisteppich verwandelt, die Wellen schwappen ans Ufer und nehmen den Schnee mit sich. Draußen pendeln sich die Temperaturen unter dem Gefrierpunkt ein. Drinnen benetzen Schweißperlen bei 85 °C die Stirn. Der Blick aus der Panoramasauna des Hotels macht klar: Usedom im Winter ist eine gute Idee.*

## NIZZA DES OSTENS

Usedom ist nach Rügen die zweitgrößte Insel Deutschlands. In der Pommerschen Bucht gelegen, gehört sie größtenteils zu Deutschland, zu einem Teil zu Polen. Die unbestrittene Hauptsehenswürdigkeit Usedoms ist für die meisten Besucher der 40 Kilometer lange feinste Sandstrand. Durch die vielen Sonnenstunden auf der Insel lässt sich der Strand ausgiebig nutzen – wenn es warm wird, spielt Usedom ein bisschen Mittelmeer. Statt Nordseeextremen herrscht hier fast südliches Flair.

Jedes Jahr im Sommer verwandelt sich Usedom in ein gigantisches Ferienparadies für Familien und Sonnenhungrige. Und das hat Tradition: In den 1920er-Jahren nannte man Usedom »die Badewanne Berlins«. Doch schon davor galt die Insel als beliebtes Ferienziel, nicht nur für Otto Normalverbraucher. Das Ostseebad Heringsdorf zum Beispiel gehört neben Ahlbeck und Bansin zu den Kaiserbädern. Vom kleinen Fischerdorf entwickelte es sich im 19. Jahrhundert zum »Nizza des Ostens«. Hier erholte sich die Upper-Class bei der mehrwöchigen Sommerfrische – die Kaiserfamilie, das gut betuchte Bürgertum und auch die Bohème: Maxim Gorki, Thomas Mann und Lyonel Feininger verbrachten schöne Tage im Strandidyll.

01

**01 WANDEL**
Usedom – von Fischerdörfern zu Kaiserbädern.

**02 AUGEN AUF!**
Kunst und Architektur in Zinnowitz entdecken.

**03 RUHESAISON**
Im Winter versprüht Usedom einen eigenen Zauber.

# Usedom

## WINTER-WELLNESS

Die Heringsdorfer Sole trug dem Inselstädtchen einen guten Ruf als Kurbad ein. Vor allem im Winter hat bis heute die Wellness Hochsaison. Dann ist die beste Zeit für Entspannung, wohltuende Massagen und viel Ruhe. Hier kann man abschalten und sich in den Solebecken der Wellnesshotels treiben lassen, die ihre Außenbecken ganzjährig auf 30 °C beheizen. Danach locken die Finnische Sauna oder die Biosauna, das Dampfbad und eine Massage – am besten eine, bei der man sich fühlt, als läge man in den seichten Wellen am Ostseestrand. Spezielle Wasserliegen, deren Unterlagen mit warmem Wasser gefüllt sind, sorgen für solcherart angenehme Wellenbewegungen. Die Massage findet in Rückenlage statt, eine Wohltat! Wellness und Wohlbefinden gehen auf Usedom an vielen Orten Hand in Hand – verordnet in Kurkliniken, genossen in den Spa-Hotels und natürlich in den großzügig angelegten Thermen. So bietet allein die Ostseetherme Usedom im Seebad Ahlbeck sechs verschiedene Becken für Groß und Klein sowie zwei Dampfbäder. Hier kommt auch die Heringsdorfer Jodsole zum Einsatz, die aus gut 400 Metern Tiefe gefördert wird. Die Saunawelt überzeugt mit mehreren Innen- und Außensaunen. Auch die Bernsteintherme in Zinnowitz kann mit einem ähnlich breiten Angebot aufwarten und verfügt sogar über eine Strandsauna. An der dortigen Seebrücke wartet eine weitere Attraktion: die Tauchgondel, mit der bis zu 24 Besucher einige Meter tief in die Ostsee abtauchen können.

## MEER-ANWENDUNGEN

Als Kurort hat sich Usedom seit Langem etabliert. Ein zentraler Bestandteil ist die Thalassotherapie, die in den Kurkliniken an der Ostsee aber auch in den Spas der Hotels eingesetzt

03

01

02

wird. Die Thalassotherapie setzt auf die Heilkraft des Meeres – auf kaltes oder warmes Meerwasser, auf die salzige Meerluft, auf Sand und Schlick. All das kann beispielsweise Atemwegserkrankungen und Rheuma lindern. An Wellness- und Spa-Hotels herrscht auf Usedom kein Mangel. Die Insel weist die höchste Dichte an qualifizierten Wellnesshotels in Europa auf. Doch den wahren Balsam für Körper und See gibt es hier gratis: Winterspaziergänge an der frischen Ostseeluft. Dort, wo sich im Sommer die Sonnenhungrigen auf den Strandtüchern räkeln, glitzern im Winter Eiskristalle. Dick eingemummelt geht es über den Strand, der bei jedem Schritt knirscht. Auf der einen Seite lässt sich das Spiel der Wellen mit Schnee und Eis betrachten, auf der anderen die eingeschneiten Dünen und dazwischen das gefrorene Schilf. Der Wind weht leicht, die Nase ist kalt, aber die Sonne wärmt den Rücken. Möwen und Enten schwappen dicht aneinander gedrängt im kalten Wasser. Zurück im Hotel dann ein heißes Bad und die Welt ist in Ordnung.

## AB IN DEN WALD

Auf Usedom wächst Europas erster Heilwald. Waldbaden ist hier seit einiger Zeit in aller Munde, zumal in Heringsdorf ein eigener Kur- und Heilwald ausgewiesen wurde. Die »Waldtherapie« hilft dabei, die Atemwege zu öffnen und Energie zu tanken. Als Ort der Meditation und Bewegung dient der Wald vielen Zwecken – egal, ob man die Heilkraft der Bäume spürt oder einfach einen erholsamen Spaziergang an der Küstenluft unternimmt. Im Kur- und Heilwald Usedom stehen Therapiegeräte bereit, Kletterparcours und malerische Ruheplätze, die zum Erholen unter Buchen und Kiefern einladen. Und wer ganz bewusst die Luft einatmet, das Moos riecht, das Rauschen der nahen Ostsee hört und tief durchatmet, der spürt die wohltuende Wirkung des Waldes von Kopf bis Fuß.

### TIPP

### Exotische Welten

In Trassenheide tanzen in Europas größter Schmetterlingsfarm unzählige der bunten Falter durch die exotische Pflanzenwelt der Tropenhalle. Auch ein Insektenmuseum und Dutzende Terrarien gehören zur Schmetterlingsfarm. Ein Tipp, wenn das Wetter einmal nicht mitspielt oder einfach für alle, die zusammen mit ihren Kindern auf Usedom etwas Ungewöhnliches unternehmen wollen.

www.schmetterlingsfarm.de

03

**01 TAUCHGONDEL**
Die neue Seebrücke Vineta in Zinnowitz wurde 1993 eingeweiht.

**02 INSEL-WAHRZEICHEN**
Die Seebrücke in Ahlbeck ist die älteste Deutschlands.

**03 VOGELBEOBACHTUNG**
Ein Kiebitzregenpfeifer bei der Nahrungssuche.

Sonnenaufgänge
auf dem Wasser,
ein atemberaubender
Sternenhimmel
und die Entdeckung
der Langsamkeit.
Die Mecklenburgische
Seenplatte lässt uns
staunen.

NAH AM WASSER
An der Seenplatte spielt
das Wasser die Hauptrolle.

*Wer beim Aufwachen ein leichtes Schaukeln spürt, muss sich ein paar Sekunden lang orientieren. Beim Gang auf das Außendeck mit der warmen Kaffeetasse in der Hand entfaltet sich der ganze Zauber: Vor einem liegt die ruhige Wasserfläche. Die Morgensonne spiegelt sich auf dem See. Alles ist in warmes Orange gehüllt. Der Nebel hängt noch dicht im Ufergras, am Himmel ziehen Vögel ihre Runden, am Ufer dösen ein paar Enten. Mit dem Hausboot in der Mecklenburgischen Seenplatte unterwegs zu sein, ist eine der schönsten Arten, die Seenplatte zu erleben. Ein Erlebnis, das nachhaltig wirkt.*

### LAND DER 1000 SEEN

Hier dreht sich alles ums Wasser – wie sollte es anders sein im Land der 1000 Seen? Ob Touren mit dem Hausboot, Wasserwandern mit dem Kanu oder zu Fuß am Ufer entlang:

Die Müritz und zahlreiche Flüsse laden zu Mikroabenteuern ein. Die Mecklenburgische Seenplatte ist das größte zusammenhängende Seengebiet Deutschlands. Unter ihren mehr als 1000 Seen befindet sich auch der größte Binnensee, der komplett auf deutschem Gebiet liegt: die Müritz. In Sachen Wasser bietet die Seenplatte also Superlative. An den Ufern gibt es viel Grün, aber auch romantische Schlösser, Burgen, herrschaftliche Gutshäuser und historische Altstädte, die es zu erkunden lohnt. Eine gelungene Mischung aus Natur und Kultur, die Abwechslung für einen Tag, ein Wochenende oder auch länger bereithält. Neben den Freizeitangeboten für die Menschen ist die Seenplatte auch ein einzigartiger Lebensraum für seltene Tiere und Pflanzen. Acht nationale Naturlandschaften bieten hier ganz unterschiedliche Lebensräume für Fauna und Flora.

01

# Mecklenburgische Seenplatte

## IM KANU UNTERWEGS

Schnell spürt man den Schmerz in den Armen und schon nach zehn Minuten Paddeln fragt man sich als ungeübter Kanute, wie man das noch länger aushalten soll. Doch versprochen: Man gewöhnt sich rasch ans Paddeln. Spätestens, wenn man die Ruhe mitten in der Natur auf sich wirken lässt, ist jeder Gedanke an den Muskelkater vergessen. Ihn spürt man erst am Ende des Tages kommen. Doch die Anstrengung lohnt sich! Nach einer Kanutour fühlt man sich lebendig, stolz und trotz der Mühe irgendwie frisch und lebendig. Mit zerzausten Haaren, roten Wangen und einem Lächeln im Gesicht

fällt man hundemüde ins Bett. Genau nach diesem Gefühl suchen wir doch bei einem Mikroabenteuer, oder? Wer mit dem Kanu unterwegs ist, fährt mal mitten auf dem See, mal über schmale Kanäle, bei denen man mit beiden Armen die Äste an den Ufern berühren kann. Die Wasserstraßen der Mecklenburgischen Seenplatte sind bis auf wenige Ausnahmen keine Fließgewässer. Als Paddler muss man also nicht gegen die Strömung ankämpfen – und wenn man sich ein wenig daran gewöhnt hat, fällt das Paddeln nur noch halb so schwer.

## SEEN VOLLER BLÜTEN

Auch Einsteiger können rund 15 Kilometer Distanz pro Tag bewältigen, aber man ist ja nicht auf der Flucht. Also einfach der Nase nach fahren und genießen. Die Wasserwege nehmen eine

**01 SEENLAND**
Auf oder am See: Hier dreht sich alles um das Wasser.

**02 SCHLOSS ULRICHSHUSEN**
Die Hauptspielstätte der Festspiele Mecklenburg-Vorpommern.

02

Gesamtlänge von 140 Kilometern ein, an den Wasserwanderstrecken warten viele Campingplätze, auf denen man die Nacht verbringen kann. Da der Körper immer in Bewegung ist, muss es fürs Kanufahren gar nicht so heiß sein. Im Gegenteil: Am schönsten zeigt sich die Seenplatte Ende Mai. Dann verwandeln sich die Gewässer in ein Blütenmeer aus Tausenden Seerosen. Besonders viele davon gibt es nördlich von Granzow/Mirow im sogenannten Seerosenparadies und auf dem Kotzower See zu sehen.

## IM HAUSBOOT AUF DER SEENPLATTE

Man muss nicht weit reisen, um das Gefühl großer Freiheit auf dem Wasser zu erleben. Gerade einmal zwei Stunden von Berlin entfernt, findet sich auf der Mecklenburgischen Seenplatte alles, was für ein Hausbooterlebnis nötig ist. Wer am Steuer seines Bootes steht und den Blick über Wasser und Wiesen schweifen lässt, der bekommt schnell ein Gefühl von Freiheit. Einfach in den Tag hinein

schippern, in der Hängematte liegen, lesen, dazwischen ein Sprung ins frische Wasser: Ein paar Tage auf dem Hausboot können sich leicht wie zwei Wochen Urlaub anfühlen. Führerscheinfreie Hausboote gibt es in verschiedenen Größen und mit unterschiedlichem Komfort. Von spartanischen Basisvarianten bis zu echten Luxusbooten ist alles dabei. Ob als Kleinfamilie oder Paar, ob mit Freunden und mit dem Hund, für jeden gibt es das passende schwimmende Zuhause auf Zeit.

## STERNBADEN

Morgens beim Frühstück mit Blick auf die erwachende Natur, tagsüber in der gleißenden Mittagssonne oder abends, wenn die Fledermäuse um die Bäume flattern, jede Tageszeit erscheint auf dem Wasser intensiver. Wer die Nacht auf dem Gewässer verbringt, kann etwas erleben, das in Deutschland selten geworden ist: ein von keiner künstlichen Lichtquelle gestörter Sternenhimmel. Die Lichtverschmutzung über der Mecklenburgischen Seenplatte ist gering. Statt Großstädten gibt es hier Wald und Wasser, und das lässt die Sterne so richtig funkeln. Wann hat man zum letzten Mal bewusst die Sterne betrachtet? Bestimmt schon ewig her. Es lohnt sich also, es sich nachts an Deck bequem zu machen und gen Himmel zu schauen. Dort sind Milchstraße, der Orionnebel und weit entfernte Planeten auszumachen. Romantik pur! Alle, die nicht auf dem Wasser unterwegs sind, sehen die Sterne auch während einer Nacht im Zelt und vielleicht sogar aus dem Fenster der Unterkunft. Einfach ausprobieren!

**01 AUSZEITEN**
Die Strände laden zum Verweilen ein.

**02 MÄRCHENSCHLOSS**
Das Schweriner Schloss ist Sitz des Landtages von Mecklenburg-Vorpommern.

**03 STERNENMEER**
Auf dem Hausboot kommt man in den Genuss des Nachthimmels.

## DURCHS VOGELPARADIES

Wer lieber auf dem Trockenen bleibt, kann im Müritz-Nationalpark Natururlaub vom Feinsten erleben. Hier entdecken Wanderer und Radfahrer eine unberührte Natur mit festem Boden

02

03

01

02

unter den Füßen. Der Müritz-Nationalpark dehnt sich über zwei Gebiete aus. Der größere Teil davon erstreckt sich an der Müritz, das kleinere Gebiet liegt östlich von Neustrelitz. Ein 268 Hektar großer Abschnitt gehört seit 2011 zum UNESCO-Weltnaturerbe Alte Buchenwälder.

In keinem anderen Part von Deutschland brüten mehr See- und Fischadler, Kraniche und Rohrdommeln als hier im Müritz-Nationalpark. Ausgedehnte Wälder mit Pilzen, Moosen und Flechten, zahlreiche Seen und alte Moorlandschaften bieten einen idealen Lebensraum für viele Tiere, darunter Hunderte Käfer- und Schmetterlingsarten. Der Rothirsch fühlt sich in den Wäldern wohl, aber auch Dammwild und Waschbären sind hier zu Hause. Von zahlreichen Aussichtsstationen lassen sich die Tiere gut beobachten.

Wer mehr über die Natur lernen will, oder wem das Wetter einen Strich durch die Rechnung macht, dem sei das Müritzeum in Waren ans Herz gelegt. Aber nicht nur bei schlechtem Wetter empfiehlt sich das Naturerlebniszentrum als lohnender Zwischenstopp. Das Haus bietet Naturerlebnis, Umweltbildung und Naturforschung für die ganze Familie. Bei einem Streifzug durch Wald, Moor und Wasserwelten gibt es viel zu entdecken und zu lernen. Unbestrittenes Highlight im Museum ist das über zwei Etagen gehende Moränenbecken.

## FERIEN VOM AUTO

Wer am Urlaubsziel angekommen ist und sowieso hauptsächlich auf dem Wasser oder zu Fuß unterwegs sein will, braucht kein Auto. Die Region unterstützt alle, die abgasfrei reisen. Mit dem Zug ist man innerhalb von einer Stunde aus Berlin in Waren (Müritz) oder in Neustrelitz, eine neue Intercity-Linie sorgt für eine bessere Anbindung nach Dresden. In der Sommersaison verkehren kostenlose Busse von »Müritz rundum«.

### TIPP

### Prämierte Torten

In der Natur sein macht hungrig. Da passt ein Stück Torte ziemlich gut! Dat Tortenhus am Alten Markt in Waren (Müritz) befindet sich in der restaurierten Alten Feuerwache und ist der perfekte Ort für eine kleine Auszeit. Die Kuchen und Torten schmecken einfach himmlisch. Nicht umsonst wurde das Café schon mehrfach mit Preisen ausgezeichnet.

www.dat-tortenhus.de

03

**01 FARBENFROH**
Bunte Blüten und farbenfrohe Falter im Müritz-Nationalpark.

**02 WALDWEGE**
Ausgedehnte Birkenwälder laden zum Erkunden ein.

**03 LEBENSRAUM**
Die Rohrdommel gehört zur Familie der Reiher.

01

# Die Schorfheide

*Nordöstlich von Berlin lässt es sich schön baden. Genauso gut kann man in der Region Schorfheide und rund um Chorin aber auch radeln, paddeln und in den Wäldern umherstreifen – oder aber den Konzerten in Denkmälern lauschen. Die Vielfalt der Region ist ihr Kapital. Die seenreiche Landschaft der Schorfheide wurde von der letzten Eiszeit geformt und bietet heute eines der größten zusammenhängenden Waldgebiete Mitteleuropas. Im Buchenwald Grumsin, seit 2011 UNESCO-Weltnaturerbe, geht es in die Wildnis, Grimnitzsee und Werbellinsee sorgen fürs Sommervergnügen am Wasser.*

02

## ZWISCHEN URALTEN BÄUMEN

Ein Urwald in Brandenburg – das ist keine Übertreibung. Im Buchenwald Grumsin wurde nie gerodet, so blieb der urwüchsige Wald über Jahrhunderte erhalten. Mittlerweile ist der Wald gänzlich vor menschlichem Eingreifen geschützt und entwickelt sich in seiner eigenen Dynamik. In Deutschland befinden sich rund 25 Prozent der Gesamtfläche der europäischen Buchenwälder. Mit fast sieben Quadratkilometern bildet er einen der größten Tieflandbuchenwälder der Erde. Viele gefährdete Pflanzenarten und vom Aussterben bedrohte Tiere haben hier einen Schutzraum gefunden. So leben Adler, Kraniche und Schwarzstörche im Grumsiner Buchenwald, den seine vielen Senken auszeichnen – in der Eiszeit entstanden, sind sie oft mit Wasser gefüllt. Das Licht, das durch die dichten Baumkronen fällt, spiegelt sich glitzernd in den Wasseroberflächen. Granitfindlinge, Totholz und dichter Bewuchs sorgen für Urzeitlook. Die Kernzone des Waldes darf nicht betreten werden. Doch Rundwege führen am Rand der geschützten Kernzone entlang und vermitteln ein Bild der Ursprünglichkeit des Buchenwalds. Als Startpunkt für einen Ausflug in die Wildnis bietet sich Altkünkendorf an.

## AB IN DIE WILDNIS!

Das 1990 gegründete UNESCO-Biosphärenreservat Schorfheide-Chorin ist mit genau 129 161 Hektar Fläche eines der größten Schutzgebiete Deutschlands. Im nordöstlichen Teil des Landes Brandenburg, größtenteils in der Uckermark und dem Barnim gelegen, umfasst es eine eindrucksvolle Landschaft mit rund 240 Seen, Tausenden Mooren, ausgedehnten Wäldern, Wiesen und Äckern. Das dünn besiedelte Land, der Wechsel zwischen weiten offenen Flächen und ausgedehnten Wäldern bilden die Lebensgrundlage für eine Fülle von Tier- und Pflanzenarten. Die Landschaft des Biosphärenreservats ist aber auch das Ergebnis jahrhundertelanger Nutzung und Bewirtschaftung durch den Menschen. Heute gibt es wieder Orte, die vor seinem Einfluss gänzlich geschützt sind, so zum Beispiel der Buchenwald Grumsin.

**01 KLOSTERSEE**
Der Amtssee Chorin ist vor allem wegen des Klosters bekannt.

**02 URWALD**
In Grumsin befindet sich einer der größten Buchenwälder Europas.

## WASSERSPASS

Im Sommer sind die Seen die Stars der Schorfheide. Dann wird gebadet, man sonnt sich und segelt, was das Zeug hält. Kein Wunder, Seen wie der Werbellinsee und der Grimnitzsee sind die perfekten Orte für grenzenloses Wasservergnügen. Allein am Werbellinsee gibt es acht offizielle Badestellen und Strände. Manche davon sind ruhige Badewiesen, andere bieten Entertainment wie Spielplatz, Kiosk und Eisverkauf. Der Grimnitzsee geht als der kleinere Bruder des Werbellinsees durch: Er ist kleiner, ruhiger, das Wasser seichter, der Betrieb beschaulicher. Sogar Seeadler und Biber lassen sich ab und an blicken. Hier findet jeder den passenden See und das passende Plätzchen. Beim Faulenzen am Naturbadestrand des Grimnitzsees oder beim Segeln und Surfen auf dem Werbellinsee vermisst wirklich niemand das Mittelmeer. Wer nach einem Ausflug gleich Urlaubslust bekommt, hängt einfach ein paar Tage an, etwa am Parsteiner See. Hier gibt es einen Campingplatz für längere Aufenthalte. Zelte aufschlagen und bleiben!

02

## TIERE AUS DER HEIMAT

Bei Groß Schönebeck liegt der Wildpark Schorfheide gut eingefügt ins Biosphärenreservat. Auf sieben Kilometer addieren sich die Wanderwege durch den Park. An vielen Picknickplätzen kann man mit Kind, Kegel und Hund erholsame Stunden verbringen. Die Wildtiere leben in großzügig angelegten Gehegen – deshalb lassen sie sich nur mit etwas Glück entdecken. Ausschließlich Arten, die in der Schorfheide heimisch sind, wie zum Beispiel Wölfe, Fischotter, Wildschweine, Mufflons, Rot- und Damwild bevölkern die Freigehege. Und auch die in der Schorfheide ausgestorbenen Tiere wie Luchse, Wisente, Elche oder Przewalski-Pferde haben hier wieder ein Zuhause gefunden. Seltene Haustierrassen ergänzen die Schorfheiden-Tierwelt und lassen den verlorenen Artenreichtum erahnen: Englische Parkrinder, das Pommersche Landschaf, Exmoor-Ponys und Wollschweine. Bei der regelmäßig stattfindenden Vollmondwolfsnacht darf man sich den Wölfen im Dunkeln nähern. Zugegeben, ein bisschen gespenstisch ist das schon, aber auch sehr spannend. Vor den abendlichen Exkursionen stärkt ein Abendessen, man lauscht einem Vortrag, und dann beginnt die Wanderung zu den Wölfen. Beim Rückweg erleuchten Fackeln den Weg. Bei einem Getränk in der Köhlerhütte klingt der Abend aus.

01

## GOTISCHES GLANZLICHT

Die Klosterruine Chorin ist ein Architektur-
denkmal und Kulturort, der über die regionalen
Grenzen hinweg bekannt ist. In der ehemaligen
Zisterzienserabtei mit der schlichten dreischif-
figen Basilika finden regelmäßig Konzerte,
Musikfestivals oder Mittelalterfeste statt, zum
Beispiel der Choriner Musiksommer. Sehens-
wert ist auch die Ausstellung zur (Erhaltungs-)
Geschichte des Klosters – unter Mitwirkung
Karl Friedrich Schinkels.

**01 GOTIK ERLEBEN**
Das Kloster Chorin wurde
1258 durch askanische
Markgrafen gegründet.

**03 HEIDELAND**
Die Schorfheide wirkt wie
sanfter Balsam auf der
gestressten Seele.

**02 WILDGEHEGE**
Im Wildpark gibt es Tier-
sichtungsgarantie.

**TIPP**

### Eine Nacht im Gut

Zwischen See und Wäldern gelegen
verspricht das Gut Wolletz viel Ruhe
und Erholung. Das Hofgut ist heute ein
wunderschön eingerichtetes Ferienidyll.
Im Gästehaus gibt es fünf Ferienwoh-
nungen, zudem einen Festsaal für
Hochzeitsfeiern im ehemaligen
Schafstall. Das Gut betreibt biologische
Landwirtschaft und nachhaltige
Forstwirtschaft.

www.gutwolletz.de

03

STOPPKNOPF
Ein Plätzchen am See.

02

*Grenzland zu Polen, Kolonistendörfer und Kriegs-
schauplatz ... das Untere Odertal ist geschichtsträchtig. Doch heute dient der Nationalpark in
erster Linie als Erholungsgebiet. Die fast 15 Kilometer zwischen Oder und westlichem Bruchrand
sind flaches Land, die Oderniederung somit ein
echter Geheimtipp für Fahrradausflüge. Auf dem
Oder-Neiße-Radweg geht es direkt auf dem Deich
vorbei an Biberburgen und Sonnenblumenfeldern.*

### RADREVIER DER EXTRAKLASSE

Über rund 60 Kilometer zieht sich das Untere
Odertal hin, das im Norden des Oderbruchs
den unteren Teil des 650 Kilometer langen
Flusslaufs bildet. Der Nationalpark Unteres
Odertal schützt die letzte noch nahezu intakte
Flussmündung Mitteleuropas mit ihren regel-
mäßig überfluteten Flussauen. Viele Vogelarten

brüten in diesem wasserreichen Gebiet – und
langsam entwickelt sich das von Menschen
geformte Land in eine natürliche Flusslandschaft zurück. Der einzige Auennationalpark
Deutschlands liegt im Grenzgebiet zu Polen
und markiert das erste grenzüberschreitende
Großschutzgebiet mit dem östlichen Nachbarn.
Im Nationalpark sind Besucher oft noch allein
unterwegs. Trotz der Nähe zu Berlin ist hier
von Freizeittrubel nichts zu spüren.

01

# Unteres Odertal

## EIN RÜCKBLICK

Die Auenlandschaft um die Oder war seit jeher fruchtbar. Im 18. Jahrhundert brachten Hugenotten die Tabakpflanze mit und etablierten die Region als ein Zentrum des Tabakanbaus. Die Scheunen, in denen die Blätter getrocknet wurden, stehen teilweise heute noch. Man erkennt sie an den vielen Luken zum Lüften – das Tabakmuseum in Vierraden informiert darüber. Später wurde die Gegend östlich von Berlin nach holländischem Vorbild eingedeicht, trockengelegt, gerodet und die Oder begradigt. So erhielt man Rückhaltebecken für die Winterhochwasser, effiziente Wasserwege und ausreichend Platz für Landwirtschaft. Siedler kamen aus ganz Europa an den Oderbruch und gründeten Kolonistendörfer und sogenannte Loose-Höfe. Der Name erklärt sich daher, dass die Grundstücke per Los verteilt wurden. Im Zweiten Weltkrieg begann zwischen Oderbruch und Polen der Kampf um Berlin.

## CLEVERE POLDER

Den Mittelpunkt des Nationalparks Unteres Odertal bilden die Polder. Im Oderbruch befindet sich die einzige erhaltene Polderlandschaft Deutschlands. Die hohen Winterdeiche am westlichen Talrand schützen die Siedlungen vor Hochwasser. Die Sommerdeiche entlang der Oder werden jedes Jahr im November geöffnet. So kann das Oderwasser das Flusstal bedecken und langsam abfließen. Im Frühjahr schließt man die Deiche wieder, und das restliche Wasser wird abgepumpt. So stehen die Wiesen im Sommer als Weideflächen zur Verfügung.

**01 ODER-WILDNIS**
Die Flussauen im Unteren Odertal sind nur wenig besiedelt.

**02 GRENZGÄNGE**
Grenzzeichen säumen Radwege im Nationalpark.

---

### TIPP

#### Schlafen bei Schafen

Einmal im Schäferwagen übernachten und mit dem Blöken der kleinen Skudden-Schafe aufwachen – das geht auf dem Erlenhof im Oderbruch. Hier leben 30 Exemplare der alten Schafrasse, die längst als eine bedrohte Nutztierart gilt. Zum Erlenhof gehört neben der Pension und den Schäferwagen auch ein Hofladen, in dem Wolle und Wurst verkauft wird, sowie ein Café. Außerdem finden regelmäßig Strick- und Spinnkurse statt.

www.erlenhof-im-oderbruch.de

## TIERISCH UNTERWEGS

Wer aufmerksam reist, kann bei Touren durch die Region viele Tierarten entdecken, manche sind scheu wie der Biber, andere sind ideale Begleiter. Exotisch muten die Wasserbüffel an, die im Nationalpark anstelle von Hausrindern gehalten werden. Eine Herde steht im südlichen Friedrichsthaler Polder. Wie wäre es mit einer Wanderung inklusive tierischer Begleitung? Im Nationalpark Unteres Odertal geht das beispielsweise mit Eseln oder Islandpferden. Bei diesen Wanderungen schaltet man automatisch einen Gang herunter. Die Esel sind dabei nicht nur als Lastenträger im Einsatz, sondern sie geben eine ziemlich gemütliche Reisegesellschaft ab. Auch Kremserfahrten mit Pferden, Fledermauswanderungen oder gar Touren mit Schlittenhunden können entlang der Oder unternommen werden.

# Das Havelland – weit mehr als leuchtende Birnen.

*Das goldene Licht im Herbst ist magisch, die Birnen leuchten weit und breit. Spätestens bei dem Namen Ribbeck fällt sofort der Groschen. »Herr von Ribbeck auf Ribbeck im Havelland/Ein Birnbaum in seinem Garten stand«, fast jeder kann diese Zeilen seit der Schulzeit auswendig. Theodor Fontane schrieb das Gedicht im Jahr 1889. Er machte das kleine Dörfchen samt Schloss und mit ihm das ganze Havelland bekannt.*

02

### LEGENDÄRE LANDSCHAFT

Den Herrn von Ribbeck gab es wirklich. Mit vollem Namen hieß er Hans-Georg von Ribbeck, und er lebte zwischen 1689 und 1759 in einem Vorgängerbau des heutigen Schlosses. Ob er wirklich seine Birnen an die Kinder aus dem Dorf verschenkte, weiß niemand, doch kann es eine schönere Überlieferung von Großmut geben? Vom Birnbaum auf seinem Grab existiert heute noch der Stumpf in der Kirche von Ribbeck. Birnen gibt es noch immer zur Genüge im Örtchen. Das im neobarocken Stil erbaute Schloss ist der Mittelpunkt des historischen Dorfkerns von Ribbeck. Heute befinden sich hier ein Restaurant, Veranstaltungsräume und

ein Museum. Ein Spaziergang durch das Dorf führt vorbei am Schloss, am Alten Waschhaus, der Kirche und dem historischen Schulhaus. Der Besuch im Alten Waschhaus lohnt sich gleich zweifach: weil hier Wissenswertes rund ums Waschen vor über 150 Jahren zu erfahren ist und weil im Café die wohl beste Birnentorte im ganzen Havelland auf den Tisch kommt.

### DER HAVELLAND-RADWEG

Von Ribbeck aus führt der Havelland-Radweg bis ins Westhavelland – das macht ab Berlin eine Strecke von gut 100 Kilometern. Auf meist asphaltierten Wegen geht es quer durchs liebliche Havelland mit seinen Auenlandschaften und kulturgeschichtlichen Höhepunkten. Es ist genau diese Mischung aus Natur und historischen Orten am Rande der Hauptstadt, die das Havelland zu einem beliebten Ausflugsziel machen. Die Birne ist da eigentlich das Sahnehäubchen. Um bei Fontane zu bleiben: Dieser widmete in seiner Buchreihe »Wanderungen durch die Mark Brandenburg« dem Havelland einen ganzen Band. Er dichtete: »Es spiegeln sich in deinem Strome Wahrzeichen, Burgen, Schlösser, Dome« und bringt das Besondere auf den Punkt. Das Havelland strotzt nur so vor Geschichte. Schlösser, Klöster, Kirchen und Gärten, kleine Dörfer

01

und historische Städte zeugen auf engem Raum von einer bedeutenden Vergangenheit. Dazwischen bezaubern Mischwälder, Wiesen und Felder und die ausufernde Wasserlandschaft der Havel. Auf dem Fluss gleiten Flöße und Kanus vorbei und sogar Hausboote, die ein Zuhause auf Zeit bieten. So bekommt man mit jedem Kilometer Wegstrecke neue Ideen, was es im Havelland alles zu erleben gilt.

### HEIMAT GROSSER GEISTER

Das Havelland ist seenreich. Den Schwielowsee halten viele für den schönsten in der Havelseenkette. Sie erstreckt sich vom Nieder Neuendorfer See in Berlin bis zum Großen Zernsee bei Werder. Auch hier ist es das Wechselspiel aus Kultur und Natur, das die Menschen anzieht. Durch die Nähe zu Berlin kamen preußische Könige, Autoren wie Theodor Fontane oder auch Albert Einstein zum Schwielowsee. Letzterer erlebte in seinem Sommerhaus in Caputh seine schönsten Jahre und viele Stunden als Segler auf den Seen. Das Wohnhaus Einsteins in Caputh lässt sich heute besichtigen, genauso wie das Lustschloss Caputh, das älteste erhalten gebliebene Lustschloss aus der Zeit des Kurfürsten Friedrich Wilhelm von Brandenburg. Am Schwielowsee kann man sich also dem Kulturprogramm widmen oder einfach bei einem Spaziergang oder dem Sprung ins Wasser die Freizeit genießen. Ganz nach Lust und Laune.

**TIPP**

### Einmal abheben

Wie wäre es mit einem Besuch bei Lady Agnes? Das Flugzeug IL 62 der ehemaligen Interflug wurde zu Ehren des Flugpioniers Otto Lilienthal am Gollenberg platziert und dient heute als Ausstellungsort und sogar Standesamt. Lilienthal landete 1889 auf dem nur 860 Meter langen Segelflugplatz am Gollenberg und damit im Guinness-Buch der Rekorde. Das Lilienthal-Centrum Stölln informiert zusätzlich über das Leben und Wirken des Flugkünstlers.

www.otto-lilienthal.de

**01 SPURENSUCHE**
Der Stumpf des berühmten Birnbaums wird in der Kirche aufbewahrt.

**02 HAVEL-RADWEG**
Mit dem Rad geht es immer am romantischen Havelufer entlang.

**03 SEEPANORAMA**
Im Sommer 1869 besuchte Fontane den Schwielowsee für eine Segelpartie.

03

02

*Einst war das Emsland direkt an der Grenze zu den Niederlanden von weiten Moorgebieten durchzogen. Das Bourtanger Moor bildete zeitweilig das größte zusammenhängende Hochmoor in ganz Mitteleuropa. Doch die Landschaft hat sich durch Torfabbau und Landwirtschaft verändert. Die Moorlandschaften sind weitgehend verschwunden, doch abwechslungsreiche Natur findet man zwischen Ems- und Münsterland noch immer.*

## LANDSTRICH MIT TIEFGANG

Spätestens nach der dritten Mühle stellt sich die Frage: Sind wir hier noch in Deutschland? Die Antwort lautet: Gerade eben so. Die Nähe zu den Niederlanden ist hier unverkennbar. Das Schöne am Emsland ist seine Vielfalt. Aktivurlauber können die Region nach thematischen Schwerpunkten erkunden oder von allem ein bisschen erleben, fast wie bei der gemischten Tüte aus dem Tante-Emma-Laden. Es geht

durch Moorgebiete vorbei an Wiesen und Wäldern, an Mühlen und historischen Altstädten, an Schlössern und Burgen und an einigen Besonderheiten wie den Ölnickern. Was viele nicht wissen: Das Emsland ist das größte deutsche Ölfördergebiet. Das Erdöl-Erdgas-Museum in Twist, manche sprechen bei Twist scherzhaft vom deutschen Dallas, vermittelt den Besuchern auf unterhaltsame Weise mehr zum Thema »schwarzes Gold«. Doch das ist nicht alles: Wer sich für den Bau von riesigen Ozeandampfern interessiert, unternimmt einen

01

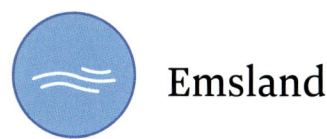

# Emsland

Abstecher ins Besucherzentrum der Meyer-Werft in Papenburg. Wenn alles nach Plan geht, soll hier 2022 ein Kreuzfahrtschiff der Ultra-Luxus-Klasse vom Stapel laufen.

## URLAUB AN UFERN

Das Wasser spielt eine große Rolle im Emsland. Die Region ist wasserreich, und das auf ganz unterschiedliche Arten. Ob sommerliche Baderunden in den zahlreichen Emsländer Seen, Spaziergänge an den eindrucksvollen Yachthäfen und der Marina, Angeln an den Mäandern der Hase oder Kanu- oder Bootsfahrten entlang der Ems – es gibt zahllose Möglichkeiten, die Zeit am Wasser zu genießen. Dadurch, dass es im Emsland so angenehm flach ist, lässt sich das Thema Wasser wunderbar mit einer Radtour verbinden. Und eines bewahrheitet sich sowieso immer wieder: Am Wasser ist es einfach immer am schönsten.

**TIPP**

### Reiterfreuden

Der Ferienhof Junkern-Beel ist eine gute Adresse für alle, die das Emsland vom Pferderücken aus erkunden oder klassische Reiterferien verbringen wollen mit Ausritten, Lagerfeuer und allem drum und dran. Aber auch Familien, die Ferien auf dem Reiterhof planen, sind hier an der richtigen Adresse. Es gibt Ferienwohnungen, einen Zelt- und Campingplatz und natürlich jede Menge Ponys und Pferde.

www.junkern-beel.de

## BESONDERE WEIDETIERE

Die vielen Wacholderhaine nahe Haselünne bieten nicht nur genügend Stoff für die Gin- und Kornbrennereien, sie sind auch ideale Rückzugsgebiete für die hier lebenden Wildpferde. Beim Spaziergang durch die urwüchsige Kulturlandschaft, die besonders im Spätsommer zur Heideblüte eine Augenweide ist, lassen sich neben Schafen die Nachzucht einer alten, mittlerweile ausgestorbenen Wildpferderasse entdecken. Auf weitläufigen Weiden grasen Hochlandrinder, Schafe und Wildpferde einträchtig nebeneinander. Dabei wird nicht nur das Erbgut der seltenen Tiere erhalten, sie helfen dabei, die Wiesen frei von Gestrüpp zu halten. Keine Angst, die Pferde sind trotz ihrer wilden Gene gutmütig, allerdings recht scheu.

## WILDER WESTEN

Klar, das Emsland liegt im Westen, doch so viel Nähe zum Wilden Westen würde man nicht gleich vermuten: Im Lathener Ortsteil Hilter leben mehr Pferde als Menschen. Ringsum auf den Weiden grasen Pferde und Ponys, in den Ställen und auf dem Reitplatz geht es hoch her. Richtiges Cowboyfeeling kommt vor allem Ende Juli/Anfang August auf. Dann findet auf dem Ferienhof Junkern-Beel das Western-Festival statt. Country-Bands, Tanzveranstaltungen und natürlich Reitvorführungen stehen drei Tage lang im Mittelpunkt.

**01 MOORGEBIET**
Das Moor war einst wichtigster Erwerbszweig der Emsländer.

**02 GEFÄHRDET**
Dem Steinkauz fehlen vielerorts Nistmöglichkeiten, etwa in Baumhöhlen.

02

*Auf den Spuren von Römern und Germanen, Stichwort Varusschlacht, im Teutoburger Wald, über die Höhenzüge des Wiehengebirges oder entlang der undurchdringlichen Moore im Urstromtal: Wer im Osnabrücker Land unterwegs ist, muss sich nicht für ein Highlight entscheiden, sondern bekommt gleich eine ganze Palette an Ausflugszielen präsentiert. Je nach Lust und Laune durchfährt man die Gegend mit dem Fahrrad, nutzt sonnige Tage zum Spazierengehen und erkundet zwischendrin Osnabrück. Wer ins Osnabrücker Land fährt, kann Wald und Wiesen erleben und ganze 300 Millionen Jahre Erdgeschichte bereisen.*

### ERDKUNDE HAUTNAH

Im UNESCO-Geopark TERRA.vita unternehmen Besucher eine echte Zeitreise. Man könnte den Geopark vielleicht auch als be-

01

gehbares Lehrbuch rund um das Thema Geologie beschreiben. Von staubiger Wissenschaft ist aber definitiv keine Spur. Im Gegenteil: Im Geopark lassen sich 300 Millionen Jahre Erdgeschichte auf engstem geografischen Raum mit allen Sinnen erleben und begehen. Nirgendwo sonst ist die Urgeschichte so lückenlos aufgezeichnet wie in den Mooren, Geesten und Felsen des Osnabrücker Landes. Grund genug, den Natur- und Geopark TERRA.vita mit seinen mehr als 100 Naturdenkmalen und geologischen Phänomenen als erstes deutsches Mitglied im weltweiten Geopark-Netzwerk auszuzeichnen, inklusive der Ernennung als »UNESCO Global Geopark«.

### WÜSTE UND PERMAFROST

Auf einer Fläche, die doppelt so groß ist wie Hamburg, finden Besucher des Parks jede Menge Relikte und archäologische Denkmale aus längst vergangenen Zeiten. Hier lassen sich Ereignisse aus der Vergangenheit unmittelbar an der Landschaft ablesen. Es finden sich Zeichen von Überflutungen, Vergletscherung, Wüstenklima oder Permafrost. Der frühere Meeresboden ist heute zu steilen Kämmen aufgefaltet, tropische Wälder wurden zu Anthrazit gepresst. Auch Pflanzen passten sich den Veränderungen an. Wer beim Wan-

dern die Augen offen hält, entdeckt am Wegesrand Pilze, Farne und gar Orchideen und Waldhyazinthen, die lebendige Zeugen dieser Veränderungen sind.

## DINOSAURIER-FUSSSPUREN

Auch Tiere haben ihre Spuren hinterlassen. Das zeigt der Geopark im wahrsten Sinne des Wortes sehr eindrücklich. Vor 150 Millionen Jahren herrschte im Osnabrücker Land tropisches Klima, und Sandbänke erstreckten sich im heutigen Wiehengebirge. Zu dieser Zeit marschierten noch die Dinosaurier durch die Gegend, zumeist in großen Gruppen. Mindestens elf der Urzeitriesen hinterließen dabei auf dem matschigen Boden der überfluteten Sandbank ihre Fußspuren. Wer die riesigen Abdrücke entdecken will, muss allerdings den Blick vom Boden nehmen und an einer senkrechten Wand emporblicken. Was damals Boden war, wurde über die Jahre nach oben geschoben. An der Gesteinswand im ehemaligen Steinbruch bei Barkhausen bilden die Saurierspuren den Höhepunkt des 16 Kilometer langen Saurierpfad-Rundwegs. Und damit auch die kleinen Wanderer wirklich beeindruckt sind, stehen zwei Sauriermodelle daneben.

**01 FERNÖSTLICH**
Der Osnabrücker Zoo entführt nach Angkor Wat.

**02 ERDGESCHICHTE**
Der Süntelstein wurde auch von den Brüdern Grimm bewundert.

**03 URIG**
Nahezu unberührte Landschaft im Osnabrücker Land.

03

## WANDERN AUF MEERESGRUND

Der Geopark TERRA.vita lässt sich am entspanntesten zu Fuß durchqueren. So kann man sich den geologischen Besonderheiten mit allen Sinnen widmen. Das Areal ist mit unterschiedlichen Routen auf alle Wanderbedürfnisse eingestellt: kurze und erholsame Spaziergänge oder doch eine anspruchsvolle Wandertour? Hier geht beides. Die sogenannten TERRA.tracks sind meist als Rundkurse gestaltet und bieten die ganze Bandbreite des Osnabrücker Landes. Es geht durch Wälder und Moorgebiete, über Wiesen und Heideflächen. Dabei setzt jeder Track besondere Schwerpunkte. Auf dem Grund des Ozeans wandern? Im Silbersee-Stollen im sagenumwobenen Hüggel kein Problem! Oder wie wäre es mit einem Strandspaziergang? Von Sand ist hier allerdings nichts mehr zu sehen, der Strand bei Bad Essen ist nämlich längst zu Felsen erstarrt.

02

## SPANNENDE SPURENSUCHE

Wer ein bisschen mehr Action beim Wandern braucht, der unternimmt eine Geocaching-Tour durch den Hüggel bei Hasbergen. Immer auf der Suche nach sogenannten Caches geht es durch den Park. Das Parkteam hat zusammen mit einem Geocachinganbieter eine Schatzsuche durch den Hüggel konzipiert. Dabei müssen an verschiedenen Stellen Fragen rund um die Geologie und Natur des Hüggels beantwortet werden. Wer alles gelöst hat, erhält die Koordinaten für den Schatz.

## URGESCHICHTE BEGREIFEN

Entlang von sieben Themenstationen führt die Ausstellung TERRA.vision durch nachgebaute begehbare Steinbrüche mit Fossilien zum Anfassen und Begreifen.
Die interaktive Ausstellung zeigt zudem, wo die Sehenswürdigkeiten im Naturpark verortet sind, damit das Gelernte auch direkt in der Natur wiedergefunden und angeschaut werden kann – vor allem für Kinder eine gute Ergänzung und die geeignete Vorbereitung auf den Weg durch den Geopark. Die Dauerausstellung TERRA.vision ist Teil des Museums am Schölerberg. Es liegt direkt am Zoo Osnabrück und lässt sich gut mit einem Besuch im Tierpark verbinden.

01

## ZEIT FÜR ENTSPANNUNG

Das Osnabrücker Land hat sich einen Namen in Sachen Gesundheit gemacht. Wer Wellness und Gesundheit in seinen Urlaub integrieren will, ist in Bad Rothenfelde, dem traditionsreichsten Heilbad des Osnabrücker Landes, richtig. Das historische Kurmittelhaus und die Gradierwerkanlagen zeugen von der Geschichte als Kurort. Das Freiluftinhalatorium tut nicht nur Allergikern gut, sondern allen, die sich ihrem Wohlbefinden widmen.

**01 AM BACH**
Die Mühle im Nettetal zeigt die liebliche Seite der Region.

**02 GUTE LUFT**
Die Gradierwerke bei Bad Rothenfelde.

**03 WALDWEGE**
Bei Borgholzhausen gibt es zahlreiche Wanderwege.

**TIPP**

### Hausbrauerei Rampendahl

In einem alten Bürgerhaus in der Osnabrücker Altstadt befindet sich eine kleine Brauerei samt Gaststätte. Im rustikalen Brauhaus wird Hausmannskost serviert und dazu natürlich das Rampendahl-Bier ausgeschenkt. Eine Spezialität des Hauses ist das hausgemachte Treberbrot, das mit Schmalz gereicht wird.

www.rampendahl.de

03

**LEBENSRAUM WALD**
Die Sonne sorgt für
magische Lichtstimmung
im Wald.

01

02

# Fläming

*Rote Mohnblumen zieren den Wegesrand, dahinter wiegen sich die goldgelben Ähren eines Weizenfelds im leichten Sommerwind. Am Horizont steht ein Birkenwäldchen, und am Ende des Wegs wartet ein Gehöft: »Hofladen« verkünden die großen Lettern an der Hausmauer. Da geht vielen Städtern das Herz auf. Im Fläming finden die vom Großstadtleben gestressten Berliner für ein Wochenende all das, was sie als Kontrastprogramm zu den Straßen von Neukölln oder zum Trubel von Prenzlauer Berg suchen: die perfekte Idylle jwd – »janz weit draußen«.*

### EINE PERFEKTE LANDPARTIE

Einfach mal raus aus dem Alltag und aufs Land – das geht im Fläming richtig gut. Und so manche Berliner machen Nägel mit Köpfen und kehren dem Stadtleben gänzlich den Rücken. Direkt hinter der südwestlichen Stadtgrenze der Hauptstadt beginnt der Fläming. Eingegrenzt von Elbe und Spreewald wechseln sich Wald und Felder ab. Statt Plattenbauten stehen hier Burgen und Klöster, und ein paar Mühlen und Dorfkirchen machen die ländliche Idylle komplett. Der Name Fläming leitet sich von den Flamen ab, die aus Belgien kamen und auf Geheiß der deutschen Fürsten ab dem 12. Jahrhundert die Gegend besiedelten. Wer aus der Stadt kommt, der freut sich auf Spaziergänge entlang der Felder, auf den Anblick von Pferden und Kühen auf den Weiden.

### EIN LANDSTRICH, DREI PARKS

Gleich drei Naturparks befinden sich, zumindest in Teilen, im Fläming: Der Naturpark Hoher Fläming, Nuthe-Nieplitz in Brandenburg und der Naturpark Fläming in Sachsen-Anhalt. Der Naturpark Hoher Fläming vereint zwei Bereiche: im Norden die flache Niederungslandschaft der

Belziger Landschaftswiesen, im Süden die hügelige Landschaft des Hohen Flämings mit großen Waldflächen. Dank der mit 200 Metern höchsten Erhebung im Fläming, des Hagelbergs, spricht man von der Region als »kleinstes Mittelgebirge Deutschlands« – natürlich mit einem Augenzwinkern. Für den Tourismus wird die Reiseregion weiter gefasst und bis in den direkten Speckgürtel von Berlin ausgeweitet. Aber so genau muss man es ja nicht nehmen.

### FLÄMINGER RUMMELN

Etwa die Hälfte des Flämings besteht aus Wald, der Rest aus Feldern und Bächen, die zu den saubersten in Brandenburg zählen. Wer sich bei einer Landpartie in die Wälder wagt, der kann gleich eine Besonderheit entdecken: die Rummeln. Rüben oder Steine sind damit nicht gemeint, stattdessen handelt es sich bei den Rummeln um eine Form von Trockentälern, die ganz spezifisch für den Hohen

03

**01 DORFKIRCHE RABEN**
Das Innere besticht mit
üppiger Bemalung.

**03 HORST**
Die Störche ziehen hier
ihre Jungen auf.

**02 GOTISCH**
St. Nikolai wurde 1307
erstmals erwähnt.

Fläming sind. Die Täler entstanden am Ende der Eiszeit und wurden durch vom Menschen verursachte Bodenerosion vertieft. Wer sich also über die engen steilen Schluchten wundert, durch die er wandert, der steht schon mittendrin in den Rummeln.

### WILDLIFE IM FLÄMING

Nutztiere wie Kühe, Schafe und Gänse sorgen vor den Toren Berlins fürs Bauernhof-Feeling, in den Wäldern geht es dagegen wilder zu: Dam- und Rotwild fühlt sich heimisch, aber auch der Marderhund und das Europäische Mufflon sind in den ausgedehnten Wäldern zu Hause. Auch seltene Exemplare bedrohter Tiere bewohnen den Fläming: Nachdem sie fast von der Bildfläche verschwunden waren, sind nun Schwarzstörche und Wölfe wieder im Fläming zu finden.

### SKATE-ELDORADO

Wer sich an der frischen Luft ein wenig auspowern will, der findet im Fläming beste Voraussetzungen. Die Flaeming-Skate ist ein wahr gewordener Traum für alle Inline-Skater. Ohne Unterbrechung geht es auf rund 230 Kilometern durch die weite Landschaft, das ist die längste Skatestrecke Europas! Der Asphalt ist extra fein und somit optimal auf Skater ausgerichtet. Natürlich dürfen auch Radfahrer, Handbiker oder Rollstuhlfahrer die Wege nutzen. Während man also auf dem Skatehighway entlangrollt, ziehen Sehenswürdigkeiten wie das Kloster Zinna, einige Windmühlen oder mittelalterliche Städte vorbei. Auf den gut ausgeschilderten Wegen behält man stets den Überblick. Nur die Frage nach dem Schwierigkeitsgrad der Routen gilt es vorab zu entscheiden.

01

## KUNST AM WEG

Die Nachbarschaft zu Berlin hinterlässt ihre Spuren – und das nicht nur in Form von gut gefüllten Parkplätzen am Wochenende, sondern auch auf kreative Art. Eine gelungene Kombination von Kunst und Natur bietet der Internationale Kunstwanderweg, der direkt durch den Naturpark Hoher Fläming führt. Die komplette Route besteht aus einem 37 Kilometer langen Wegenetz. Verschieden lange Routen führen an Kunstobjekten vorbei, die direkten Bezug auf ihre Umgebung nehmen. So erwarten die Wanderer (ungefährliche) Begegnungen mit Wölfen, eigentümliche Kugel-Kühe und viele weitere Kunstwerke zum Schmunzeln oder Nachdenken. Innehalten lohnt sich.

## HIP, HIPSTER, COCONAT

Der vielleicht coolste Ort im ganzen Fläming ist das Coconat. In Berlin-Mitte hat man sich an den Anblick von über den Laptop gebeugten Menschen im Café längst gewöhnt. Im Hohen Fläming ist das noch ein wenig ungewohnt. Doch das Coconat verwirklicht als »Workation Retreat« den Traum, Arbeiten und Erholen in der Natur zu verbinden. Und wer weiß, vielleicht zeigt so ausgerechnet Klein Glien die perfekte Mischung aus Arbeitsleben der Zukunft und simpler Lebensqualität vergangener Zeiten. Nicht nur aus Berlin, aus der ganzen Welt kommen digitale Nomaden und leben den Traum vom »Arbeiten von überall«, mitten in Brandenburg. Ein bisschen Zukunftsmusik eingebettet im alten Gutshof.

### TIPP

#### Übernachten in der Transsib

Am Bahnhof Rehagen stehen original erhaltene Abteile der Transsibirischen Eisenbahn, die heute als Schlafwagenhotel dienen. Darin fühlt man sich ins tiefste Russland versetzt, auch wenn es sonst im stillgelegten Zug eher französisch zugeht. Das liegt nicht nur an den deutsch-französischen Besitzern und deren Restaurant, sondern auch am Schriftzug auf der Brücke »Le Bourget«. Ein Relikt der Dreharbeiten zum Hollywoodfilm »Monuments Men« mit George Cloony.

www.bahnhof-rehagen.de/
schlafwagenhotel

**01 NATÜRLICH**
Das Pfefferfließ ist ein rechter Zufluss der Nieplitz im Naturpark Nuthe-Nieplitz.

**02 ANDACHT**
Das Kloster Zinna an der Skatestrecke ist im Sommer Ort für Konzerte.

02

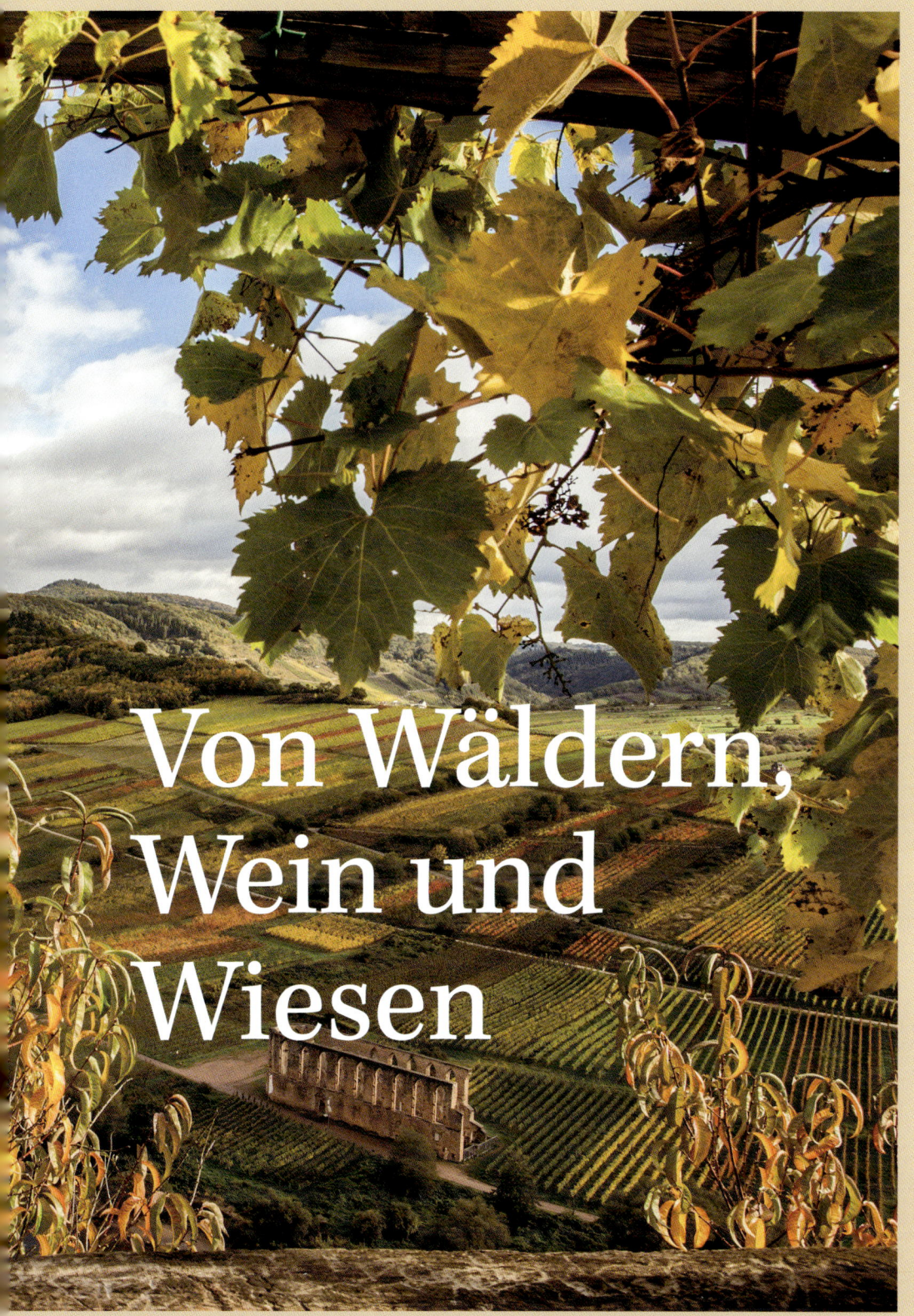

# Von Wäldern, Wein und Wiesen

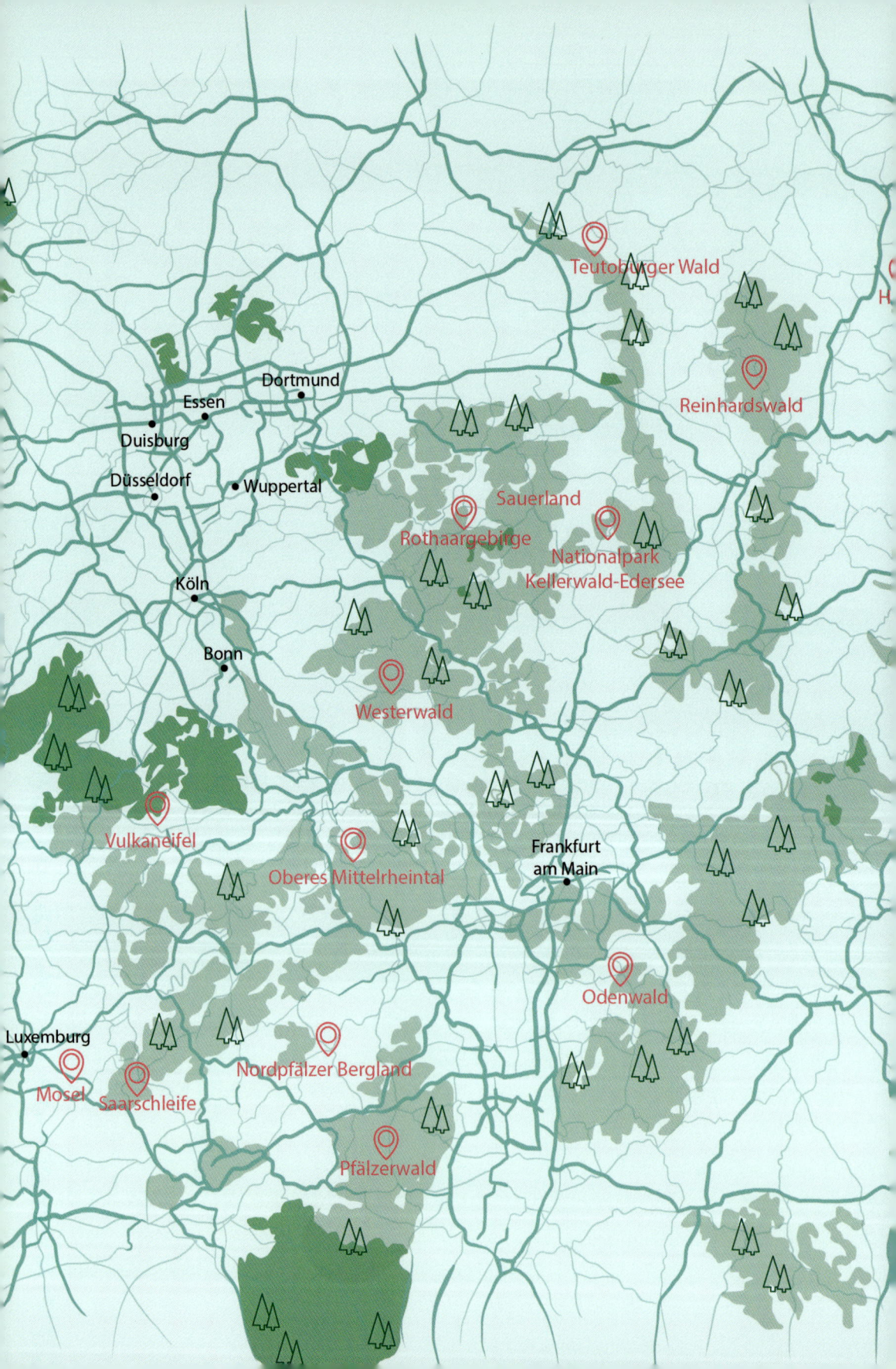

Spreewaldheide

Lausitzer Seenland

Oberlausitz

yffhäuser-Gebirge

Leipzig

Dresden

Sächsische Schweiz

Thüringer Wald

Vogtlandkreis

Erzgebirge

Prag

Nürnberg

*Die Varusschlacht im Jahr 9 nach Christus mach-*
*te das Mittelgebirge berühmt. Das Denkmal für*
*den Cheruskerfürst Arminius, der die Römer im*
*Kampf besiegte, ist mit einer Gesamthöhe von*
*gut 53 Metern die höchste Statue Deutschlands.*
*Mittlerweile verortet man die Schlacht zwar eher*
*ins nördlichere Wiehengebirge. Doch der Ausblick*
*vom Hermannsdenkmal auf den Teutoburger Wald*
*lässt das absolut nebensächlich erscheinen.*

02

## DAS WALDERLEBNIS

Östlich von Münster erstreckt sich der Teutoburger Wald in Niedersachsen und Westfalen
über drei Höhenzüge. Wie erschließt man sich
seine Weiten am besten? Natürlich auf den
Wald- und Wanderwegen. Als einer der schönsten Höhenwege des Landes gilt der 156 Kilometer lange Hermannsweg, der auf dem Kamm
des Teutoburger Walds verläuft. Auch auf idyllischen kürzeren Pfaden erlebt man den Teutoburger Wald in seiner ganzen Vielfalt. Es geht
vorbei an bizarren Felsformationen, in tiefe
Wälder, aber auch durch historische Städte. Die
wahren Attraktionen warten in der Natur: Im
Naturpark Teutoburger Wald/Eggegebirge treffen zwei Klimazonen aufeinander. Im Westen
des Mittelgebirges herrscht atlantisches, auf
der östlichen Seite kontinentales Klima – so

finden sich hier Stechpalmen und Buchenwälder, Orchideen und Wacholderheiden. Einzigartig ist die »Blaue Blume von Blankenrode«. Das
Violette Galmei-Stiefmütterchen gibt es weltweit nur in den Bleikuhlen bei Blankenrode, in
den Halden des früheren Erztagebaus.

## MAGISCHE EXTERNSTEINE

Manche nennen sie das »Stonehenge des Teutoburger Walds«: Die Externsteine faszinieren
seit jeher die Menschen. Der Felsengruppe aus
13 senkrecht aufragenden Felsen wurden gar
magische Fähigkeiten zugesprochen. Unterhalb der Spitze des Turmfelsens befindet sich
eine in den Stein gehauene Höhenkapelle und
das monumentale Kreuzabnahmerelief. Die bis
zu 38 Meter hohen Felsen samt der von Men-
schenhand geschaffenen Anlagen geben den
Wissenschaftlern bis heute Rätsel auf. Waren
die Felsen ein Heiligtum der Germanen, eine
Sternwarte oder die mittelalterliche Nachah-
mung der Heiligen Stätten Jerusalems? Wer
eigene Antworten finden will, kann zwei der
Felsspitzen über eingelassene Treppenstufen

01

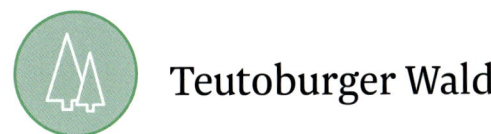
erklimmen. Die ganze Packung Spiritualität erhält man in der Nacht zum 21. Juni. Dann besuchen jedes Jahr eine halbe Million Menschen den Kultort, um die Sommersonnenwende zu feiern. Nach alter Mythologie öffnen sich an diesem Tag die Tore zur Anderswelt.

## HEILGARTEN DEUTSCHLANDS

Sole, Moor, Schwefel und Quellen prägen die Region genauso wie der Wald und das Gebirge. Diese natürlichen Heilmittel trugen dem Teutoburger Wald einst den Namen »Heilgarten Deutschlands« ein. Kurorte entstanden samt Thermen, Thermalbädern und Gradierwerken und machten die Gegend zu einem Zentrum des Gesundwerdens und -bleibens. Für Allergiker bietet sich der Besuch der Gradierwerke in Bad Salzuflen an. Hier sorgt die Sole beim Hinabrieseln durch Schwarzdornwände für Heilklima. Zur Linderung von Gelenkbeschwerden ist eine Moorpackung das Richtige. In Bad Driburg nimmt man ein Bad in Schwefelmoor, das bis heute aus Moorteichen im Gräflichen Park gewonnen wird. Zwischen den Behandlungen geht es zum Spaziergang in die gepflegten Kurparks, immer vorbei an imposanter Bäderarchitektur oder einfach direkt in den Wald zum Waldbaden. Für die ganzheitliche Entspannung und innere Ruhe möchte das Yoga-Zentrum in Horn-Bad Meinberg sorgen, das größte Meditationszentrum Europas mit rund 2000 Veranstaltungen im Jahr. Namaste!

**TIPP**

### Weser-Skywalk

Einen spannenden Kick nach all der Erholung verspricht der Besuch des Weser-Skywalks. Die Aussichtsplattform mit Blick auf das Wesertal und die Hannoverschen Klippen befindet sich in 80 Meter Höhe. Gut fünf Meter ragt die Stahlrahmenkonstruktion über den Klippenrand hinaus – eine Herausforderung. Aber Ängste zu überwinden, fühlt sich richtig gut an. Am besten ausprobieren!

www.kulturland.org

**01 WALD ERLEBEN**
Das Silberbachtal im Teutoburger Wald.

**02 AUSBLICK**
Das Hermannsdenkmal wurde zwischen 1838 und 1875 erbaut.

**03 NATURPHÄNOMEN**
Mystischer Kraftort oder imposantes Naturdenkmal?

03

01

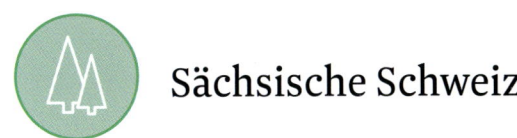

# Sächsische Schweiz

*Zerklüftet, schroff und spektakulär – wer in der Sächsischen Schweiz steht, merkt, dass der Vergleich mit dem Grand Canyon nicht völlig aus der Luft gegriffen ist. Auch wenn das Gebirge nicht mit Höhenrekorden lockt, die höchste Erhebung ragt gerade einmal 562 Meter ü. NN auf, gehört die Sächsische Schweiz zu den schönsten und spektakulärsten Gebirgslandschaften Mitteleuropas. Von oben ist der Blick malerisch: grüne Wiesen, ein bizarres Felsenmeer und sanfte Täler. Doch Vorsicht, die Steilklippen haben es in sich. Geländer? Nicht immer vorhanden. In der Sächsischen Schweiz ist der Nervenkitzel inklusive.*

## EIN MEER AUS FELSEN

Rund 40 Kilometer von Dresden entfernt wartet die Sächsische Schweiz mit idyllischen Wanderwegen, aufregenden Aufstiegen und atemberaubenden Klettermöglichkeiten. Was schon Richard Wagner und Hans Christian Andersen in Verzückung versetzte, begeistert bis heute jährlich Millionen von Naturfreunden. Als Sächsische Schweiz bezeichnet man den deutschen Teil des Elbsandsteingebirges. Vor Jahrmillionen, genauer gesagt in der Kreidezeit, lag hier ein riesiges Meer. Als sich das Urmeer zurückzog, sanken Sedimente auf den Meeresgrund ab und bildeten eine 600 Meter mächtige Sandsteinschicht. Durch Erosion und Abtragungen der Urelbe entstanden bizarre Felsen und zerklüftete Gebirge. Diese einmalige, von Naturgewalten geformte Landschaft mit Sandsteinnadeln, Riffen und Wildbächen wurde 1990 als Nationalpark unter Schutz gestellt – der letzte Staatsakt der DDR.

## DIE SCHÖNSTE AUSSICHT: BASTEI

Der Besuchermagnet der Sächsischen Schweiz ist die Bastei, besser gesagt, die Basteibrücke. Keine Werbung, kein Bericht kommt ohne ein Bild der spektakulären Brücke aus. Sie ist das Wahrzeichen und Aushängeschild der Sächsischen Schweiz und für viele der erste Anlaufpunkt. Das imposante Bauwerk überspannt eine 40 Meter tiefe Schlucht. Mit sieben Steinbögen und 76,50 Metern Länge verbindet sie die Felsformation Bastei mit der Felsenburg Neurathen. Die im 13. Jahrhundert von Rittern errichtete Burg diente zugleich als Schutzwall und als Versteck bei Raubzügen. Wenn Gefahr drohte, wurden von der Brücke kurzerhand Felsbrocken auf die Feinde geworfen.

02

Nach den Raubrittern kamen die Romantiker, die beim Anblick der Felsen und der malerischen Landschaft ins Schwärmen gerieten. Bastei, Basteibrücke und Burg Neurathen sind über verschiedene Wanderrouten erreichbar. Von der Brücke bietet sich der wohl schönste Panoramablick auf die umliegende Landschaft: elbabwärts in Richtung Pirna, zum Lilienstein, Richtung Rathen und auf die sogenannten Lokomotive, einen der beliebtesten Kletterfelsen der Gegend. Der Rückweg führt durch die »Schwedenlöcher«. Die Schlucht bot den Menschen aus Rathen im

**01 STECKNADELKOPF**
Die Bastei war bereits im 19. Jh. beliebtes Ausflugsziel.

**02 WAHRZEICHEN**
Die Basteibrücke führt über die Schlucht Martertelle.

Dreißigjährigen Krieg Schutz vor den Schweden. Heute lassen sich die Schwedenlöcher über schmale Holzstege und Steintreppen durchwandern. Die beste Möglichkeit, den Entdeckertrieb auszuleben!

02

### AUFSTIEG MIT ENGPÄSSEN

Der Pfaffenstein verspricht viele Ausblicke, aufregende Aufstiege und, wie es sich für eine verwunschene Berglandschaft gehört, eine tragische Legende. Wer mit dem Zug anreist, startet die Wanderung am Bahnhof Königstein. Bereits das Gässchen Pfaffenberg ist so steil, dass man schon aus der Puste kommt, bevor man die letzten Häuser hinter sich gelassen hat. Dann beginnt der eigentliche Aufstieg. Durch das sogenannte »Nadelöhr« geht es hinauf: Mal über eine Treppe, meist über Leitern, steil und ziemlich eng ist der Aufstieg. Ein anstrengendes Unterfangen, doch der Ausblick entschädigt für alle Mühen. Auf dem Gipfel angelangt, hat der Puls Zeit, sich zu beruhigen. Allerdings sollte man den Klippen nicht zu nahe kommen, denn beim Blick in die Tiefe, steigt der Adrenalinpegel wieder rasant in die Höhe. Im Südosten des Plateaus steht das Naturdenkmal Barbarine. Die knapp 43 Meter hohe Felsnadel erzählt eine herzzerreißende Geschichte. Der Legende nach wollte das Mädchen Barbarine den Sonntag lieber in der Natur verbringen, statt in die

Kirche zu gehen. Aus Ärger über die ungehorsame Tochter verwandelte die Mutter sie kurzerhand zu Stein. Seitdem steht das zu Fels erstarrte Kind bewegungslos am Pfaffenstein, als Strafe für seine Liebe zur Natur.

### KÖNIGLICHER AUSBLICK

Vom Pfaffenstein aus fällt der Blick auf die imposante Festung Königstein. Trotzig erhebt sich die Wehranlage auf einem Tafelberg. Königstein ist eine der größten Bergfestungen Europas. Im Jahr 1233 wurde erstmals eine Burg auf dem Königstein erwähnt. Mal war die Anlage kurfürstliches Jagd- und Lustschloss, mal Staatsgefängnis, Kriegsgefangenenlager oder Lazarett. Die finsteren Zeiten sind vorbei: Heute beobachtet man statt etwaiger Feinde die friedliche Tallandschaft und das herrliche Elbsandsteingebirge. In der DDR wurde die Festung Königstein im Jahr 1955 als Museum für die Öffentlichkeit zugänglich gemacht. Heute lockt sie die Besucher als militärhistorisches Freilichtmuseum mit vielen Ausstellungen.

01

**01 ENGSTELLEN**
Trittsicherheit ist von Vorteil.

**02 AMSELFALL**
Der Wasserfall liegt nur einen Kilometer nördlich der Bastei.

**03 AUSSICHT**
Die Bastei-Aussicht ist einer der bekanntesten der Region.

**04 FELSENSCHLUCHT**
Die Kamnitzklamm liegt im tschechischen Teil des Nationalparks.

03

04

**GEBIRGSKETTE**
Morgenstimmung über
Wehlnadel und Bastei.

## AUF DEN SPUREN DER KÜNSTLER

Der Malerweg ist, wie sollte es anders sein, der wohl schönste Weg in der Sächsischen Schweiz. Er ist den Malern gewidmet, die im Elbsandsteingebirge ihre Landschaftsskizzen anfertigten, aber auch Musikern und Literaten, die sich hier zu ihren Werken inspirieren ließen. Der Ursprung des Rundwanderwegs reicht bis ins 18. Jahrhundert zurück, als erste Romantiker das Elbsandsteingebirge zu ihrem Place to be erkoren. Große Landschaftsmaler wie Johann Alexander Thiele und Canaletto trugen maßgeblich zum Bekanntheitsgrad der Sächsischen Schweiz bei und sorgten für einen regelrechten Kult unter Künstlern. Im Jahr 2006 wurde der Malerweg Elbsandsteingebirge auf Grundlage historischer Reiseführer und Kunstwerke rekonstruiert und neu ausgeschildert. In den Fußstapfen von Caspar David Friedrich, Carl Gustav Carus und Ludwig Richter geht es vom Liebethaler Grund bei Pirna über 112 Kilometer in acht Tagesetappen quer durch die Felsenwelt der Sächsischen Schweiz. Die Dichte an Attrak-

02

tionen ist hoch: Pirna, Bastei, Schrammsteine, Pfaffenstein samt Barbarine, Festung Königstein, Rauenstein und weitere Höhepunkte reihen sich im Wanderprogramm aneinander.

**01 SANDSTEIN**
Pittoreske Sandstein-
formationen.

**02 SPITZOHR**
Der Luchs ist hier
heimisch.

**03 HERRSCHAFTLICH**
Aussicht von Schloss
Königstein.

01

## SENKRECHT BERGAUF

Einen Fuß sicher absetzen, dann eine gute Griffmulde suchen und mit einem beherzten Ruck nach oben ziehen – die Sandsteinfelsen machen die Sächsische Schweiz seit geraumer Zeit zu einem beliebten Kletterziel. Das Klettergebiet ist die »Wiege des Freikletterns« und als seine Geburtsstunde gilt die Besteigung des Falkensteins. 1864 erklommen Bad Schandauer Turner die Felsnadel, allerdings mithilfe von Leitern. Ohne künstliche Hilfsmittel gelang der Gipfelsturm erstmals 1892. Heute klettert man nach den Anfang des 20. Jahrhunderts formulierten Sächsischen Regeln. Seile und Sicherungspunkte dürfen nur zur Sicherung, nicht aber zur Fortbewegung verwendet werden. Auch die sonst verbreiteten Hilfsmittel wie Magnesia, Klemmkeile oder Friends sind in der Sächsischen Schweiz nicht gestattet. Das Klettern ist zudem nur an ausgewiesenen Stellen erlaubt. An Auswahl mangelt es nicht: Freeclimber finden ihr Gipfelglück auf über 1000 frei stehenden Sandsteinfelsen.

### TIPP

#### Nacht im Fels

Ein besonderer Übernachtungstipp für Kletterer ist das Boofen. Ursprünglicher geht es kaum, als unter einem Felsvorsprung zu schlafen. Das Boofen hat eine lange Tradition in der Sächsischen Schweiz, ist jedoch ausschließlich an derzeit 57 gekennzeichneten Plätzen und im Zusammenhang mit einer Klettertour erlaubt. Zu oft sorgten illegale Feuerstellen oder Müll für Ärger. Wer sich an die Regeln hält, erlebt eine besondere Nacht im Gebirge.

www.nationalpark-saechsische-schweiz.de

03

**»Das drängt und stößt, das rutscht und klappert! Das zischt und quirlt, das zieht und plappert! Das leuchtet, sprüht wund stinkt und brennt! Ein wahres Hexenelement!«**

Goethe: Faust 1

02

*Dichter Nebel liegt über dem Wald. Der Wind pfeift um den Gipfel und sorgt für sibirische Kälte. Dass ein Ort mit 300 Nebeltagen pro Jahr derart von Poeten verehrt wurde, klingt seltsam. Vielleicht hatten Goethe, Heine, Eichendorff & Co. einfach Glück mit Sonnentagen oder ein Faible für Rauheit. Als lieblich kann man den Brocken wohl kaum bezeichnen. Die meisten Menschen mieden einst den höchsten Berg Norddeutschlands wegen seiner undurchdringlichen Wälder und schroffen Klippen. Er galt als unheimlich, gar als der Tanzplatz von Hexen. Doch genau der Reiz des Geheimnisvollen macht neugierig.*

## VON RAUEN GIPFELN UND TIEFEN WÄLDERN

Der Brocken ist mit 1142 Metern nicht nur der geografische, sondern auch der gefühlte Höhepunkt des Harzes. Doch das Mittelgebirge auf diesen Gipfel zu reduzieren wäre falsch. Es gibt viel mehr zu entdecken! Kulturfreunde fühlen sich in Quedlinburg und Wernigerode ins Mittelalter zurückversetzt, Sportler werden auf den Wander- und Radwegen aktiv. Naturfreunde schätzen die unberührte Landschaft und die Ruhe, die noch in weiten Teilen des Harzes zu finden ist. Seine zentrale Lage in Sachsen-Anhalt, Niedersachsen und Thürin-

01

gen und seine Vielfalt machen den Harz zu einem beliebten Erholungsgebiet. Fachwerkstädte, Burgen, Schlösser und Kirchen, das Brockenmassiv, Bergwiesen, Wälder, Karstlandschaften und Höhlen – all das will erkundet werden.

## DICHTE ATMOSPHÄRE

Der erste Besuch aber gilt zumeist dem Brocken. Die Frage, die sich dabei stellt, lautet: zu Fuß oder mit der Bahn?
Verschiedene Wanderungen führen zum Gipfel, zum Beispiel von Drei Annen Hohne über zwölf Kilometer. Ab Torfhaus geht es auf dem Goetheweg zum Gipfel, hin und zurück sind das rund 18 Kilometer. Wem nicht nach wandern zumute ist, der nimmt die historische Brockenbahn. Von Werningerode aus fährt die Dampflok über Drei Annen Hohne und Schierke nach oben. Auf dem Brocken gibt es dann die ganze Ladung Atmosphäre: Nebel, Wind und das Gefühl, hinter dem nächsten Felsen würde eine Hexe lauern. Vielleicht ist es auch bloß die winzige Krautweide, mit höchstens zehn Zentimetern der kleinste Baum der Welt. Den exponierten Gipfel zeichnet ohnehin ein ganz eigener Lebensraum aus, wie er sich sonst in Nordskandinavien und in den Alpen findet.

# Harz

### SCHÜTZENSWERTER HARZ

Die Beliebtheit des Brockens stellt den Umweltschutz vor große Herausforderungen. Dem Nationalpark fällt die Aufgabe zu, die Besucher zu lenken und den Brocken mit seinen Pflanzen und Tieren zu schützen. Zu DDR-Zeiten war der Gipfel übrigens für Touristen tabu. Vom streng bewachten militärischen Sperrgebiet aus wurde der Westen abgehört. Am 3. Dezember 1989 erzwangen Tausende Menschen die Öffnung des Brockens. Wer einen sonnigen Tag erwischt, blickt vom Brocken über den Thüringer Wald und das Wesergebirge auf ein Meer von Laubmisch- und Bergfichtenwäldern. Der Brockengarten lohnt bei jedem Wetter: Bereits 1890 angelegt, schützt und bewahrt er vom Aussterben bedrohte und seltene Pflanzen. Dabei vermittelt der Garten mit mehr als 1500 Pflanzenarten aus allen Bergregionen der Welt echtes Hochgebirgsflair.

### WO DIE HEXEN TANZEN

Spätestens seit Goethes »Faust« und seiner Schilderung der Walpurgisnacht ist der Brocken in aller Munde. Der Hexentanzplatz befindet sich etwas weiter östlich des Gipfels oberhalb von Thale. Von dort reicht die Aussicht weit ins Bodetal. Wer mit der Seilbahn nach oben gondelt, kann die Wälder des Bodetals durch die Panoramafenster sehen. Die grünen Kabinen haben sogar Glasbodenfenster. Der

**01 GLÜCKSPILZ**
Der Fliegenpilz ist giftig und zugleich ein Glückssymbol.

**03 FELSIG**
Steinbrocken geben den Ton an.

**02 NOSTALGIE**
Mit der Dampflok durch den Harz.

03

Hexentanzplatz ist heute ganzjährig ein kleiner Freizeitpark. Familien finden hier Unterhaltung in Hexenhaus und Zoo. Das größte Spektakel verspricht allerdings die »Nacht der Nächte«: In der Walpurgisnacht auf den 1. Mai versammeln sich unzählige als Hexen oder Teufel verkleidete Menschen. Dann gibt es ein großes Programm mit Konzerten, Lasershow und Feuerwerk. Walpurgis in Thale hat sich mittlerweile zum größten Event im ganzen Harz entwickelt.

02

## SAGENHAFTER HARZ

Was heute ein Massenevent ist, hat seine Wurzeln in längst vergangenen Zeiten wie auch im Reich der Fantasie. So erzählt man, dass sich zur Walpurgisnacht die Hexen auf dem Hexentanzplatz bei Thale sammeln, um von da aus auf ihren Besen zum Brocken zu reiten. Dort tanzen sie ums Feuer, singen und feiern den

Höhepunkt: die Vermählung mit dem Teufel. Um den Hexentanzplatz ranken sich viele Mythen. Der Überlieferung nach ist der Platz ein altsächsisch-germanischer Kultort. Zum Tanzplatz für Hexen, so heißt es, wurde der mystische Platz der Altsachsen erst, als die christlichen Franken die kultischen Handlungen auf dem Berg verbieten wollten. Das ließen sich die Sachsen nicht bieten und schlugen als Hexen verkleidet die dort positionierten Wäch-

01

ter in die Flucht. Was davon stimmt? Niemand weiß es. Ein nachweisbares Stück Vergangenheit des Hexentanzplatzes ist für den Sachsenwall belegt. Die Reste der 150 Meter langen Verteidigungsmauer aus Granit sind mehr als 1500 Jahre alt und heute noch zu sehen. Wer sich für die Geschichten interessiert, besucht am besten die Walpurgishalle. Sie zeigt die Sagenwelt des Harzes und stellt Bezüge zum »Faust« her. Fünf große Gemälde des Historienmalers Hermann Hendrich mit Szenen aus dem Trauerspiel sind zu sehen sowie ein Opferstein, der am Sachsenwall gefunden wurde und an Fruchtbarkeitsriten erinnert.

**01 ANDERSWELT**
Im Harz wandelt man auf verwunschenen Pfaden.

**02 FABELHAFT**
Reineke Fuchs streift durch die Märchenwälder.

**03 IM BLICK**
Der Brocken wird im Volksmund Blocksberg genannt.

**TIPP**

### Hotel auf der Höhe

Wieso nicht auf dem Brocken übernachten? Das Brockenhotel ist etwas ganz besonderes. Hoch oben auf dem Gipfel befindet sich in den acht Stockwerken des ältesten deutschen Fernsehturms ein Hotel samt Gastronomie. Es ist das einzige Gasthaus im Zentrum des Nationalparks Harz. Von den Zimmern aus bietet sich ein herrlicher Ausblick auf die unberührte Natur und die weite Gebirgslandschaft.

www.brockenhotel.de

03

02

*Der kleine Bruder des Harzes ist das Kyffhäu-
sergebirge – mit gut 60 Quadratkilometern das
kleinste Mittelgebirge Deutschlands. Zwischen
Goldener und Diamantener Aue erhebt sich das
markante Gebirge. Schon von Weitem lässt sich
das monumentale Kyffhäuser-Denkmal erkennen.
Es erinnert an die Reichsgründung 1871 unter Kaiser Wilhelm I. Doch eigentlich steht ein anderer
Kaiser hier im Blickpunkt: Kaiser Friedrich I. oder
kurz Barbarossa.*

### GEBIRGE MIT GESCHICHTE

Der Kyffhäuser samt Naturpark grenzt an den
Südharz. In dem Mittelgebirge mit Buchenwäldern, Karstgebieten und vielen Höhlen
leben echte Exoten: Orchideen finden sich am
Wipperdurchbruch, und sogar die scheue
Wildkatze fühlt sich hier zu Hause. Rundum
liegen die fruchtbaren Auenländer, die auf der
Goldenen Aue angeblich goldglänzendes Ge-
treide hervorbringen. Im Esperstedter Ried
mit der Diamantenen Aue liegen die bedeu-
tendsten Binnensalzstellen Thüringens. Das
Salz der Solequellen prägt seit Jahrhunderten
die Region und den Kurbetrieb in Bad Fran-
kenhausen. Viele Wanderwege durchqueren
das Mittelgebirge. So zum Beispiel der Kyff-
häuserweg, der in rund drei Tagesetappen auf
37 Kilometern zu landschaftlichen und kulturellen Höhepunkten führt. Der barrierefreie
Salzpfad ist auch für geh- und seheinge-
schränkte Wanderer ein einmaliges Erlebnis.
Wer den Kyffhäuser besucht, erkennt schnell,
wie geschichtsträchtig die Region ist. Neben
dem Kyffhäuserdenkmal auf den Ruinen der
Reichsburg Kyffhausen beherbergt der Naturpark die Königspfalz in Tilleda und die Ausgra-
bungsstätte Steinrinne in Bilzingsleben. An
diesem Platz fand man eine Lagerstätte und
Überreste eines Homo erectus, dessen Alter
auf 370 000 Jahre geschätzt wird.

01

### BARBAROSSA-SAGE

Und Kaiser Barbarossa? Der weilt noch immer
im Kyffhäuser! Zumindest, wenn man der Sage
Glauben schenkt. Ihr zufolge ruht der legen-
däre Staufer-Herrscher bis heute tief im Berg:
In einem unterirdischen Schloss im Kyffhäu-
sergebirge sitzt Kaiser Rotbart auf einem Stuhl
aus Elfenbein am Tisch. Alle 100 Jahre schickt
Barbarossa einen Zwerg über Tage. Er soll

nachsehen, ob um den Berg noch immer die Raben fliegen. Sind die Vögel der Zwietracht und des Unglücks nach wie vor zu sehen, seufzt der Kaiser, schließt die Augen und schläft weitere 100 Jahre. Erst wenn sein Bart ganz um den Tisch gewachsen ist und die Raben von einem Adler verscheucht wurden, wird der Kaiser wieder erscheinen.

### SCHÖNE HÖHLE

Bergleute, die bei Rottleben nach Kupferschiefer suchten, entdeckten die Barbarossahöhle 1865. Statt auf Edelmetall stießen sie auf ein Anhydrit-Höhlensystem gigantischen Ausmaßes und von besonderer Schönheit. Die Barbarossahöhle ist nur eine von mehr als 40 Höhlen, die sich im Kyffhäuser befinden, doch die Entdecker waren sich sicher: Dies ist der Unterschlupf von Barbarossa. Besucher können entlang eines 800 Meter langen Wegs Farben, Formen und Größe der Höhle bewundern. Allein der »Empfangssaal« hat eine Spannweite von 38 Metern und ist sieben Meter hoch. Das Gestein verwandelt sich bei Kontakt mit Wasser in Gips. In der ganzen Höhle hängen Gipsschichten an Wänden und Decke. Um der Sage gerecht zu werden, sind natürlich auch die Sitzmöbel des Kaisers zu sehen. Im »Tanzsaal« platzierte man Tisch und Stühle aus riesigen Gesteinsbrocken. Wunderschön sind auch die kristallklaren Höhlenseen, die sich in der Höhle befinden und im Licht der schwachen Lampen geheimnisvoll schimmern.

**01 HEIMISCHE EXOTEN**
Wer aufpasst, kann die Sumpforchidee entdecken.

**02 DENKMAL**
Das Kyffhäuser-Denkmal wurde 1895 fertiggestellt.

**03 ROTBART**
Die Barbarossa-Figur ist 6,50 Meter hoch.

**TIPP**

**Bio mit Sternen**

Das Bio-Hotel Schindelbruch ist ein Naturressort der 4-Sterne-Superior-Klasse und das erste klimaneutrale Hotel in Mitteldeutschland. Das Ökohotel verbindet Luxus und Nachhaltigkeit. Es fehlt an nichts: Wellness, Erholung und feines Essen, selbstverständlich mit einem Schwerpunkt auf Bioqualität und Regionalität.

www.schindelbruch.de

03

01

# Mitteldeutsches Seenland

*Früher wurde hier Braunkohle abgebaut, heute plantschen Kinder an den Ufern: Das Mitteldeutsche Seenland, je nach Region auch Sächsisches, Lausitzer oder Leipziger Seenland genannt, hat sich vom Tagebaurevier zum Freizeitparadies entwickelt. Durch die Flutung der Gruben im mitteldeutschen Braunkohlerevier entstand Europas größte künstlich geschaffene Wasserlandschaft auf einer Fläche von 175 Quadratkilometern. Doch nicht nur Freizeitmöglichkeiten am und auf dem Wasser werden geboten, auch die Natur erobert sich ihren Platz im ehemaligen Tagebau zurück – ein spannender Prozess.*

## SEEN OHNE ENDE

Seit Mitte des 19. Jahrhunderts prägt der Braunkohleabbau den Nordwesten Sachsens, den Süden Sachsen-Anhalts und den Nordosten Thüringens – doch wo früher Löcher in der Landschaft klafften, zeigt sie heute ein liebliches Gesicht. Durch die Stilllegung des Braunkohletagebaus entstand eine Vielzahl an Seen und weitere werden folgen. Wenn das Projekt beendet ist, wird sich hier Deutschlands größte Seenlandschaft erstrecken. Untereinander verbunden, können die Seen auch auf dem Wasser erkundet werden.

## GEISELTALSEE: DER ALLESKÖNNER

Der Geiseltalsee dient als größter künstlicher See Deutschlands vielen Zwecken: Hier gibt es Platz für Wassersport, Badestrände, Natur und jede Menge Freizeitangebote. Auf Rundwegen um den See kommen Wanderer, Radfahrer und Skater auf ihre Kosten. Der gut 25 Kilometer lange Geiseltalrundweg führt einmal um den See herum und bietet immer wieder tolle Aussichten. Den besten Überblick auf die Landschaft gewinnt man von gleich drei Aussichts-

türmen aus. Wer den gut 18 Quadratkilometer großen See lieber entspannt umrunden will, der nimmt den Geiseltal-Express und fährt in zwei Stunden am Ufer entlang. Es besteht auch die Möglichkeit, Schiffsfahrten zu unternehmen oder selbst ein Boot zu leihen. Im Naturschutzgebiet sind Pflanzen und Tiere, beispielsweise Orchideen und mehr als 200 Vogelarten, heimisch geworden. Sogar ein Weinbaugebiet befindet sich mittlerweile am Geiseltalsee – dazu passend bietet sich die Übernachtung im Camping-Fass an. Auf dem Campingplatz mit Badestrand am Eingang der künstlich geschaffenen Halbinsel gibt es Stellplätze für Wohnwagen, Wohnmobile und Zelte.

## GOITZSCHE: FÜR KUNSTINTERESSIERTE

Der Goitzschesee wird auch Bernsteinsee genannt. Im Tagebau Goitzsche befand sich die zweitgrößte Bernsteinlagerstätte der Welt. Nach Einstellung der Braunkohleförderung 1991

02

**01 SEENLANDSCHAFT**
Wo früher Tagebau war, finden sich heute erholsame Badeseen.

**02 FERROPOLIS**
Auf dem ehemaligen Tagebau Golpa-Nord ist heute ein Industriemuseum.

verzichtete man zwei Jahre später auch auf die Bernsteingewinnung. Heute liegt hier der See, der neben Badespaß auch Sehenswertes für Kunstfans in petto hat. An seinen Ufern gibt es Landschaftskunst im Großformat. Auf der Halbinsel Pouch stehen Kunstobjekte, die die Umgebung einbeziehen und neu interpretieren. Das Großprojekt Bitterfelder Bogen steht westlich der Goitzsche. Auch im Süden wird in der Nähe des Paupitzscher Sees mit dem »Goitzschewächter« von Anatol Herzfeld Kunstvolles gezeigt. Doch natürlich ist der See selbst ein perfekter Ort für einen Sommertag: Egal, ob große oder kleine Wasserratten, Segler, Surfer oder Angler, hier finden alle ihren Spaß.

02

## SENFTENBERGER SEE: DER SCHÖNE

Natürlich bleibt es Geschmackssache, aber der Senftenberger See gilt vielen als das schönste Gewässer im Mitteldeutschen Seenland. Es ist besonders bei Familien und Sonnenanbetern beliebt, denn sieben Kilometer Sandstrände und Liegewiesen bieten viel Platz zum Spielen und Ausstrecken. Motorboote rattern vorbei, und Stand-up-Paddler gleiten übers Wasser. Tagsüber ist hier allerhand los! Am Abend wird es jedoch ruhig, dann ist der Senftenberger See der perfekte Ort für einen Sundowner. Die Seelounge in Großkoschen zieht die Nachtschwärmer an: Strandliegen, karibische Cocktails, Seepanorama. Was will man mehr?

## NOCH MEHR WASSERSPORT

Das Mitteldeutsche Seenland hat sich zu einem neuen Zentrum für den Wassersport entwickelt. Viele Seen sind über Wasserwege verbunden, und es ist möglich, vom einen zum anderen mit dem Kanu oder im Motorboot zu gelangen. Mit Motorkraft geht es führerscheinfrei zum Beispiel vom Hafencamp am Senftenberger See aus über den Koschener Kanal bis zum Geierswalder See – eine ideale Strecke für den entspannten Familientag. Aber auch zum Segeln, Windsurfen und Kitesurfen eignen sich die Seen ideal. Noch mehr Action verheißen das Wakeboarden oder Wasserskilaufen. Und sogar Taucher finden hier ein Revier. Am Ostufer des Markkleeberger Sees gibt es im Kanupark Markkleeberg eine Kanu-Slalom-Wildwasserstrecke.

## DER GROSSE WANDEL

Wer mehr über die Metamorphose vom Bergbau zum Naturparadies erfahren und eine mehrfach preisgekrönte Anlage in Augenschein nehmen will, ist Im Lausitzer Findlingspark Nochten genau richtig. Dieser in Europa einzigartige Park drapiert 7000 Findlinge in eine Gartenwelt mit Tälern und Bächen. Die Steine kamen mit der letzten Eiszeit aus Skandinavien

01

und wurden in den Gruben geborgen. Ein Lehrpad erklärt am Beispiel von 90 Findlingen ihre genaue Gesteinsart und Herkunft. Auf den Rekultivierungsflächen des Braunkohletagebaus entstand bis 2003 dieser 20 Hektar große Landschaftsgarten, in dem überraschende Geländeformationen und eindrucksvolle Steinmonumente für die Optik sorgen. Je nach Jahreszeit präsentieren sich im Steingarten, im Heidegarten, im Teichgarten oder im Naturheidebereich blühende Wiesen, farbenfrohes Herbstlaub oder eine karge Winterwelt.

**01 SEGELSPOT**
Der Kulkwitzer See ist ein bekanntes Tauchgewässer.

**02 PEGELTURM**
Der Turm am Großen Goitzschesee schwimmt auf dem Wasser.

**03 STADTNAH**
Der Zwenkauer See ist 12 Kilometer von Leipzig entfernt.

---

**TIPP**

### Tagebau hautnah

Der Tagebau Welzow-Süd gewährt Einblicke in den aktiven Tagebau. Hier ist noch eine Förderbrücke in Betrieb. Besucherführungen und der Tagebau-Aussichtspunkt Welzower Fenster öffnen Besuchern die Welt des Tagebaus. Wer ganz nah ran will, unternimmt eine Tour im Mannschaftstransportwagen bis zu der gigantischen Maschine – inklusive Picknick im Tagebau.

www.bergbautourismus.de

---

03

01

02

# Oberlausitz

*Im Dreiländereck zu Polen und Tschechien liegt die Oberlausitz. Die Kulturstädte Görlitz und Dresden sind die Tore in die weite Heide- und Teichlandschaft, ins Lausitzer Seenland, aber auch zu Hügeln und Bergen. Dazwischen warten immer wieder kleine Dörfer, imposante Bauwerke und das Erbe der Industriegeschichte, das an vielen Ecken noch sichtbar ist. Eine Gegend, die die perfekte Gelegenheit bietet, aktiv zu werden.*

### KLEINE NATURPARADIESE

Zur Oberlausitzer Heide- und Teichlandschaft gehören mehr als 1000 Gewässer – kein Wunder also, dass sich im nördlichen Teil der Grenzregion Wasser- und Zugvögel wohlfühlen. Kraniche und Seeadler sind hier zu finden, tierische Raritäten wie Wölfe streifen durch die Wälder. Die Vielfalt an Lebensräumen für Tiere und Pflanzen ist enorm: Von Kiefernwäldern über Wiesen mit Heckenrosen und Wacholdersträuchern bis zu Weihern mit dichtem Schilf reicht die Bandbreite. Der größte Teil der Heide- und Teichlandschaft wurde 1996 zum UNESCO-Biosphärenreservat erklärt.

Viele der Orte in der Region sind aus slawischen Siedlungen hervorgegangen. Die Lausitzer Sorben leben bis heute in der Oberlausitz und prägen die Region mit ihrer Kultur und Sprache – deutlich zu erkennen an den zweisprachigen Schildern. Schon früh haben

03

die Menschen die Teiche zur Fischzucht genutzt und beipielsweise den Lausitzer Karpfen gezüchtet. Auf Spaziergängen im Teichland lassen sich die Teichwirte bei der Arbeit über die Schulter schauen. Den frischen Fisch servieren dann die lokalen Restaurants. Unbedingt probieren!

### VON HÜGELN IN DIE BERGE

Das Lausitzer Bergland erhebt sich südlich der Weiher zu Hügeln und Bergen. Ein tolles Gebiet zum Radfahren und Wandern! Zahlreiche Fernradwege mit mehreren Tausend Kilometer langen Routen bereichern die Ferienregion. Das Lausitzer Bergland ist eine Hügellandschaft innerhalb des Mittelgebirges. Das Bergland erstreckt sich rund um die Spree bis nach Bautzen und besteht aus vier

**01 BERNSTEINSEE**
Der Herbst macht aus dem Namen Programm.

**02 HEIDELANDSCHAFT**
Neben Seen und Teichen prägt die Heide das Land.

**03 PRÄGNANT**
Der Rostige Nagel war umstritten, heute ist er ein Wahrzeichen.

Höhenzügen, die von Ost nach West verlaufen. Im äußersten Südosten der Oberlausitzer Berge schließt sich das Zittauer Gebirge mit der Lausche an, dem mit 793 Metern höchsten Berg der Lausitz. Auf knapp 800 Metern schnuppert man fast schon ein wenig Gebirgsluft. Jenseits der Grenze liegt der perfekte Kegel des 553 Meter hohen Ortels. Übrigens: Das Zittauer Gebirge bildet die Wasserscheide zwischen Nord- und Ostsee. In seinen Fichtenwäldern lebt der Uhu, eine Besonderheit in Deutschland!

02

### EIN PFAD MIT ANSPRUCH

Der Oberlausitzer Bergweg führt auf 107 Kilometern durch den Südosten Sachsens. Von Neukirch bis Zittau schlängelt er sich am Dreiländereck vorbei und lässt sich in sechs Etappen bewältigen. Immer den Wellen des Oberlausitzer Berglands folgend geht es durch das Zittauer Gebirge vorbei an Granit, Sandstein und Vulkanit. Die Felsen sind auch bei Kletterern ein beliebtes Ziel. In den Dörfern begegnet man den sogenannten Umgebindehäusern. Größtenteils aus Holz gebaut,

01

zeichnen sie einerseits die Holzstützpfeiler und andererseits die Verbindung von Blockhaus- und Fachwerkbauweise aus. Besonders schöne Beispiele bilden die Mühle von Schirgiswalde, die Kirchschule in Weißenberg und das Raschkehaus von Niesky.

Ein Zwischenstopp auf der Burg- und Klosterruine auf dem Berg Oybin verschafft eine schöne Abwechslung. Das malerische Anwesen sorgte schon bei den Romantikern für leuchtende Augen.

**01 BERGLAND**
Vom Töpfer gibt es Aussicht auf das Oberlausitzer Bergland.

**02 HOLZ UND STAHL**
Der Aussichtsturm Felixsee wurde 2004 eingeweiht.

**03 SKYLINE**
In Bautzen gibt es Panorama auf 1000 Jahre Stadtgeschichte.

**TIPP**

### Filmstadt Görlitz

Die östlichste Stadt Deutschlands ist so hübsch, dass sie immer wieder als Filmkulisse dient. In »Görliwood« wurden Hollywoodfilme wie »Inglorious Basterds« oder »Grand Budapest Hotel« in Szene gesetzt. Ein Rundgang bringt Besucher zu prominenten Schauplätzen und verrät die ein oder andere Anekdote zu den Dreharbeiten.

www.goerlitz.de

03

»Und dass dem Netze dieser Spreekanäle Nichts von dem Zauber von Venedig fehle, Durchfurcht das endlos wirre Flußrevier In seinem Boot der Spreewalds-Gondolier.«

Theodor Fontane

**SPREE-VENEDIG**
Durch das Netz der Kanäle.

02

*Der Wald gleicht einem Dschungel. Im Frühjahr, wenn die Bäume austreiben, kommt das Grün in hundert Nuancen vor. Es summt rings um das Kanu, es raschelt an den Ufern, Schilf wiegt sich im Wind. Das Licht findet seinen Weg durchs dichte Blattwerk und wird funkelnd von der Wasseroberfläche reflektiert. Aller Trubel rückt in weite Ferne, und die Wasserwelt zeigt sich von ihrer magischen Seite. Willkommen im Spreewald!*

## ÜBER STILLE KANÄLE

Seit Jahrhunderten ist die Region zwischen Lübben und Senftenberg die Heimat der Niedersorben, die nicht nur ihre eigene Sprache sprechen, sondern auch Zeitungen auf Sorbisch herausbringen und eigene Fernsehsendungen produzieren. Die Wenden, wie die slawische Bevölkerungsgruppe auch heißt, schufen im Südosten Brandenburgs aus den natürlichen Mäandern der Spree ein Netz von knapp 300 Kilometer beschiffbaren Wasserwegen. Dafür erweiterten sie die natürlichen Abzweigungen zu künstlichen Kanälen. Auch heute noch werden alltägliche Aufgaben wie die Postzustellung oder die Müllabfuhr größtenteils mit dem Kahn erledigt. Die sorbischen Spuren sind im Spreewald allgegenwärtig: So sind die Ortsschilder zweisprachig, Brauchtum und Tradition werden durch die bunte Tracht und sorbische Volksfeste in der ganzen Region gepflegt.

## JENSEITS DES TRUBELS

Wer die idyllischen Spreewaldhäuschen am Ufer passiert und die Frauen in Tracht sieht, fühlt sich in ein Märchenbuch versetzt. Das UNESCO-Biosphärenreservat fasziniert und lockt viele Besucher, doch jenseits der Hauptorte gibt es ihn noch: den Spreewald von seiner einsamen und mystischen Seite. Wer die Ortschaften hinter sich lässt und mit dem Kanu immer weiter paddelt, ist plötzlich mittendrin in einem einzigartigen Wasserlabyrinth. Hier schwirren Libellen umher, Frösche quaken und Schafe weiden auf den Uferwiesen. Mit viel Glück erhascht man einen Blick auf einen Eisvogel oder eine Ringelnatter. Um die Schlange nicht ihres Lebens-

01

raums zu berauben und zum Schutz vor Hochwasser, wurden die Häuser im Spreewald auf Stelzen gebaut. Mit dem Kanu lassen sich problemlos Mehrtagestouren rund um Cottbus, Lübben, Lübbenau, Burg und Schlepzig realisieren. Wer lieber in einer festen Unterkunft bleiben will, kann die Umgebung Tag für Tag sternförmig erkunden. Für den kleinen Hunger gibt es in regelmäßigen Abständen am Ufer aufgebaute Stände, die die Spezialität der Region verkaufen: die Spreewaldgurken. So lässt es sich frisch gestärkt weiterpaddeln, denn der Spreewald wartet noch mit einigen Sehenswürdigkeiten auf.

## WINTER IM SPREEWALD

Am ruhigsten ist der Spreewald im Winter. Dann, wenn die Einheimischen fast unter sich sind und die Bäume glitzernder Raureif überzieht, wirkt der Spreewald besonders zauberhaft. Wer jetzt den Weg in den Spreewald findet, wird mit Stille, einer weißen Winterlandschaft und einer großen Portion Gemütlichkeit vor den Kaminen belohnt. Von Anfang November bis Ende März werden winterliche Glühweinkahnfahrten angeboten. Dann geht es dick angezogen und fest eingekuschelt in warme Decken besonders behaglich zu. Dazu ein heißer Glühwein in der Hand, dann ist man bestens für die frostige aber besonders atmosphärische Kahnfahrt gewappnet. Sind die Kanäle zugefroren, wird Schlittschuh gelaufen, ein selten gewordener Spaß für Kinder und Erwachsene gleichermaßen, und abends macht man es sich vor dem Kamin in seinem Spreewaldhaus auf Zeit gemütlich. Oder aber man besucht eine der Thermen- und Saunalandschaften wie die Spreewald Therme in Burg, die Spreewelten in Lübbenau oder das Tropical Islands in Krausnick. Dort kann man sich durch und durch aufwärmen.

### TIPP

### Wendische Fastnacht

Ein besonderes Ereignis ist die wendische Fastnacht Zapust zwischen Januar und März. Das Zampern läutet die Fastnacht ein. In Masken und Kostümen ziehen die Bewohner durch das Dorf, um mit viel Lärm den Winter zu vertreiben. Den Höhepunkt bildet eine Woche später der Festumzug, bei dem in Tracht gekleidete Paare auf Höfen oder in Gaststätten einkehren, um gemeinsam zu essen, zu trinken und zu tanzen.

www.spreewald.de

03

**01 WASSERWEGE**
Der Spreewald hat über 300 Kilometer befahrbare Fließe.

**02 KULTURGUT**
Im Spreewald werden Traditionen bewahrt.

**03 ADEBAR**
Der Storch profitiert vom Wasserreichtum.

01

*Sanfte Hügel und das raue Klima, jede Menge Schnee und grüne Wiesen: Im Südosten Deutschlands erstreckt sich der Naturpark Erzgebirge/ Vogtland an der Grenze zu Tschechien. Das Mittelgebirge wurde über Jahrhunderte von Bergbau, Waldnutzung und Landwirtschaft geprägt. Der natürliche Reichtum und besondere klimatische Bedingungen brachten inmitten der Kulturlandschaft vielfältige Lebensräume hervor.*

### URSPRÜNGLICHER OSTEN

Eisvögel und Sperlingskäuze, Feuerlilien, Enzian, Orchideen und Flussperlmuscheln – das sind nur einige der natürlichen Schätze im äußersten Osten Deutschlands. Die Moore, Heckenlandschaften, Bergwiesen und Hügelkuppen machen die Landschaften im Vogtland und Erzgebirge so abwechslungsreich. Aus all dieser Vielfalt stechen manche Plätze heraus, etwa die Greifensteine. Eine massive Treppe führt zum Gipfel. Auf Gittern geht es in mehr als 700 Metern Höhe auf den höchsten der sieben Granitfelsen. Der Blick reicht weit über das Obererzgebirge. Die blockartige Struktur und Stabilität der Felsen ist nicht nur für Geologen interessant, sie motiviert auch Kletterer. Die Gipfel der Greifensteine bieten Freilandkletterern verschiedene Schwierigkeitsstufen.

### THEATER IN DER NATUR

Die Felsformationen bilden seit rund 175 Jahren eine idyllisch gelegene Naturbühne zwischen den Ortschaften Geyer und Ehrenfriedersdorf. Zur ersten Aufführung kam es 1845, heute finden auf der Freilichtbühne Country-Festivals und Konzerte statt oder Kinovorführungen unter freiem Himmel. Wer einmal einen Horrorfilm in diesem Ambiente gesehen hat, weiß, was der Begriff »schaurig-schön« bedeutet!

### WINTERWUNDERLAND

Die schönste Jahreszeit für einen Besuch im Erzgebirge ist die Adventszeit. Dann verwandelt sich die Region in ein kitschig-schönes Weihnachtsparadies. Leuchtende Schwibbögen stehen in den Fenstern und verbreiten heimelige Atmosphäre. Auf den Weihnachtsmärkten, die fast jedes Dorf abhält, begegnet man Bergleuten in ihrer Tracht. Die Weihnachtspyramide, der Schwibbogen, Engel und Bergmann, Nussknacker und Räuchermännchen – diese Klassiker der Weihnachtsdekoration stammen aus dem Erzgebirge. In unzähligen Holzwerkstätten, beispielsweise in Seiffen, können Besucher bei den Drechselarbeiten zusehen und sich anschließend im Spielzeugmuseum das passende Hintergrundwissen aneignen. Die Dorfkirche, die in Ahnlehnung an die Dresdner Frauenkirche auf einem achteckigen Grundriss entstand, liefert die schmucke Kulisse.

### SKIGEBIETE FICHTELBERG UND SCHÖNECK

Die Region steht aber auch für Winterfreuden abseits der Adventsmärkte. Die dortigen Skigebiete sind gut auf den Andrang von Aktiven vorbereitet, für den (wahrscheinlichen) Fall, dass genügend Schnee liegt. Der Fichtelberg im Erzgebirge ist mit 1215 Metern der höchste

# Erzgebirge Vogtland

Berg Ostdeutschlands. Schon von weitem grüßt das Fichtelberghaus von seinem Gipfel. Zusammen mit dem Keilberg auf tschechischer Seite bildet der Fichtelberg das bedeutendste Wintersportzentrum des Erzgebirges. Im Vogtland lädt das Skigebiet Schöneck mit mehreren Pisten und einem ausgedehnten Loipennetz zum Wintersport ein. Es liegt auf etwas über 700 Metern Höhe mitten im Naturpark Erzgebirge/Vogtland. Für Skilangläufer ist die Kammloipe zwischen Schöneck und Johanngeorgenstadt die erste Wahl. Sie führt durch verschneite Nadelwälder über den Gebirgskamm im Westerzgebirge.

**01 LICHTERBRAUCH**
Die Tradition der Weihnachtspyramiden aus dem Erzgebirge geht bis ins Mittelalter zurück.

**02 WINTERSPORT**
Das Skigebiet am Fichtelberg ist das größte in Ostdeutschland.

**TIPP**

### Vogtland-Panorama

Wie sehenswert das Vogtland ist, lässt sich auf vielen Routen erkunden: eine der imposantesten ist der Vogtland-Panorama-Weg. Start des Rundwegs ist die Göltzschtalbrücke, die größte Ziegelsteinbrücke der Welt. Von hier aus geht es über 225 Kilometer durch das Land der Vögte. Seenlandschaften, endlose Tannen- und Fichtenwälder sowie rund 80 Panoramaaussichten warten.

02

01

02

# Sauerland & Rothaargebirge

*Die Schritte hallen in den gigantischen Räumen sekundenlang nach, Wasser tropft von den Decken, ansonsten herrscht eine andächtige Stille, die die Hallen fast schon greifbar erfüllt. Es ist angenehm kühl. Das ganze Jahr über herrschen durchgehend 9 °C. Bei 95 Prozent Luftfeuchtigkeit legt sich nach kürzester Zeit ein feuchter Film auf das Gesicht. Diffuses Licht erfüllt die mächtige Gesteinshalle. Bis zu vier Meter lange Stalagmiten und Stalaktiten säumen die Wege, auf denen es mitten hinein geht in die Atta-Höhle von Attendorn und ihre spannende Welt unter der Erde.*

## GESUND UNTERWEGS

Im Jahr 1907 sind es Steinbrucharbeiter der Biggetaler Kalkwerke, die die Höhle bei einer Sprengung freilegen. Seitdem hat die Tropfsteinhöhle bei Attendorn für Besucher geöffnet. 1986 finden Höhlenforscher heraus, dass die Atta-Höhle noch sehr viel weiter reicht, als bis dato angenommen. Doch die Erschließung ist gefährlich, und so sind große Teile der Höhle bis heute kaum erforscht und nicht zugänglich. Die von Menschen unberührten Bereiche nutzen unzählige Fledermäuse als ein willkommenes Rückzugsgebiet. Bei einem Rundgang können Besucher in 40 Minuten die farbenprächtige Höhlenwelt erleben – bis zu 200 000 Menschen kommen jedes Jahr. Über Millionen von Jahren haben sich die unterirdischen Gebilde geformt und eine geheimnis-

volle Wunderwelt gebildet. Die Tropfsteinhöhle befindet sich in ständigem Wandel. Durch den Nachschub an Feuchtigkeit von oben wachsen die skurrilen Sintergebilde um bis zu zehn Zentimeter jährlich.

03

## GESUND UND LECKER

Die Atta-Höhle ist mehr als ein Ausflugsziel zum Bestaunen, sie wirkt auch heilsam. Die Höhlenluft wird durch Gebirgsrisse und Geröll natürlich gefiltert und ist frei von Ozon, Staub, Keimen und Allergenen. Hier sammeln Menschen mit Asthma, Neurodermitis, Heuschnupfen oder geschwächten Abwehrkräften frische Kräfte. Auch eine kulinarische Spezialität kann die Atta-Höhle vorweisen: den Atta-Käse. Der würzige Höhlenkäse reift monatelang im Höhlen-Klima zu einer Delikatesse heran. Die Atta-Höhle ist dabei nicht die einzige Tropfsteinhöhle im Sauerland.
Auch die Dechenhöhle, eine Karsthöhle bei Iserlohn, lohnt den Besuch – zum einen, weil sie als einzige deutsche Schauhöhle über eine eigene Zugstation verfügt, zum anderen, weil hier das Deutsche Höhlenmuseum seine Exponate zeigt.

**01 WANDERN**
Im Sauerland geht es zu Fuß quer durchs Mittelgebirge.

**02 WASSERKRAFT**
Ein Uferwanderweg führt entlang der Fürwigge-Talsperre.

**03 TROPFSTEIN**
Im Sauerland können zahlreiche Höhlenerkundet werden.

### WISENTE IN FREIER WILDBAHN

Der Naturpark Sauerland-Rothaargebirge ist der zweitgrößte Naturpark in Deutschland. Auf 3827 Quadratkilometern zeigt sich eine der ältesten Industrieregionen Europas von ihrer natürlichen Seite – ein Gegensatz, der sich in den Schutzgebieten (wieder) gut verträgt. Wie sehr die Natur ihren Raum zurückerobert hat, zeigen die Könige der Wälder, die Wisente. Im Rothaargebirge gibt es eine freilebende Herde, einzigartig in Westeuropa, wenn auch nicht unumstritten. Die Europäischen Bisons sind mit rund drei Metern Größe und 600 Kilogramm Gewicht die größten Landsäugetiere in Europa. Dabei war hier der Wisent in der Wildbahn bereits ausgestorben. Neben der freien Herde gibt es noch eine zweite mit Besucherareal am Rothaarsteig. Doch auch sonst ist das Rothaargebirge bekannt für seinen Wildreichtum. Nicht nur Rehe und Wildschweine streifen durch die Wälder, sogar Mufflons und Rothirsche lassen sich ab und zu blicken.

### SOMMER IM SAUERLAND

Auf der 776 Meter hohen Kappe gibt es neben der Panoramabrücke die Sommerrodelbahn, den Kletterwald, einen Naturerlebnispfad und vieles mehr. Winterberg ist also nicht nur zur

02

kalten Jahreszeit eine Reise wert, sondern es lockt auch im Sommer mit Aktivitäten. Allen voran: den Wanderwegen. Die Dichte an Prädikatswanderwegen durch das Land ist hoch. Wie wäre es mit dem Rothaarsteig oder dem Waldskulpturenweg oder aber dem Sauerland-Höhenflug? Der verspricht 250 Kilometer Wanderfreuden in luftigen Höhen. Auf Bergrücken und über Berggipfel geht es über die für das Sauerland so typische schwingende Landschaft. Dabei wechselt sich ein Panoramablick mit dem nächsten ab. So kommt auch auf langen Wanderstrecken keine Langeweile auf.

### AUSFLUGSZIEL BIGGESEE

Im Sauerland gibt es zahlreiche Talsperren, darunter fünf große Stauseen. Der Biggesee zwischen Olpe und Attendorn ist der größte Stausee Westfalens. Neben der Wasserversorgung hat sich der Biggesee zu einem Magnet für Besucher und zum beliebten Freizeitziel über die Region hinaus entwickelt. Viele Rad- und Wanderwege führen am Seeufer entlang, die Biggetalbahn fährt über zwei Doppelstockbrücken über den See, der jede Menge Wassersportmöglichkeiten bietet. Sogar Tauchen ist im Stausee möglich. Der beste Blick auf den See eröffnet sich von der spektakulären Aussichtsplattform Biggeblick.

01

## SKIORT MIT TRADITION

Die Höhenzüge des Rothaargebirges sind ideale Wintersportgebiete und Wanderregionen. Wenn genügend Schnee gefallen ist, geht es im Skigebiet von Winterberg hoch her. Und das hat seit Anfang des 20. Jahrhunderts Tradition. Zum Winterberger Skiliftkarussell gehören zahlreiche Skilifte, Skipisten, Loipen, Sprungschanzen und eine Bobbahn. Die gut 1600 Meter lange Kunsteisbahn der »Veltins-Eisarena« ist seit Jahrzehnten der Austragungsort von Weltcups, Welt- und Europameisterschaften für Skeleton, Rodel- und Bobsport.

**01 WISENT-WELT**
Die Bullen können 16, Kühe bis zu 24 Jahre alt werden.

**02 WIDERSTANDSFÄHIG**
Die Bentheimer Landschafe als Landschaftspfleger.

**03 IN DEN SEILEN**
40 m lang ist die Hängebrücke am Rothaarsteig.

**TIPP**

### Gipfelerlebnisse Kahler Asten

Lecker speisen, feiern, übernachten und das Panorama genießen – es gibt viele Gründe, den 841 Meter hohen Kahlen Asten zu besuchen. Auf dem Dach des Sauerlands, nur sechs Kilometer von Winterberg entfernt, gibt es einen Aussichtsturm, ein Berghotel, Restaurants, eine Ausstellung und all das in ganz besonderer Aussichtslage. Es gibt also immer einen Grund, um das Sauerland-Dach zu besuchen.

www.kahlerasten.de

03

*Einst herrschte in der Region ein spielfreudiger Landgraf namens Reinhard. Als er beim Glücksspiel seine Ländereien verlor, erbat er beim neuen Besitzer noch eine einzige Ernte. Als dieser zustimmte, ließ Reinhard seine Dörfer umsiedeln und säte Eicheln, die hunderte Jahre bis zur Ernte brauchen. Nicht nur um die Entstehung des Reinhardswalds ranken sich Sagen und Legenden. Der ganze Wald ist märchenhaft.*

02

### MÄRCHENHAFTER WALD

Der Reinhardswald gilt heute als einer der ursprünglichsten Wälder des Landes und als das größte Waldgebiet in Hessen. Alte Eichen beherrschen den Wald, einige von ihnen zählen mehr als 600 Jahre, manche sollen gar 1000 Jahre auf dem Buckel haben. Der Urwald Sababurg, mitten im Reinhardswald gelegen, ist das älteste Schutzgebiet des Bundeslands. Ursprünglich wurde der Wald zu Weidezwecken, Hute genannt, genutzt. Aus dieser Zeit stammen auch die Hute-Eichen. Seit 1907 blieb der Wald größtenteils sich selbst überlassen, dennoch sind Besucher hier willkommen. Drei markierte Rundwege mit einer Länge von einem bis vier

Kilometern führen auf schmalen Pfaden durch den Eichenwald. Es geht über Holzstege und immer wieder vorbei an einzigartigen Baumriesen. Adlerfarn, der bis zu zwei Meter Höhe erreicht, Flechten und umgestürzte Bäume prägen das Bild im Wald. Durch das Totholz ist hier die Artenvielfalt an Pilzen und Insekten besonders groß. Von den rund 450 Käferarten gelten fast ein Fünftel bundesweit als gefährdet.

### EIN URALTER TIERPARK

Wer durch den Wald mit den vielen knorrigen Ästen und bizarren Wurzeln läuft, braucht nicht viel Fantasie, um sich hier Sagenhaftes vorzustellen. Der ehedem vollkommen menschenleere und bis heute einsame Reinhardswald bietet die ideale Kulisse für Mythen und Märchen. Genau hier, zwischen den Bäumen und Burgen der Region, sammelten die Brüder Grimm viele der Erzählungen, die sie als Märchen niederschrieben. Mitten im Wald thront auf einem Hügel das Dornröschenschloss Sababurg. Hier stach sich Dornröschen an der Spindel und schlief darauf 100 Jahre, bis ein Prinz sie wachküsste. Wer sich mit dem Wortlaut auskennt, entdeckt in der Sababurg unschwer das architektonische Vorbild des Märchenschlosses. Zeitgleich mit der

01

# Reinhardswald

Sanierung der Sababurg werden auch die Hotel- und Restauranträume erweitert und modernisiert – 2022 soll alles eröffnet werden. Auch der bereits 1571 gegründete Tierpark Sababurg kann heute noch besucht werden. Er ist der älteste Zoo Deutschlands. Doch nicht nur Dornröschens Geschichte spielt sich hier in den Wäldern ab. Auch Rapunzels Turm in Trendelburg liegt im Reinhardswald, und Hans im Glück soll aus dem nahegelegenen Immenhausen stammen.

## WEISSE HIRSCHE

Mindestens genauso märchenhaft wie das Dornröschenschloss oder der Rapunzelturm klingt die Geschichte der weißen Hirsche. Denn neben den vielen anderen Tieren, die den Naturpark bevölkern, leben hier Hirsche von geradezu märchenhafter Schönheit. Im Reinhardswald gibt es die einzigen weißen Hirsche in ganz Deutschland. Die Exemplare des weißen Rotwilds sind keine Albinos – das besondere Erbgut ist für die Farbe verantwortlich. Einst fanden die Tiere als Geschenk für den Landgrafen aus Tschechien ihren Weg in den Reinhardswald. Rund 50 dieser besonderen Hirsche leben heute hier. Unter strengen Schutz gestellt, dürfen sie nicht gejagt werden. Das würde sich aber ohnehin niemand trauen, denn es rankt sich ein Aberglaube um das Wild: Wer einen weißen Hirsch erlegt, wird kurz darauf selbst sterben.

**01 GIFTIG**
Der Fliegenpilz darf im Märchenwald nicht fehlen.

**02 WAHRZEICHEN**
Die Hute-Eichen prägen den Charakter des Reinhardwalds.

**03 DORNRÖSCHEN-SCHLOSS**
Die Sababurg war einst Zufluchtsort für Pilger.

03

**STILLE GENOSSEN**
Ein Urwald voller
Geschichten.

01

02

# Thüringer Wald

*Luther, Napoleon und Goethe waren nur einige der berühmtesten Besucher, die durch den Thüringer Wald streiften. Damals wanderten sie unter Buchen, Ahorn und Tannen. Heute sieht der Thüringer Wald anders aus. Nach einem verheerenden Windbruch 1948 wurde das Mittelgebirge mit Fichten aufgeforstet. Nur zwischen Eisenach und Bad Liebenstein stehen noch Teile der ursprünglichen Vegetation. Doch noch immer lockt es unzählige Wanderer nach Thüringen, vor allem auf den insgesamt knapp 170 Kilometer langen Rennsteig. Der bekannteste deutsche Fernwanderweg ist längst selbst eine Legende.*

## DER WEG IST DAS ZIEL

Der Thüringer Wald bedeckt mit seinen großen Waldflächen eine weitläufige Mittelgebirgslandschaft. Einmal längsdurch verläuft über exakt 169 Kilometer der Rennsteig. Der meistbegangene Wanderweg Deutschlands gehört so untrennbar zum Thüringer Wald wie Bratwurst und Klöße. Der Rennsteig, der fast ausschließlich über Kammlagen führt, wurde 1330 erstmals erwähnt. Im Mittelalter ein einfacher Botenweg, ist er heute eine Ikone. Ende des 19. Jahrhunderts erwanderte der Thüringer Topograf Julius von Pläncker den Rennsteig in seiner gesamten Länge und begründete damit seine Tradition als Wanderweg. Zur Zeit der deutsch-deutschen Teilung durchschnitt die innerdeutsche Grenze gleich sechsmal die Strecke. Deren Anziehungskraft ist bis heute ungebrochen. Wer den Weg komplett begehen will, muss etwa acht Tage veranschlagen. Große Höhenunterschiede sind zu absolvieren, nur selten geht es durch Dörfer oder Städte. Der Rennsteig ist auch eine innere Reise. Irgendwann wird das Wandern kontemplativ, gar meditativ. Doch dann gibt es plötzlich Lücken im Grün, die den Blick in die Weite freigeben. Und sofort ist man wieder vollkommen im Hier und Jetzt.

## LEGENDÄRE WARTBURG

Wenn der Rennsteig eine Ikone ist, was ist dann die Wartburg? Kaum eine andere Burg hat die Deutschen so geprägt wie diese. Hoch über der Stadt Eisenach spiegelt sie mehr als 1000 Jahre deutscher Geschichte. Seit 1999 gehört sie zum Kanon der UNESCO-Welterbestätten. 1067 gilt als das Gründungsjahr. Der Palas aus dieser Zeit ist ein Vorzeigebau spätromanischer Baukunst. Der Hauptsitz des Landgrafen war ein Musenhof, an dem die Lieder Walthers von der Vogelweide gesungen wurden und Wolfram von Eschenbachs Dichtungen entstanden. Die heilige Elisabeth lebte hier, Luther verbrachte sein Exil auf der Burg und übersetzte die Bibel hinter diesen Mauern. Beim studentischen Wartburgfest 1817 wurde der Wille zum freien Nationalstaat erstmals laut. Die Wartburg war Schauplatz vieler geschichtlicher Höhepunkte. Ob Führungen durch die Burg, Weihnachtsmarkt oder Musik-Festival – bis heute ist sie ein lebendiger Ort.

03

**01 PER PEDES**
Schon Goethe schnallte hier die Wanderschuhe an.

**02 HERZOGSTUHL**
Rückzugsort des Herzogs: Lustschloss oder Waldesruh?

**03 SEPTEMBERTESTAMENT**
Als »Junker Jörg« übersetzte Luther hier die Bibel.

## DURCH DIE DRACHENSCHLUCHT

Wer auf einem besonderen Weg zur Burg hinaufwandern will, wählt die Strecke durch die sagenumwobene Drachenschlucht. Südlich von Eisenach befindet sich die Schlucht, die teilweise nur schulterbreit ist. Das Wasser hat in Millionen Jahren die Felsen geformt und ein beeindruckendes Naturdenkmal geschaffen, das die Fantasie anregt. Knapp 200 Meter geht es durch die Klamm, in der einst ein riesiger Lindwurm gelebt haben soll. Dann sind es noch rund eineinhalb Stunden bis hinauf zum Zielpunkt Wartburg.

## GLITZERNDE KRISTALLWELT

Zwischen Friedrichroda und Tabbarz befindet sich ein weiteres wildromantisches Naturdenkmal: die Marienglashöhle. In der Schauhöhle funkeln Millionen von Kristallen und erfüllen den Raum mit mystischem Licht. Im Jahr 1775 wurde der Eingangsstollen gebaut, um Kupfer abzubauen. Statt Kupferschiefer fand man eine Gips-Lagerstätte. Einige Jahre später, 1784, entdeckte man dann eine mächtige Gipskristalldruse. Der rund zehn Meter große Hohlraum war nahezu vollständig mit Selenit ausgekleidet. Das auch als Spiegelstein bekannte Kristall wurde für Marienbilder, Altäre, Kronleuchter oder Gemälde verwendet, daher auch der

Name Marienglas. Nach der Stilllegung des Bergwerks eröffnete die Marienglashöhle 1903 als Schaubergwerk. Der Besucher geht zunächst durch einen Stollen und erreicht über Treppenstufen die Kristallgrotte, ein Steg führt über den Höhlensee. Besichtigungen sind nur im Rahmen einer Führung oder bei Veranstaltungen möglich.

## EIN WALD VOLLER BUCHEN

Der Hainich ist ein Höhenzug im Westen von Thüringen und Teil des Naturparks Eichsfeld-Hainich-Werratal. Der Süden des Waldgebiets wurde 1997 als Nationalpark ausgewiesen, Bereiche der 16 000 Hektar großen Fläche stehen seit 2011 auf der Welterbeliste der UNESCO. Nur hier wachsen in mittlerer Höhenlage die letzten verbliebenen Reste großer Buchenwälder mitteleuropäischer Ausprägung auf Muschelkalkböden. Was kompliziert klingt, ist ein besonderer Lebensraum für seltene Arten. Im Schutz eines militärischen Sperrgebiets konnten sich jahrzehntelang Wälder

01

ohne Einfluss des Menschen großflächig entwickeln – fast jedenfalls, denn auch hier machen sich der Klimawandel und die Dürresommer 2018 und 2019 bemerkbar. Der Baumkronenpfad im Nationalpark Hainich führt auf einer Länge von 530 Metern über die Wipfel mächtiger Rotbuchen. Je höher man steigt, desto lauter werden die Vogelstimmen, die Luft wirkt frischer, das Licht intensiver. Am Ende des Wipfelpfads steht der Aufstieg zum 44 Meter hohen Baumturm. Auf der Plattform liegen einem der Nationalpark, die Thüringer Beckenlandschaft und der Thüringer Wald zu Füßen.

**01 AUFS DACH**
Der Wipfelweg führt hoch über die Rotbuchen.

**02 EBERTSWIESE**
Direkt am Rennsteig sorgt der Bergsee für Abkühlung.

**03 WALDSTILLE**
Es gibt auch ruhige Ecken in den Wäldern am Rennsteig.

**TIPP**

**Ferien bei Frodo**

Für alle Fans von J.R.R. Tolkiens »Herrn der Ringe« ist diese Ferienanlage ein Muss. Hier übernachten die Gäste in urgemütlichen Erdhäusern. Wer mitten im Thüringer Wald abseits des Lärms morgens aus seiner Hobbithöhle tritt, fühlt sich wie Frodo Beutlin persönlich. Ein Erlebnisspielplatz und eine Sommerrodelbahn sorgen für Abwechslung zum Lieblingszeitvertreib der Hobbits: Faulenzen.

www.feriendorf-auenland.de

03

02

*Von oben sieht der Nationalpark Kellerwald-Edersee aus wie ein grünes Meer. Je nach Jahreszeit leuchtet es hell- oder sattgrün oder in warmen Brauntönen. Weder Straßen noch Dörfer stören den Wald. Seit die Laubwälder nicht mehr genutzt werden, entsteht mitten im Herzen Deutschlands wieder Wildnis. Berge, Bäche und Buchen sind die Hauptakteure. Kontrastprogramm bieten der glitzernd-blaue Edersee und die endlosen Wiesentäler. Mystisch wird es, wenn der Stausee Niedrigwasser hat, dann taucht die Aseler Brücke auf dem Grund des Sees auf und weckt Erinnerungen an Unterwassermythen à la Atlantis.*

täler und Waldwiesen bilden die Schätze des zweitkleinsten deutschen Nationalparks. Hier darf Natur Natur sein, und der Mensch kann diesen Schatz erleben.

## UNSCHÄTZBARES ERBE

Auf einer Fläche von rund 58 Quadratkilometern erstreckt sich der Nationalpark Kellerwald-Edersee. Er liegt, wie auch der als UNESCO-Weltnaturerbe Alte Buchenwälder gelistete Bereich, im Norden des gleichnamigen Naturparks. Durch die nordhessische Mittelgebirgslandschaft windet sich die Eder, die durch den Edersee und dann weiter Richtung Osten fließt. Urige Wälder auf Bergkuppen und in Schluchten, Felsen und Blockhalden, naturnahe Quellen und Bäche sowie ruhige Wiesen-

## NATURERBE BUCHENWALD

Das beruhigende Geräusch raschelnden Laubs, der herbe Geruch des feuchten Waldbodens, der Anblick der bunten Blätter – ein Wald ist Balsam für die Seele. Nicht ohne Grund kommt das Waldbaden immer mehr in Mode. Unter dem Namen Shinrin-yoku kennt man es in Japan schon seit den 1980er-Jahren. Die Naturtherapie mit Achtsamkeitsübungen soll dabei helfen, Stress zu reduzieren, den Geist zu erfrischen und die Sinne zu stimulieren. Im Nationalpark Kellerwald-Edersee ist der Wald einzigartig, das zeigt die Einbeziehung des Buchenwaldgebiets zur UNESCO-Weltnaturerbestätte Alte Buchenwälder 2011. Auf den Ederhöhen stehen auf Bergen und in Schluchten die letzten großen Rotbuchenwälder Westeuropas. Urige Buchen-Naturwaldreste, Eichen-Trockenwälder sowie Block- und Schluchtwälder gibt es im Nationalpark, dazu Hunderte Quellen und Bäche und Raritäten wie die Pfingstnelke. Einmalig ist die Ungestörtheit fernab von Städten und Straßen. An felsigen Steilhängen wächst die Buche bis zu ihrer natürliche Waldgrenze. Im Frühling leuchtet der Rotbuchenwald in dem für ihn typischen hellen Grün.

01

# Nationalpark Kellerwald-Edersee

## AM EDERSEE-STAUSEE

Durch den Aufstau der Eder in den Jahren 1908 bis 1914 entstand der Edersee. Der 27 Kilometer lange See wird von den Hängen des Kellerwalds eingerahmt. Vor allem die Ostseite des Sees hat sich zu einer Freizeitoase entwickelt. Hier wird gesegelt, gesurft, getaucht oder am Ufer geangelt. Ruhiger geht es im Westen des Sees zu. Im Winter, wenn Schneekristalle auf den Ästen glitzern, suchen Spaziergänger Erholung an Deutschlands zweitgrößtem Stausee. Wird es richtig knackig kalt, verwandelt sich der See in ein Meer aus Eisschollen. Mit etwas Glück kann man Zeuge eines besonderen Moments werden: Durch die Unterschiede von Nachtfrost und Tagestemperaturen über 0 °Celsius entsteht Reibung, und die Eisschollen lassen ein hallendes Geräusch verlauten.

## ALLE JAHRE ATLANTIS

Vor mehr als 100 Jahren mussten die Dörfer Asel, Berich und Bringhausen der Edertalsperre weichen. Gebäude wurden abgetragen und zum Teil an anderer Stelle wieder aufgebaut, so wie die Kirche von Bringhausen. Viele Erinnerungen verschwanden im Wasser. Nach trockenen Sommern oder wenn der Pegel abgesenkt wird, um die Wasserstände von Weser und Mittellandkanal zu regulieren, kommen Teile der versunkenen Dörfer wieder zum Vorschein, bei-

**01 BUCHENWALD**
40 % der Buchen im Nationalpark sind über 120 Jahre alt.

**02 HERZMITTEL**
Giftig und Heilmittel zugleich: der Rote Fingerhut.

**03 SEE-ROMANTIK**
Am schönsten – und ruhigsten – ist der Edersee am Abend.

03

spielsweise die markante, vierbogige Aseler
Brücke. Das am besten erhaltene Bauwerk des
alten Edertals lässt sich ab einem Wasserstand
von 235 Metern sehen. Neben der Aseler Brücke sind auch die Grundmauern und Platten zu
sehen, mit denen die Friedhöfe abgedeckt wurden. Die Ruinen locken Besucher, denn nicht
jeden Tag bekommt man versunkene Dörfer zu
Gesicht. Wer dabei Expeditionsdrang verspürt,
kann durch den Schlamm wandern und sich
wie am Wattenmeer fühlen.

Die gigantische Edertalsperre mit einer Länge
von 400 Metern dient dem Schutz vor Hochwasser und der Stromerzeugung und stellt im
Sommer die Ausflugsschifffahrt sicher. Im
Zweiten Weltkrieg traf eine Bombe die Tal-
sperre, und eine verheerende Flutwelle rollte
zu Tal. Noch im selben Jahr bauten Zwangs-
arbeiter die Mauer wieder auf. Wer sich für
die Geschichte interessiert, kann an Führungen teilnehmen. 2014 wurden zum 100-jähri-
gen Jubiläum der Edertalsperre LED-Schein-
werfer installiert. Diese beleuchten nach

02

Einbruch der Dunkelheit die 39 Überläufe der
Sperrmauer. Seitdem hält die Edertalsperre
den Rekord als »längstes dauerhaft mit Farb-
wechsel illuminiertes Bauwerk«.

## ÜBER DEN URWALDSTEIG

Der Urwaldsteig gilt als einer der schönsten
Wanderwege durch den Nationalpark Kellerwald-Edersee. Er führt einmal rund um den
Edersee, immer am Ufer oder an den Steilhängen unter dem Blätterdach von Buchen und
Eichen entlang. Manche der knorrigen alten
Eichen zählen mehr als 1000 Jahre. Und natürlich darf auch der urwüchsige Altbuchen-
wald auf der Wanderung nicht fehlen. Der gesamte Urwaldsteig führt auf 68 Kilometern
durch wilde Natur. Der Steig ist in sechs Etappen unterteilt, die in drei bis sechs Tagen zu-
rückgelegt werden können. Viele Zuwege und
zehn kurze Rundkurse, die von der Hauptroute
abweichen, sorgen für genügend Tages- oder
Halbtagevarianten.

01

**01 WILDBESTAND**
Im 19. Jh. waren die
Ederhöhen fürstliches
Jagdrevier.

**02 TREETOPWALK**
Der Baumkronenweg
macht das Ökosystem
Wald erlebbar.

**03 PARCOURS**
Adrenalinkick? Gibt es
auch für Nicht-Extrem-
sportler.

## RANGER-TOUREN

Wer sich nicht auf eigene Faust in den Wald traut, schließt sich einer geführten Tour mit einem Ranger an. Die Nationalparkführer kennen die schönsten und wenig bekannten Ecken und führen Besucher zu den Schätzen des Nationalparks. Dabei wissen die Ranger etliche Anekdoten zu erzählen und natürlich alles über die Pflanzen, Tiere und geologischen Besonderheiten im Kellerwald und am Edersee. Ein Besuch im modernen Nationalpark-Zentrum rundet die Wanderung ab. Neben den allgemeinen Touren gibt es auch spezielle Themenführungen wie etwa Wildkräuter- oder Pilzwanderungen, oft im Rahmen von Ein- oder Mehrtagesseminaren. Auf den Spuren der Fledermäuse führt der Fledermauslehrpfad in Vöhl-Asel durch den Wald. Ein Infostand, eine kleine Ausstellung und Aktivstationen für Kinder bringen den Besuchern die nachtaktiven Flugkünstler näher. Eine Führung im Fledermausturm bietet das Aseler Fledermausteam an. Infrarotkameras geben Einblicke ins Fledermausquartier.

## NOSTALGISCH BERGAUF

Für Freunde altmodischer Fortbewegung ist die Fahrt mit der 1961 erbauten Waldecker Bergbahn ein Muss! Die historische Seilbahn ist durchaus in die Jahre gekommen, aber, keine Sorge, noch gut in Schuss! Sie läuft ohne automatische Beschleunigung und wird manuell bedient. In wenigen Minuten geht es hinauf auf 368 Meter. Oben angekommen, wartet das Schloss Waldeck, eine Burganlage aus dem 11. Jahrhundert. Die Burg hat eine bewegte Geschichte: Einst war sie Stammsitz der Grafen von Waldeck, dann Kaserne, später Landeszuchthaus, Archiv und Forstamt. Heute ist hier ein Hotel untergebracht. Das Burgmuseum erzählt die ganze Geschichte in aller Ausführlichkeit.

### TIPP

### Reiten und Erholen

Das familiengeführte Hotel & Spa-Resort Freund in Oberorke setzt den Akzent auf Gastfreundschaft und Gemütlichkeit. Ob für eine Wellnessauszeit oder als Ausgangspunkt für Wanderungen im Nationalpark, das Hotel Freund empfiehlt sich für Erholungssuchende – und besonders für Pferdefreunde. Aus dem hoteleigenen Gestüt kommen die Finnpferde, die für Reitstunden oder Ausflüge in die Wälder bereitstehen. Hier lässt sich das (Urlaubs-)Glück auf dem Pferderücken finden.

www.hotelfreund.de

03

01

*Eine weitläufige idyllische Landschaft mit Wiesen, Feldern und Tälern, dazwischen blaue Seen und Flüsse und immer wieder malerische Hügellandschaften – das ist der Westerwald. Das Mittelgebirge im Dreiländereck von Nordrhein-Westfalen, Hessen und Rheinland-Pfalz ist touristisch gut erschlossen, aber nie überlaufen. Eine Entspanntheit liegt über dem Westerwald, die sich überträgt und den Besuch absolut stressfrei macht.*

### GEGEND GEGEN DEN STRESS

Schon seit der Keltenzeit war der Westerwald besiedelt. Die abwechslungsreiche Landschaft machte die Region schon immer zu einem beliebten Siedlungsgebiet, seine klare Luft ließ früh Kurorte und zuletzt Wellnessoasen entstehen. Das Mittelgebirge hat viele Gesichter – es unterteilt sich in sieben Naturräume, zu denen Westerwald-Sieg, Hoher Westerwald, das Kannenbäckerland sowie der Naturpark Rhein-Westerwald zählen. Langeweile kommt beim Besuch im Westerwald also so schnell nicht auf.

### VOM RHEIN IN WALDIGE HÖHEN

Der Naturpark Rhein-Westerwald verbindet das schöne Rheintal mit seinen steilen Weinhängen und Winzerdörfern mit den Wäldern, Bachtälern und der Ruhe des Westerwalds. Fast alle Landschaften in Deutschland sind Kulturlandschaften, so auch der Westerwald, dessen Forste und Streuobstwiesen im Neuwieder Becken sich der menschlichen Gestaltung verdanken. Der berühmte Rheinsteig führt am Rand des Rheintals an Fluss und Weinbergen vorbei. Der Teil der Route, der im Unteren Mittelrheintal verläuft, ist im Vergleich zur Welterbestätte Oberes Mittelrheintal wesentlich weniger frequentiert und ein kleiner

Geheimtipp. Im Herzen des Naturparks liegt das Wiedtal mit dem Kloster der Waldbreitbacher Franziskanerinnen. Auf der anderen Seite des Tals führt der Westerwaldsteig zur Klosteranlage St. Josefshaus in Hausen.

### DURCH DIE NATURREGION SIEG

Außer ihrer Auenlandschaft hält die Naturregion Sieg eine weitere herausragende Sehenswürdigkeit parat: Der Druidenstein bei Kirchen-Herkersdorf, um den sich zahlreiche Sagen spinnen, ist eine Basaltpyramide vulkanischen Ursprungs. Ob der auffällige Stein wirklich für die heiligen Rituale der Druiden oder als Thingstätte der Chatten, eines germanischen Volksstamms, genutzt wurde, ist nicht geklärt. Bis heute kommen die Teilnehmer der Christi-Himmelfahrts-Prozessionen am 20 Meter hohen Druidenstein vorbei. Im Dreißigjährigen Krieg wurde seine Spitze abgebrochen, die Nutzung als Steinbruch und ein Blitzschlag setzten dem Basalt schwer zu. Eindrücklich ist das Naturdenkmal dennoch. Wer es aus der Nähe bewundern will, kann unter mehreren Wander- und Radwegen wählen, wie dem Natursteig Sieg oder dem Ruhr-Sieg-Radweg, der auf einer stillgelegten Bahnstrecke verläuft.

**01 GERUHSAM**
Im Westerwald geht es ruhig zu, das freut das Wild.

**02 EIFELPANORAMA**
Vom Westerwald reicht der Blick bis in die Eifel.

# Westerwald

## IM HOHEN WESTERWALD

Mit 657 Metern über Normalnull ist der höchste Punkt des Hohen Westerwalds erreicht: Die Fuchskaute, ein erloschener Vulkan, markiert den Mittelpunkt der Wanderregion. Die Fernwanderwege Rothaarsteig und Westerwaldsteig kreuzen sich hier. Wer auf diesen Wegen unterwegs ist, bekommt ein paar florale Kostbarkeiten des Westerwalds zu sehen wie die Mondraute, die Weiße Waldhyazinthe, das Nordische Labkraut oder andere seltene Bergpflanzen. Vom Gipfel blickt man über die Mittelgebirgslandschaft bis zur Montabaurer Höhe und über das Naturschutzgebiet Fuchskaute im Nordosten. Hier dominieren alpine Wacholderheiden, Arnika und Borstgras-Magerrasen, die sich dank der langen Beweidung ansiedeln konnten, die Landschaft. Im Winter wechselt man von den Wanderschuhen zu den Langlaufskiern und erkundet die Region auf Loipen.

### TIPP

### Alpaka-Wanderung

In der Gesellschaft von friedlichen Alpakas geht es in rund zwei Stunden auf entschleunigte Weise durch den Westerwald. Das Tier mit den Knopfaugen und der extravaganten Frisur motiviert, und die Wanderung macht gleich doppelt Spaß. Mehrere Veranstalter bieten im Naturpark Rhein-Westerwald und der Umgebung die Wanderungen an. Klarer Fall: Alpakawanderungen boomen!

www.lama-urlaub.de

02

Rotglühende Lava,
heftige Erschütterungen.
Auch wenn es heute
ruhig erscheint –
der Vulkanismus in der Eifel
ist nicht erloschen,
er befindet sich nur
in einer Art Winterschlaf.
Die Erde ist in Bewegung.

*Sprudelnde Geysire, vulkanische Gase, Maare und Krater: Wer eine Vulkanlandschaft erleben will, muss nicht nach Island reisen. Im Naturpark Vukaneifel ist die Erde noch immer vulkanisch aktiv. Zum Glück hat der Vulkanismus gerade eine Pause eingelegt, und die 350 Vulkane, kreisrunden Maare und unzähligen Mineral- und Kohlensäurequellen lassen sich gefahrlos erkunden. Da kommt Expeditionsfeeling auf!*

02

### HOT SPOT IM WESTEN

Unter der scheinbar so friedlichen Erdoberfläche gibt es Stellen, an denen die Wärmekonzentration in 30 bis 100 Kilometern Tiefe besonders hoch ist – die Vulkaneifel in Rheinland-Pfalz ist eine solche Stelle. Keine andere Gegend in Deutschland wurde ähnlich stark von den glutheißen Lavamassen geformt. Der Vulkanismus lässt sich in zwei Phasen gliedern: Die erste Phase konzentrierte sich räumlich vor allem auf das heute als Hocheifel-Vulkanfeld bekannte Gebiet. Eine zweite Phase setzte vor etwa einer Million Jahre ein und endete vor 10 000 Jahren mit dem jüngsten Ausbruch, von dem das Ulmener Maar kündet. In dieser Zeit entstanden die quartären Vulkanfelder in der Ost- und Westeifel. Im nordwestlichen Teil des rheinischen Schiefergebirges rund um die Städte Daun, Hillesheim

und Gerolstein liegt der UNESCO-Geopark Vulkaneifel mit den bekannten Eifelmaaren. Das Vulkanfeld der Osteifel befindet sich im Nationalen Geopark Laacher See.

### LAVAKELLER IM VULKANPARK

Auf einer Fläche von drei Quadratkilometern erstreckt sich in 32 Metern Tiefe ein Netz von Lavakellern unterhalb der Ortschaft Mendig. Die Lavaströme unter der Stadt hinterließen erkaltete Lava, ein wertvolles Baumaterial, das die Bewohner in Stollen und Schächten abbauten und zum Beispiel für Mühlsteine verwendeten. Die so entstandenen Lavakeller wurden später von den Brauereien zum Lagern von Bier genutzt. Heute kann man das Labyrinth der Keller im Rahmen von Führungen besuchen. Neben den Lavakellern und dem Vulkanmuseum Lava-Dome bereichert das Freilichtmuseum Museumslay das Freizeitangebot von Mendig.

01

**01 STARTSCHUSS**
Erst ein Brodeln, dann schießt der Geysir aus der Erde.

**02 H$_2$O**
Der Dreimühlen-Wasserfall ist ein Naturdenkmal.

**03 LÄNDLICH**
In der Vulkaneifel geht es auch ganz gemütlich.

# Vulkaneifel

## WASSER IN WALLUNG

Das Wasser ist ganz ruhig. Doch plötzlich bilden sich kleine Wellen. Das Wasser beginnt zu brodeln und schließlich schießt eine Fontäne in die Höhe. Ganze sechs Minuten dauert das Spektakel, dann ist alles wieder vorbei. Die Bewohner von Wallenborn nennen ihren Geysir liebevoll Brubbel und auf ihn ist Verlass. Alle 35 Minuten spuckt Brubbel das nur 9 °C kühle Wasser bis zu vier Meter hoch. Unter der Wasseroberfläche befindet sich eine der vielen kohlensäurehaltigen Quellen der Eifel. Um sie zu nutzen, bohrte man Anfang der 1930er-Jahre ein Loch und stieß auf eine Kammer, in der sich Kohlendioxid gesammelt hatte. Mit voller Wucht schossen Gestein und Wasser nach oben. Heute ist der Wallende Born ein beliebtes Schauspiel. Nachdem man die Wasserfontäne gesehen hat, kann man sich auf dem dreieinhalb Kilometer langen Brubbelpfad noch ein wenig die Füße vertreten.

## KÖSTLICHE TROPFEN

Explosionen und gewaltige Erdbewegungen sind zwar längst vorbei, doch im Inneren brodelt es noch immer. Die so entstehenden Mineral- und Kohlensäurequellen der Vulkaneifel versorgen die Menschen mit köstlichem Sprudelwasser. Die unzähligen Quellen werden in der Eifel Drees genannt und fast jedes Dorf hat seine eigenen Dreese. An vielen Stellen kann man das frische Quellwasser einfach abzapfen.
Das bekannteste Eifelwasser kommt aus Gerolstein. Speziell in der Region Gerolstein trifft Kohlensäure vulkanischen Ursprungs auf calcium- und magnesiumreiches Dolomitgestein. Das Wasser ist so besonders reich an Mineralstoffen.

**TIPP**

**Naturschauspiel Narzissen**

Sechs Millionen wild wachsende Narzissen – jedes Jahr im Frühjahr bedeckt ein dichter gelber Blütenteppich das Perlenbach- und das Fuhrtsbachtal bei Monschau sowie das Oleftal bei Hellenthal. Im April lässt sich die Blütenpracht bei einer Wanderung durch das Perlenbachtal gut auf eigene Faust erkunden, zum Beispiel auf der knapp fünfzehn Kilometer langen Narzissenroute.

www.eifelsteig.de/a-narzissenroute

03

**NATURBAD**
Baden im Vulkan? In den
Maaren kein Problem!

02

Sie entspringt in den Vogesen in Frankreich und schlängelt sich auf 544 Kilometern vorbei an Hunsrück und Eifel bis nach Koblenz, wo sie in den Rhein mündet; dabei passiert die Mosel Weinberge, romantische Burgen, malerische Weindörfer und geschichtsträchtige Städte wie Trier mit der Porta Nigra, Cochem mit der Reichsburg und Koblenz am Deutschen Eck. Das Moseltal ist eine der schönsten Flussregionen Europas. Ihren Namen erhielt die in vielen Windungen fließende Mosel von den Kelten. Römer brachten den Weinbau in die Region – eine Prägung, die bis heute besteht.

## FLUSSLAUF MIT SCHLEIFEN

Die Mosel lässt sich in drei Abschnitte unterteilen: Obermosel bezeichnet den Abschnitt von Frankreich bis Trier, die Mittelmosel geht bis Cochem, und von dort bis zur Mündung in den

Rhein spricht man von der Untermosel. Die Kelten lebten ab circa 600–500 v. Chr. an der »Mosea«. Mit Cäsar wurde die Moselregion Teil der römischen Provinz Gallia Belgica. Beim Schlendern durch die Weindörfer, in den Städten mit ihrem reichhaltigen Kulturprogramm, auf den Burgen und Schlössern zeigt sich der Landstrich heute von zwei Seiten: einerseits traditionell, andererseits als eine Region im Wandel. Die schönsten Aspekte der Flusslandschaft erfährt man zu Fuß auf einem der zahlreichen Wanderwege: ob bei der Königsdisziplin Moselsteig oder auf einem der kleinen Traumpfade, ob über mehrere Tage oder nur während eines kurzen Rundwegs.

## DER MOSELSTEIG

Über sage und schreibe 365 Kilometer geht es von Perl an der deutsch-französisch-luxemburgischen Grenze auf dem Moselsteig bis zum Deutschen Eck in Koblenz. Der Weg folgt dem kompletten Flussverlauf durch die Wein-

**01 MOSELBLICK**
Die Burg Landshut steht auf römischen Fundamenten.

**02 MITTELMOSEL**
Das Traben-Trarbach punktet mit jeder Menge Kultur.

**03 BRIEFMARKENANSICHT**
Die Moselschleife bei Kröv ziert Sonderbriefmarken.

01

# Mosel

berge und zu etlichen Aussichtspunkten auf die vielen Biegungen und Schleifen der Mosel. Am Wegesrand liegen Städtchen, die viele Gelegenheiten für kürzere und längere Verschnaufpausen bieten. Der Weg lässt sich gut abschnittsweise portionieren, denn sicher ist nicht jeder so ambitioniert, die 24 Tagesetappen am Stück zu meistern. Das muss auch gar nicht sein. Es lohnt sich, öfter herzukommen und die einzelnen Distanzen in Ruhe auszukosten.

## AUF TRAUMPFADEN

Außerdem gibt es viele Alternativen zur Langstrecke: In der Region Rhein-Mosel-Eifel wollen 26 Rundwanderwege, die sogenannten Traumpfade, plus mehrere »Traumpfädchen« erobert werden. Hier dreht sich alles um den Genuss – sei es der Landschaft oder ihrer

Erzeugnisse. Die Rundwanderwege sind zwischen sechs und 19 Kilometer lang, die Traumpfädchen zwischen drei und sieben Kilometer. Perfekt für Tages- oder Halbtagestouren! Der Mosel-Traumpfad Bleidenberger Ausblicke verbindet die schönen Panoramapunkte im Moseltal. Auf einem alten Weinbergpfad geht es bis zur mittelalterlichen Burg Thurant und zur Wallfahrtskirche Bleidenberg. Der Hatzenporter Laysteig verläuft oberhalb des Moselorts Hatzenport auf knapp zwölf Kilometern durch die steilen Hänge der Weinberge. Klettersteige sorgen für aufregende Momente und belohnen mit traumhafter Panoramasicht auf den Fluss – in Bremm verbindet der Höhenweg am Calmont beides. Die sieben Kilometer führen durch Europas steilste Weinlage mit bis zu 65 Grad Neigung. Am Gipfel in 378 Metern Höhe bietet sich der fantastische »Vierseenblick« über die Flussschleife.

03

01

## LIEBLINGSBURG ELTZ

Der Traumpfad »Eltzer Burgpanorama« führt in ein Seitental der Mosel in die Eifel, etwas mehr als zwölf Kilometer immer entlang des Eltzbachs. Das große Finale der Wanderung ist die vielleicht schönste Burg Deutschlands, die Burg Eltz. Ihre weltberühmte Silhouette zierte den 500-DM-Schein und einige Briefmarken und macht heute als einer der Instagram-Hotspots Werbung für Deutschland. Nachdem man lang durch die Wälder gewandert ist, taucht dieser Inbegriff deutscher Burgenromantik urplötzlich vor einem auf. Nicht etwa auf einem Bergrücken, sondern in einem Tal. Die versteckte Lage in den Wäldern liefert den Grund, warum die Burg heute noch steht. Als eine der wenigen deutschen Burgen wurde sie nie zerstört. Ihre markante Form ist der Tatsache geschuldet, dass es sich um eine sogenannte Ganerbenburg handelt. Durch Erbteilung bedingt, bildeten verschiedene Parteien eine Art Wohngemeinschaft: Unabhängig voneinander erweiterten sie die Burg, bauten aus Platzmangel auch kreativ in die Höhe. Erker und Türmchen entstanden und formten aus der Burganlage ein verspieltes Bauwerk. Beim Rundgang lassen sich 850 Jahre Kulturgeschichte erleben. Das älteste Renaissancebett Deutschlands von 1525 und eine seit dem Mittelalter unveränderte Küche vermitteln ein unverfälschtes Bild des Burgalltags.

## MUTPROBE GEIERLAY

Das Dorf Mörsdorf im Hunsrück hat sich zu einem echten Besuchermagneten entwickelt. »Schuld« ist die Geierlay, die längste Hängeseilbrücke Deutschlands: 100 Meter hoch,

**TIPP**

### Ayurveda im Schloss

In Traben-Trarbach locken Mosel, Altstadt und Weinlokale. Einmalig ist allerdings der Besuch im Ayurveda Parkschlösschen, dem einzigen Hotel in Deutschland, das sich gänzlich der fernöstlichen Heilkunst verschrieben hat. Im schönen Anwesen des Fünf-Sterne-Hotels dreht sich alles um Ayurveda – von vegetarischer Ernährung über Behandlungen wie Massagen und Stirngüsse bis zu den Yogastunden.

www.ayurveda-parkschloesschen.de

02

360 Meter lang – die Zahlen auf dem Papier sind beeindruckend, doch nichts im Vergleich zu dem Gefühl, wenn man selbst über der Schlucht steht. Rund anderthalb Kilometer muss man einem Feldweg folgen, dann ist der Moment der Mutprobe gekommen. Das Überqueren der Hängeseilbrücke erfordert Schwindelfreiheit. Das Wackeln ist ungewohnt, der Blick in die Tiefe wortwörtlich atemberaubend. Doch die Nervosität schwindet mit jedem Schritt. Das Schwanken bringt jetzt mehr Spaß als Angst und hoch oben über den Bäumen ist die Aussicht einfach nur spektakulär.

*Im 18. Jahrhundert begaben sich viele britische Adlige auf Grand Tour. Um ihrer Bildung den letzten Schliff zu geben, reisten sie nach Italien oder Frankreich, um bedeutende Kunstwerke, Bauten und Denkmäler zu studieren. In Deutschland setzten Künstler den Trend und entdeckten den Mittelrhein als Ziel ihrer Träume. Dem Adel wie den Künstlern reisten die Bürger hinterher und bescherten dem Rhein eine touristische Blütezeit. Seine Faszination ist bis heute ungebrochen. Noch immer kommen Touristen aus aller Welt, um das Flusstal mit seinen Burgen und romantischen Weinorten zu bewundern.*

### DIE REINE ROMANTIK

Der Begriff Oberes Mittelrheintal umfasst die 67 Flusskilometer lange Strecke von Bingen stromabwärts. Vorbei an Bacharach, St. Goar und vielen anderen Orten geht es bis nach Koblenz zum Deutschen Eck. Der Rhein hat sich imposant durch das Schiefergebirge gegraben. Heute schippern Ausflugsdampfer an den Burgen und malerischen Burgruinen vorbei, die auf den Hügeln wachen. Dichte Wälder wechseln sich mit steilen Weinhängen ab. Seit 2002 steht das Obere Mittelrheintal auf der UNESCO-Welterbeliste, trotz der IC-Trasse am Ufer. Die berühmtesten Orte wie die Drosselgasse in Rüdesheim oder das von Victor Hugo als eine der »schönsten, angenehmsten und unbekanntesten aller Städte der Welt« beschriebene Bacharach sind meist von Rollkoffertouristen bevölkert; auch Boppard mit dem Römerkastell oder St. Goarshausen am berühmten Loreleyfelsen. Unbekannt ist hier nichts mehr, doch wer sinnvoll plant und Wochenenden, Feiertage und Ferien meidet, erliegt noch immer dem Bilderbuchcharme des Mittelrheins. Rheinromantik pur!

01

# Oberes Mittelrheintal

## TAL IM TREND

Steile Klippen, dramatische Felsen, ein Fluss der sich mit dramatischer Strömung durch das tiefeingeschnittene Tal windet – das wilde Mittelrheintal erstrahlte zwar schon immer in landschaftlicher Schönheit, doch erst mit den Romantikern kam die große Begeisterung auf. Am Mittelrhein fand man keine kultivierte Natur oder von der Industrie veränderte oder zerstörte Landschaften vor, sondern das Unverfälschte und Ursprüngliche, nach dem sich die Maler und Dichter sehnten. Raue Landschaften mit einsamen Burgruinen, das war es, was auch das Publikum sehen wollte. Das 1801 von Clemens Brentano veröffentlichte Gedicht »Zu Bacharach am Rheine« schuf den wohl berühmtesten Rheinmythos – die Geschichte der schönen Loreley. Brentano löste damit einen regelrechten Hype aus. Zahlreiche Künstler bereisten das wildromantische Rheintal und ließen sich hier zu ihren Werken inspirieren. William Turner, Richard Wagner, Heinrich Heine, Victor Hugo, Lord Byron und viele andere läuteten so die Rheinromantik ein und setzten nebenbei einen Tourismus ungeahnten Ausmaßes in Gang. Bereits Mitte des 19. Jahrhunderts sollen jährlich rund eine Million Menschen auf Aussichtsschiffen durch das Tal gefahren sein.

## MÄRCHEN AUS URALTEN ZEITEN

Was Romantiker genauso begeistert wie dramatische Landschaften sind Sagen und Legenden. Je düsterer und tragischer, desto besser! Die Loreley-Geschichte handelt von einem

**01 REBENSAFT**
Im Winzerort Rüdesheim dreht sich alles um den Wein.

**02 FEMME FATALE**
Die Loreley brachte so manchen Kapitän um den Verstand.

02

**DRACHENFELS**
Schloss Drachenburg
und Ruine Drachenfels
im Rheinnebel.

01

02

Mädchen, das auf dem schroffen Rheinfelsen sitzt und ihr langes blondes Haar bürstet. Dabei singt sie eine Melodie vor sich hin, so bezaubernd, dass die Kapitäne allesamt zu ihr nach oben schauen, statt den Fluss im Auge zu behalten. Zahlreiche Schiffe zerschellten, so will es die Sage.

Schon immer war der Felsen bei Schiffsleuten gefürchtet. Ein eigenartiges Echo, gefährliche Untiefen am windungsreichen und engen Flussverlauf machten den markanten Felsen zur gefährlichsten Stelle des Rheins, die einige Todesopfer forderte. Von oben an der Felsterrasse spielen heute die Besucher Loreley und schauen auf die Rheinmäander. 2019 eröffnete ein barrierefreier Kultur- und Landschaftspark, der ihnen den Mythos, aber auch das Naturdenkmal näherbringt. Die Freilichtbühne Loreley ist einer der schönsten Veranstaltungsorte am Mittelrhein.

**TIPP**

**Kloster auf Zeit**

Abschalten, ausspannen, zu sich kommen: Eine Auszeit im Kloster entschleunigt und verschiebt den Fokus. Wer es mit ein paar Schnuppertagen probieren will, ist im Kloster Arenberg bei Koblenz in guten Händen. Bei Morgenandacht und Spaziergängen durch den Klostergarten fallen Stress und Sorgen ab. Die moderne Anlage bietet verschiedene Auszeiten wie Tage der Stille oder Tages-Time-Outs an.

www.kloster-arenberg.de/angebote

## WEINLAND MITTELRHEIN

Das Makroklima mit vielen Sonnenstunden und wenig Regen gleicht dem französischen Burgund. Schon die Römer wussten das Klima zu nutzen und pflanzten Weinreben an den Hängen. Heute dominieren den Weinbau am Mittelrhein zumeist kleine, private Weingüter, bei denen Anbau und Ausbau in einer Hand liegen. Oft sind die Weine nur direkt über die Winzer zu beziehen.

Etwa 85 Prozent der Rebflächen sind mit weißen Rebsorten bestockt. Neben dem dominierenden Riesling werden Spätburgunder, Rivaner und Weißburgunder angebaut. Wer sich selbst von der Spitzenqualität überzeugen will, und das sollte man definitiv, kehrt beim nächsten Winzer für eine Weinprobe ein. Auch regelmäßig stattfindende Weinwanderungen lohnen sich – für den Kopf, der viel Wissenswertes erfährt, für den Körper, der sich in der schönen Landschaft bewegt, und auch für den Gaumen …

## AKTIV AM RHEIN

Mitten durch die Weinberge führt der Rheinsteig, einer der bekanntesten Fernwanderwege in Deutschland. Zwischen Bonn, Koblenz und Wiesbaden geht es auf 320 Kilometern rechtsrheinisch bergauf und bergab. Schmale Wege führen durch Wälder und Rebhänge, vorbei an den Burgen und Schlössern am Rhein. Die Aussichten entschädigen für die anspruchsvollen Aufstiege. Mal fällt der Blick auf Bergtäler und stille Wälder des Siebengebirges, dann auf die schroffen Felsen und den Rhein im Mittelrheintal oder auf die Hügel der angrenzenden Mittelgebirge Westerwald, Hunsrück, Taunus und Eifel.

**01 FLUSSKREUZFAHRT**
Rheinromantik ohne Flussfahrt? Für Besucher fast undenkbar.

**02 FERNHANDEL**
Pfalzgrafenstein diente Ludwig dem Bayern als Zollburg.

*Der Odenwald hat schon immer die Fantasie angeregt. Kaum eine Landschaft ist reicher an Legenden als das Mittelgebirge zwischen Oberrheinischer Tiefebene, Main und Kraichgau. Nibelungen, Freischütz oder Riesen – in den Schluchten und Geröll-Landschaften werden viele Sagenfiguren lebendig. Der Limes zeugt noch heute vom römischen Einfluss. Schlösser und gepflegte Altstädte zeigen die liebliche Seite des Odenwalds.*

02

### SAGENHAFTES FELSENMEER

Das fängt ja schon blutig an: Hagen von Tronje soll im Odenwald Siegfried gemeuchelt haben, den Helden der Nibelungensage. An welcher Quelle genau, ist umstritten. Märchenhaft ist auch das Felsenmeer in Lautertal-Reichenbach, in der sich zwei Riesen mit Steinbrocken be-

worfen haben sollen. Drachen oder Zwerge, Siegfried oder Hagen, in der surrealen Felsen-welt kann man sich alles vorstellen. Wahr-scheinlicher, als dass die beiden Riesen die Landschaft gestalteten, ist es, dass hervorquel-lendes Magma, das sich im Laufe der Zeit zu Quadern formte, das Felsenmeer bildete. Die Römer nutzen es als Steinbruch und bauten mit Steinsägen und Keilen Gestein ab. Rund 200 Jahre bedienten sie sich am Fels und hinterlie-ßen mehr als 300 bearbeitete Blöcke, etwa die Riesensäule aus dem 4. Jahrhundert n. Chr. Sie ist über neun Meter lang und wiegt 27,5 Tonnen. Noch bis in die 1970er-Jahre gab es hier Stein-hauerbetriebe. Das Geopark-Informationszen-trum widmet sich der Erdgeschichte des Geo-parks, der Entstehung des Felsenmeers, der römischen Geschichte und der Naturwerkstein-Industrie.

### SIEGFRIED AUF DER SPUR

Mitten durch das Felsenmeer führt der Nibe-lungensteig. Der 124 Kilometer lange Wander-weg, benannt nach dem wohl bekanntesten deutschen Nationalepos, beginnt in Zwingen-berg an der Bergstraße und endet in Freuden-

01 berg am Main. Dabei überwindet der Weg über 4000 Höhenmeter – es geht also immer wieder

hinauf und hinab. Der Nibelungensteig ist sicher eine der anspruchsvollsten Wanderstrecken im Odenwald. Neben geologischen Besonderheiten wie dem Felsenmeer warten auch naturräumliche und kulturhistorische Sehenswürdigkeiten auf die Wanderer. Bunte Ahornblätter oder blühende Streuobstwiesen, kleine Dörfer mit Fachwerkhäusern und so manches Lokal, das zu einer Einkehr mit typisch regionalen Gerichten verlockt, liegen am Weg. Ein Bier oder Apfelwein, dazu ein deftiger Odenwälder Handkäs' serviert mit Kümmel und »Musik«. Da sind die Strapazen schon fast vergessen.

## STEILE SCHLUCHTEN

Über gut 125 Kilometer vom Heidelberger Schloss nach Bad Wimpfen, vorbei an fünf Schlössern und 15 Burgen oder Burgruinen, geht es auf dem Neckarsteig durch Odenwald und Neckartal. Abenteuerlich wird es in der Margarethenschlucht. Der Pfad durch die 300 Meter lange Schlucht nahe Neckargerach führt über Stock und Stein und ziemlich steil bergauf. Dabei wechselt man so manches mal die Schluchtseite. Besonders heikle Strecken sind mit Seilen gesichert. Den Höhepunkt markiert die achtstufige Wasserfalltreppe, der höchste Wasserfall im Odenwald. Besonders im Winter ein ganz zauberhafter Anblick: Dann wirkt der vereiste Wasserfall fast wie eine Gletscherlandschaft im Hohen Norden. Nur fünf Kilometer flussabwärts öffnet sich hinter der Burg Zwingenberg aus dem 15. Jahrhundert eine weitere Schlucht, die Wolfsschlucht. Sie soll Carl Maria von Weber zur Oper »Der Freischütz« inspiriert haben. Wer hinaufklettern will, muss über umgestürzte Bäume und mitten durch den Bach, doch die wilde Natur und die Aussicht machen die Kletterpartie zu einem lohnenswerten und aufregenden Ausflug.

**TIPP**

### Zimmer in Orange

Unweit von Michelstadt, dessen spätgotisches Fachwerkrathaus an einem der schönsten Marktplätze Deutschland steht, befindet sich in Vielbrunn ein Hotel, das gänzlich aus der Zeit gefallen zu sein scheint. Im Parkhotel 1970 dreht sich alles um die 1970er-Jahre. Jedes Einrichtungsstück ist ein Original, vom Porzellanleoparden über die Mustertapeten bis zu den Platzdeckchen. Eine Zeitreise!

www.parkhotel-1970.de

03

**01 RUTSCHPARTIE**
Vorsicht: Bei Nässe wird es in der Schlucht rutschig.

**02 RIESENQUADER**
Für Kinder sind die Felsblöcke im Lautertal Spielplätze.

**03 AM WEGESRAND**
Die Ruine Stolzeneck liegt direkt am Neckarsteig.

*Ein Glas Weißwein vor sich, eine Handvoll Menschen am Tisch, etwas Deftiges zu essen auf dem Teller. So verbringen viele Pfälzer ihre Tage am liebsten. Sie seien fröhliche und gastfreundliche Leute, die gerne feiern und gut essen – das wird den Pfälzern oft nachgesagt. Wieso die Menschen hier so zufrieden scheinen? Bei dem mediterranen Klima, bei Pfälzerwald und Deutscher Weinstraße vor der Haustür lässt es sich gut leben. Die Pfalz ist vielleicht eine der gemütlichsten Regionen Deutschlands. Ob bei den Weinfesten oder mitten im Wald: Dem Pfälzer Charme ist man schnell erlegen.*

### WAHRE GENUSSLANDSCHAFT

Die Gebirgslandshaft Pfälzerwald ist zu 80 bis 90 Prozent mit Wald bedeckt und so groß, dass sie ein Drittel der ganzen Pfalz ausmacht und noch darüber hinausgeht: Das Natur- und Wanderparadies reicht über die Grenze und bildet das grenzüberschreitende Biosphärenreservat Pfälzerwald-Vosges du Nord. Kiefern, Furniereichen und Kastanien prägen das Bild des Pfälzerwalds. Dass das Gebiet im Mittelalter ein Zentrum des Heiligen Römischen Reiches Deutscher Nation war, belegen bis heute die vielen Burgen und Burgruinen, die bilderbuchmäßig auf den Bergkuppen stehen. Allen voran die Reichsburg Trifels, aber auch Burg Bergwartstein mit ihren unterirdischen Gewölben und das geschichtsträchtige Hambacher Schloss sind Wahrzeichen der Pfalz.

### SCHEUE WALDBEWOHNER

Wer im kühlen Schatten des Pfälzerwalds den Wegen folgt und sich ganz still verhält, hat die Chance, seine tierischen Bewohner kennenzulernen. Neben Wildschweinen und Rehen sind auch Raritäten aus der Tierwelt hier wieder heimisch. Der Luchs war längst ausgestorben, nun sind die Pinselohren zurück im Pfälzerwald. Die Stiftung Natur und Umwelt Rheinland-Pfalz kümmert sich mit Auswilderungsprojekten um die Wiederansiedlung der Tiere. Im Rahmen des Projekts sollen rund 20 Luchse

01

02

**01 PINSELOHR**
Die Luchse fühlen sich im Pfälzerwald wieder zu Hause.

**02 DIABOLISCH**
Der Teufelstisch regt seit jeher die Fantasie an.

**03 FELSENLAND**
In Dahn zeigt der Pfälzerwald seine schönste Seite.

# Pfälzerwald

aus den Karpaten und der Schweiz in die Pfalz kommen. Das Biosphärenreservat Pfälzerwald/ Nordvogesen hält viele Beutetiere und ein riesiges zusammenhängendes Waldgebiet bereit – genug Platz für den Nachwuchs und Erkundungstouren ins Nachbarland Frankreich.

In 250 Millionen Jahren haben Wind und Wetter hier den bunten Sandstein geformt. Bizarre Strukturen und markante Türme entstanden, die gelb und rot, aber auch manchmal grünlich oder violett schimmern. Dazwischen stehen die Burgen der Ritter und Raubritter, die die Wanderer in vergangene Zeiten versetzen.

## DAHNER FELSENLAND

Mitten im Pfälzerwald an der Grenze zum Elsass gelegen, gehört das Dahner Felsenland zu den romantischsten und sagenhaftesten Landschaften Mitteleuropas. Die Berge erreichen zwar nur Höhen von 400 Metern, dafür verzaubern sie mit intensiven Farben und eigenartigen Formen, die auch Kletterer herausfordern.

## SAGENHAFTER TEUFELSTISCH

Die wohl bekannteste Felsformation im Dahner Felsenland ist der sogenannte Teufelstisch von Hinterweidenthal, auch Kaltenbacher Teufelstisch genannt. Man muss dieses Kuriosum der Natur einfach mal mit eigenen Augen gesehen haben. Der Teufelstisch ist zwar nicht der ein-

03

zige Tischfelsen des Pfälzerwalds, es gibt über 20 davon, doch dieser ist der größte und markanteste von allen. Unfassbare 284 Tonnen soll der einbeinige Tisch mit seiner mächtigen Platte wiegen. Der 14 Meter hohe diabolische Tisch schaffte es bei einer Umfrage sogar in die Top Ten der Naturwunder Deutschlands. Für Familien interessant: In der Umgebung des sagenhaften Felsens bietet ein Erlebnispark Attraktionen wie Riesenrutsche und Seilbahn. Wer den Teufelstisch erwandern will, startet am Erlebnispark und gelangt über schmale Pfade nach zehn Kilometern zum Naturdenkmal.

02

### FABELHAFTE PFALZ

Still sein und Augen auf: Mit etwas Glück begegnet einem auf der Wanderung vielleicht der berühmteste Bewohner des Pfälzerwalds, die Elwetritsch. Angeblich lebt der Nationalvogel im Schutz des Walds – erkennbar als eine Kreuzung aus Huhn, Ente und Gans, Kobold und Elfe. Manchmal tragen die Elwetritsche gar Geweihe. Wer nun seine Zweifel an der Existenz des Fabelwesens hat, sollte sich bevorzugt in Vollmondnächten auf die Jagd machen, dann stehen die Aussichten bei einer Elwetritsch-Jagd besonders gut. Oder man folgt einfach dem Dahner Elwetritsche-Lehrpfad und informiert sich dort über das Maskottchen der Pfalz.

### HOCH DIE SCHOPPEN!

Neben dem Wald ist der Wein das wichtigste Thema in der Pfalz. Es geht einfach nichts über en Schobbe Woi. An der Deutschen Weinstraße warten Winzerdörfer mit urigen Weinstuben und ambitionierte Jungwinzer, dazu kommt eine wunderschöne Natur und das unschlagbar milde Klima. Man nennt die Pfalz nicht umsonst die »Toskana Deutschlands«. Neben Wein wachsen dank der warmen Witterung und rund 1800 Sonnenstunden im Jahr auch Mandelbäume, Feigen, Esskastanien und sogar Exoten wie Kiwis und Zitrusfrüchte.

01

**01 BUNTSANDSTEIN**
Im Pfälzerwald wird schon seit über 100 Jahren geklettert.

**02 WEINSTRASSE**
Die Pfalz ist das zweitgrößte deutsche Weinanbaugebiet.

**03 WALDERLEBEN**
Im Pfälzerwald gibt es viele Ruheoasen zu entdecken.

01

02

Die Weinstraße ist gewissermaßen ein Gesamtkunstwerk. Auf 85 abwechslungsreichen Kilometern führt sie durch das zweitgrößte deutsche Weinbaugebiet. Vom Haus der Deutschen Weinstraße in Bockenheim bei Worms verläuft sie bis zum Deutschen Weintor in Schweigen-Rechtenbach an der Grenze zum Elsass.

### GENUSS AUS DEM DORF

Unter den bezaubernden Weinorten entlang der Weinstraße sticht St. Martin hervor. Im Ort geht es durch schmale Gassen, vorbei an Fachwerkhäusern und mit Weinranken bewachsenen Weingütern. Der Kropsbach plätschert fröhlich dahin. In den Winzerhöfen lässt man sich von der Vielfalt der Weine überzeugen und beim Spaziergang auf den Wingertsberg am Dorfrand, eine der wenigen Terrassen-Weinlagen der Pfalz, genießen Besucher am Haus am Weinberg eine tolle Aussicht. Kulinarisch ist in St. Martin mit mehr als 30 Gastronomiebetrieben einiges geboten. Die Pfalz, vor allem zwischen Oberrheinebene und Ludwigshafen, gilt als Gemüsegarten Deutschlands. Die Pfälzer »Grumbeere«, die Kartoffeln, sind die Grundlage zahlreicher Gerichte.

### RÖMISCHES WEINGUT

Dass der Wein mit den Römern in die Pfalz kam, ist bekannt. Aber nirgendwo hat man das besser vor Augen als im Bad Dürkheimer Stadtteil Ungstein. Hier befindet sich ein römisches Weingut, das 1981 freigelegt und teilweise restauriert wurde. Die Villa ist ein Teil des größten römischen Herrenhauskom-

plexes der gesamten Pfalz. Ganze 150 Meter soll die Front des Haupthauses lang gewesen sein. Die Außenanlage ist jederzeit frei begehbar, die Innenräume nur im Rahmen einer Führung. Beim »Weinfest an der Römerkelter« lässt sich das Weingut in Aktion erleben. Dann geben die Römer selbst einen Einblick ins spätantike Leben, natürlich mit Verkostung der regionalen Weine.

### PFÄLZER HERBST

Auch wenn die Weinstraße zu jeder Jahreszeit ihren Charme hat, beispielsweise im Frühjahr zur Mandelblüte, ist der Herbst wohl die schönste und beliebteste Reisezeit. Wenn die Weinernte den ersten Federweißen bringt, es überall nach Zwiwwelkuche und Maronen riecht, dann werden die Weinfeste gefeiert. Das größte ist der Bad Dürkheimer Wurstmarkt, kleinere und gemütlichere Feste finden in fast allen Gemeinden an der Weinstraße statt. Das bunte Laub der Weinstöcke und die satte Farbe des Walds erinnern dann an den Indian Summer – und die Einheimischen freuen sich über Besucher, um gemeinsam mit ihnen das hubbelige Dubbeglas zu leeren.

**01 WALDGEBIET**
Der Pfälzerwald macht ein gutes Drittel der Pfalz aus.

**02 AUSFLUGSZIEL**
Das Karlstal bei Trippstadt gilt als besonders romantisch.

*Wer von Ebernburg kommend auf der Brücke über die Nahe läuft, hat das spektakuläre Bild direkt vor Augen: die im Licht des Sonnenuntergangs rotglühende Steilwand. Der Rotenfels ist die größte Steilwand zwischen den Alpen und Skandinavien – und das mitten im beschaulichen Rheinland-Pfalz. Von der Nahebrücke aus hat schon der englische Maler William Turner den imposanten Anblick genossen und in Skizzen festgehalten. Den Namen Rotenfels erhielt das 200 Meter hohe Felsmassiv vom Vulkangestein Rhyolith, einem Porphyr-Gestein, das besonders intensiv in der Morgen- oder Abendsonne leuchtet.*

02

## ROTE WÄNDE UND GÖTTLICHE BERGE

Steile Felsen und die plätschernde Nahe, die einst Grenzfluss zwischen Preußen und Bayern war, macht die Lage Bad Kreuznach am Rande des Nordpfälzer Berglandes so idyllisch. Das genießen seit Jahrzehnten auch die Kurgäste, die sich in den Kurkliniken der Gegend erholen. Durch den Kurpark geht es von Bad Münster bis nach Bad Kreuznach immer am Fluss entlang. An den Salinen plätschert das Solewasser herab, was nicht nur ungemein beruhigend, sondern auch wohltuend auf die Atemwege wirkt. Kurz vor Bad Kreuznach passiert man die Übungsstrecke für Kanufahrer, die hier für die

01

# Nordpfälzer Bergland

Olympischen Spiele trainieren. In Bad Kreuznach angekommen, geht es über den Nachtigallenweg und durch den Kurpark direkt ins Warme: Entweder dreht man seine Runden im Thermalwasser der Curcenia Thermen oder man besucht die Saunen im Bäderhaus. Ein Abstecher in die Altstadt führt zum Wahrzeichen der Stadt, den Brückenhäusern auf der Alten Nahebrücke. Da im Mittelalter die Altstadt aus allen Nähten platzte, baute man zwischen 1480 und 1600 kurzerhand, aber illegal auf der Brücke weiter, die Teil der Stadtmauer war.

**01 HISTORISCH**
Brückenhäuser und Römerspuren gibt es in Bad Kreuznach.

**02 POTZBERG**
Im Wild- und Naturpark kommt man Greifvögeln ganz nah.

**03 STEILWAND**
Durch die Weinreben kann man sich dem markanten Rotenfels nähern.

## WANDERN DURCH DIE WEINREGION

Neben den Strecken mit Blick auf den Rotenfels existiert auch ein Höhenweg auf der Felsklippe. Ein zehn Kilometer langer Weg führt zunächst am Fuß der Steilwand entlang, bis es bei Norheim an den Weinreben in Serpentinen hoch aufs Bergmassiv geht. Oben angekommen, ist man auf Blickhöhe mit der gegenüber thronenden Ebernburg, deren einstiger Besitzer Franz von Sickingen ein glühender Anhänger der Reformation war. Am anderen Ufer ist die Ruine Rheingrafenstein über der Nahe zu erkennen. Kein Zweifel: »Wild romantisch« ist der passende Ausdruck für das Nahetal. Zurück am Flussufer wartet als Belohnung ein Besuch in einer der urigen Weinstuben. Schließlich befindet man sich zwischen Hunsrück, Rheinhessen und dem Nordpfälzer Bergland in einer Weinregion, und der Nahe-Wein muss verkostet werden!

03

## KUNST AUS STEIN

Wer sich für aktuelle Kunst interessiert, sollte einen Besuch in Ebernburg bei der Kubach-Wilmsen Fondation einplanen. Das Bildhauerpaar Wolfgang Kubach und Anna Kubach-Wilmsen hat ein beeindruckendes Œuvre geschaffen. Nach dem Tod ihres Mannes eröffnete Anna Kubach-Wilmsen 2010 das vom japanischen Stararchitekten Tado Ando geplante Skulpturenmuseum in Rotenfels. Den Grundstock des weltweit einzigen zeitgenössischen Steinskulpturenmuseums bilden 65 Werke. Der 15 000 Quadratmeter große Park bietet zwischen den Skulpturen reizvolle Blicke auf das Nahetal, den Rotenfels, die Ebernburg, Norheim und Rheingrafenstein.

02

## BEI THOR!

»Donars Berg«, benannt nach dem germanischen Wettergott, ist mit 687 Metern die höchste Erhebung der Pfalz. Sie bietet viele Möglichkeiten für abwechslungsreiche Familienwanderungen im Sommer und schöne Hänge für winterliche Schlittenfahrten. Der Berg mit dem breiten Hochplateau zieht die Menschen seit Jahrhunderten an: Fundstücke aus keltischer Zeit erinnern an die frühe Besiedlung. Auch ein Teil der keltischen Ringwallanlage, die 150 v. Chr. auf dem Donners-

berg errichtet wurde, lässt sich heute noch besichtigen. Die fünf Burgen ringsum, von denen heute nur noch Ruinen stehen, zeugen von der strategischen Bedeutung des Bergs. Auch ein aus einer Einsiedlerkapelle entstandenes Kloster befand sich in den Wäldern des Donnersbergs. Aus neuerer Zeit stammt eine Funkstation der US Army. Sie war die größte Funkstation Westeuropas und hatte nicht nur im Kalten Krieg eine wichtige Funktion, sondern war auch maßgeblich an der Fernsehübertragung der Mondlandung 1969 in Deutschland beteiligt.

## PFÄLZER HÖHENWEG

Die Wanderwege auf den Donnersberg führen an den Pfaden des Pfälzer Höhenwegs entlang. Die knapp 114 Kilometer lange Strecke verläuft in sieben Etappen quer durch das Bergland: von Winnweiler nach Dannenfels, weiter nach Bastenhaus und Rockenhausen in Richtung Alsenz. Dabei passiert der Weg Burgruinen und erreicht die kleinste Stadt der Pfalz, Obermoschel. Hinter Meisenheim endet der Höhenweg schließlich in Wolfstein. Die Etappe am

01

Donnersberg ist schweißtreibend. Doch oben angekommen, wartet einer der schönsten Blicke der gesamten Wegstrecke. Vorbei am Ludwigsturm und dem ehemaligen US-Sendemast geht es zum imposanten Adlerbogen an der Ostflanke des Donnersbergs. Das restaurierte Denkmal wurde 1880 zu Ehren von Generalfeldmarschall Helmuth von Moltke (1800–1891) errichtet. Er hatte die Pfalzgrenzen im Deutsch-Französischen Krieg (1870/71) sichern lassen. Mutige stürzen sich von der Plattform über dem Adlerbogen mit Gleitschirmen und Drachenfliegern in die Tiefe.

**01 STEINMASSEN**
260 Millionen Jahre ist das Massiv aus Ryolithgestein alt.

**02 KLIPPENWEG**
Die Wanderung über den Rotenfels führt zur Klippe.

**03 MASSIV**
Rheingrafenstein – so heißen Berg und Burgruine.

**TIPP**

**Burg mit Box**

Eine besondere Übernachtungsmöglichkeit hält die Ebernburg bereit: Im Sleeperoo, einer Art Schlafbox im Burghof, genießt man Outdoorfeeling und Komfort gleichermaßen. Der Cube von Sleeperoo sieht ein bisschen aus wie ein Ufo – der Kontrast zu den Gemäuern der Burg ist gelungen. Eine Snackbox mit Knabberkram und Wein verschönert den Abend.

www.sleeperoo.de

03

*Zwischen bewaldeten Bergrücken bildet die Saar einen perfekten Halbkreis. Statt den kurzen Weg zu wählen, macht der Fluss hier einen Umweg von fast zehn Kilometern und beweist eindrucksvoll, dass Schlenker oft viel schöner sind als die Direttissima. Im Laufe von Jahrmillionen hat sich die Saar durchs Gestein gearbeitet und eine bewundernswerte Flusslandschaft geformt – und nebenbei das Wahrzeichen des Saarlands.*

02

## SCHÖNER SCHLENKER

Der erste Anlaufpunkt, um die Saarschleife in ganzer Pracht zu bewundern, ist für die meisten Besucher die Aussichtsplattform Cloef. Vom Cloefer Balkon hat schon so mancher berühmte Gast die Saarschleife betrachtet. Selbst der preußische König Friedrich Wilhelm IV. war 1856 entzückt von der herrlichen Aussicht. Heute lassen sich von hier die Manöver der Binnenschiffe und das satte Grün der dichten Wälder bewundern. 180 Meter über dem Fluss bietet der Felsvorsprung mit seiner kleinen Plattform einen idealen Aussichts- und Fotospot. Die Saarschleife beginnt kurz hinter Besseringen, einem Stadtteil von Merzig, und endet in Mettlach. Auf dem Berg innerhalb der Schleife liegen die ehemalige Klosterkirche St. Gangolf und die Burgruine Montclair in dichten Wäldern.

## BAUMWIPFELGLÜCK

Noch eine Spur spektakulärer als von der Plattform fällt der Blick vom Turm des Baumwipfelpfads aus. In einer Höhe von bis zu 23 Metern windet er sich über die Kronen von Buchen, Eichen und Douglasien in Richtung Saarschleife. Der Waldwipfelweg ist barrierearm konzipiert und bietet ein paar kurzweilige Lern- und Erlebnisstationen. Nach 1250 Metern wartet der durchaus wörtlich gemeinte Höhepunkt des Baumwipfelpfads, der Aussichtsturm in 42 Metern Höhe. Von hier aus gibt es den allerschönsten Blick auf die Saarschleife. Die Sicht, die bei gutem Wetter bis zu den Vogesen in Frankreich reicht, ist spektakulär.

01

# Saarschleife

## ORT MIT TIEFEM FALL

Wie wäre es mit einem Ausflug in die Umgebung? Das Städtchen Saarburg liegt hübsch eingebettet zwischen Weinbergen und Wäldern und gefällt durch seine historische Ortsmitte. Pittoreske Fachwerkhäuschen stehen neben Brücken, die über den Leukbach führen. Was man in einem Städtchen wie diesem wohl kaum erwartet: Hier rauscht ein 20 Meter hoher Wasserfall mitten in der Altstadt am Buttermarkt! Er gilt als größter innerstädtischer Wasserfall Europas. Über dem Städtchen thront die namensgebende Saarburg. Oder besser gesagt, das, was von der im 17. Jahrhundert zerstörten Burg übrig geblieben ist. Der Panoramablick auf Saar und Stadt lohnt den Aufstieg.

## WANDER-SAARLAND

Rings um die Saarschleife gibt es eine ganze Reihe von Wanderwegen. So zum Beispiel den vor Jahren als bester deutscher Fernwanderweg zertifizierten Saar-Hunsrück-Steig. Der 410 Kilometer lange Weg beginnt in Perl an der Mosel, streift Idar-Oberstein und führt bis nach Boppard am Rhein. Wer nicht ganz so ambitionierte Ziele verfolgt, kann auch entlang der Saarschleife wandern gehen. Auf 16 Kilometern führt die Saarschleife-Tafeltour über abwechslungsreiche Wege entlang der Burg Montclair und zum Aussichtspunkt Cloef. Teil der Wanderung ist eine Fährfahrt über die Saar. Mit einer Glocke kann die Fähre namens »Welles«, herbeigerufen werden. Durch das Steinbachtal verläuft die Route über Holzbrücken und vielen Treppenstufen immer nach oben. Im Wald ist es herrlich still und schattig. Das Wegsymbol ist eine Kochmütze – wer wandert, muss schließlich auch zünftig einkehren.

### TIPP

### Traumhafter Abgrund

Eine außergewöhnliche Kulisse trifft auf eine außergewöhnliche Unterkunft: Im Cloefhänger befindet sich der Schlafplatz zwischen den Bäumen in gut zwei Metern Höhe. Doch das ist nicht alles: Das Bett schwebt nah an der Kante der Saarsteilhänge. Wenn die Dunkelheit hereingebrochen ist, zeigt sich über dem schwebenden Nachtlager der Sternenhimmel. Eine Unterkunft für Abenteurer und Romantiker.

www.cloefhaenger.com

03

**01 SAARBURG**
Dies ist der einzige innerstädtische Wasserfall Deutschlands.

**02 SAARSCHLEIFE**
Der berühmte Blick auf die Saar vom Cloefer Balkon.

**03 AUSSICHTSTURM**
Für die schönsten Ausblicke muss man hoch hinauf.

**SAARANSICHT**
Die Saarschleife im
aufsteigenden Nebel.

# Zwischen höchsten Gipfeln und kristallklaren Bergseen

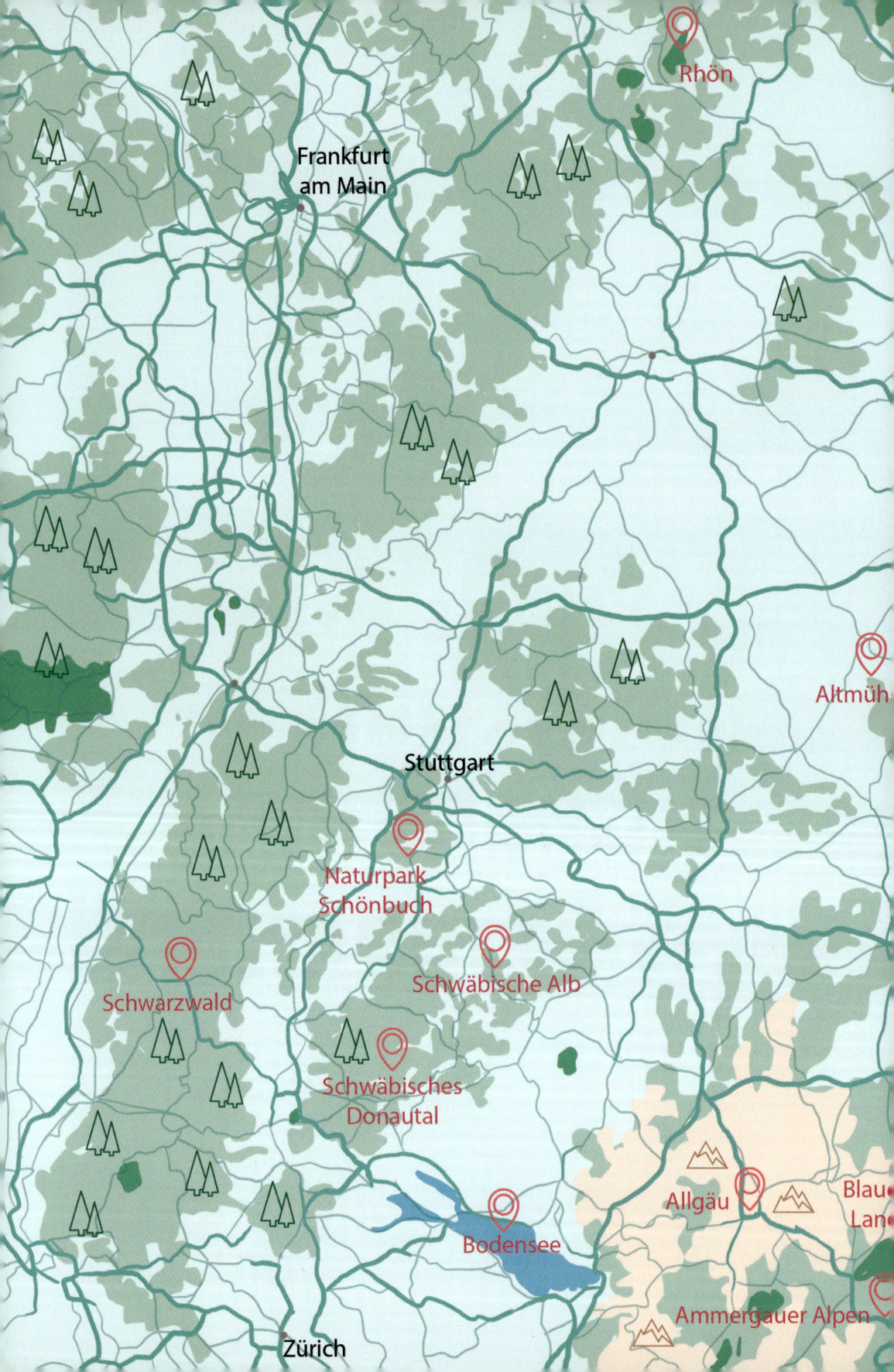

Rhön

Frankfurt
am Main

Altmüh

Stuttgart

Naturpark
Schönbuch

Schwäbische Alb

Schwarzwald

Schwäbisches
Donautal

Allgäu

Blau
Lan

Bodensee

Ammergauer Alpen

Zürich

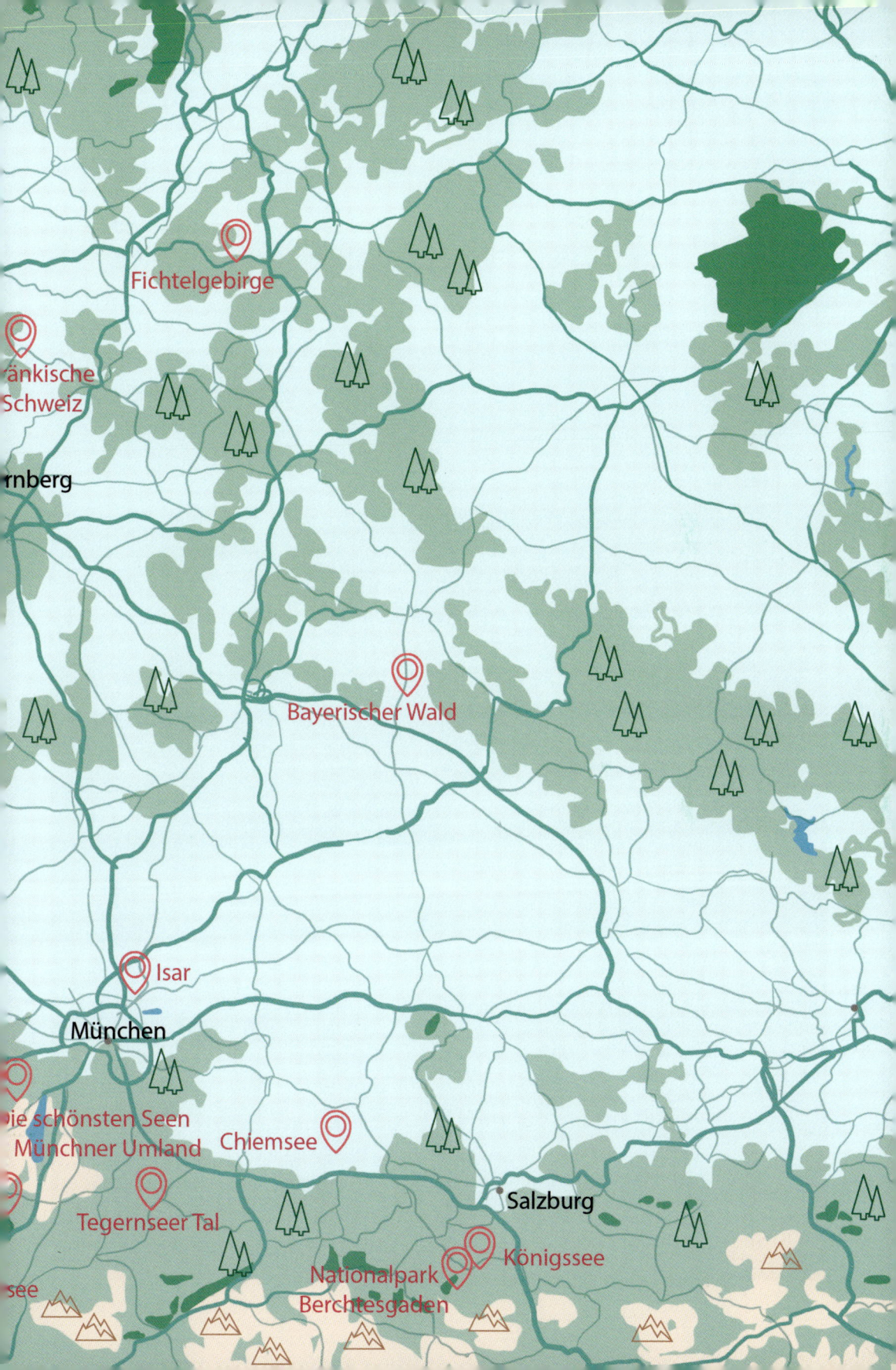

Fichtelgebirge

Fränkische
Schweiz

rnberg

Bayerischer Wald

Isar

München

Die schönsten Seen
Münchner Umland

Chiemsee

Tegernseer Tal

Salzburg

see

Königssee

Nationalpark
Berchtesgaden

01

# Rhön

*Die Nacht ist mondlos. Stattdessen erleuchten Abertausende Sterne den Himmel, und die Milchstraße zieht sich wie ein breiter Pinselstrich über eine schwarze Leinwand. Die Landschaft ist in so tiefes Schwarz gehüllt, dass man kaum die Hand vor Augen sieht. Als dünn besiedelte Region gilt die Rhön als perfekter Ort, um den Nachthimmel zu betrachten. Im Sternenpark Rhön und von speziellen Sternenguckplätzen gibt es die beste Aussicht. Zusammen mit einem kundigen Naturführer lassen sich bei einer Nachtwanderung die Himmelserscheinungen mit astronomischem Hintergrundwissen verknüpfen.*

Fokus. Neben dem Blick zum Himmel, lohnt sich auch die bodennahe Betrachtung. Denn jetzt sind auch die nachtaktiven Bewohner des Biosphärenreservats wie Feuersalamander, Haselmaus, Wildkatze oder – in der Luft – das Große Mausohr unterwegs. Wer auf eigene Faust auf Sternentour gehen will, ist in den Sternenparkgebieten mit Himmelschauplätzen und Beobachtungsplattformen wie Hohe Geba, Lange Rhön und in der Umgebung der Schwarzen Berge am besten aufgehoben. Doch egal, wo man sich bei Dunkelheit in der Rhön befindet, ein Blick nach oben lohnt sich immer.

### DEM HIMMEL SO NAH

Die Dunkelheit ist ihr großes Kapital: Zwar im Zentrum von Deutschland gelegen, aber dünn besiedelt, fällt die künstliche Helligkeit bei Nacht in der Rhön minimal aus. Mit der Auszeichnung des UNESCO-Biosphärenreservats Rhön zum »Internationalen Sternenpark« im Jahr 2014 bekennt sich die Region zum Schutz von Nachtlandschaften, indem sie öffentliche Beleuchtungen optimiert, also etwa Strahlung nach oben eindämmt, und warmweißes Licht statt solches mit hohem Blauanteil verwendet. Die Dunkelheit ist nicht nur für Sternenbeobachter wichtig, sondern als Gegensatz zum Tag ein Taktgeber und notwendiger Aspekt eines funktionierenden Ökosystems für Mensch und Tier.

### NACHTS UNTERWEGS

Bei nächtlichen Führungen durch den Sternenpark widmen sich zertifizierte Sternenguides den Himmelskörpern wie dem Polarstern, den Sternbildern oder Planeten, die je nach Jahreszeit und Witterung am Firmament zu sehen sind. Falls einmal keine klare Sicht herrscht, stehen allgemeine Themen zum Weltall im

### LAND DER OFFENEN FERNEN

Doch das Mittelgebirge Rhön verdient nicht nur bei Nacht Beachtung, auch im Hellen begeistert die Landschaft im Dreiländereck Bayern, Hessen und Thüringen. Die dünn besiedelte Region ist karg und von unbewaldeten Kuppen geprägt, von steilen Bergen und einsamen Hochebenen. Ein wenig düster wirken die Hochmoore. Vulkanisches Gestein und ein raues Klima verleihen

02

**01 RIESE MILS**
Die Milseburg wurde nach dem sagenhaften Riesen benannt.

**02 WILDBLUMEN**
Die Wiesen der Wasserkuppe halten kleine Schätze bereit.

der Rhön den kernigen Charakter. Statt Wäldern gibt es in der Rhön Wiesen und Weiden und somit fast immer einen Blick ins Weite. Das »Land der offenen Fernen« – so wird die Rhön nicht grundlos genannt. Das Biosphärenreservat gilt heute als Musterbeispiel für sanften Tourismus. Keine Menschenmassen, keine Touristen-Hotspots, sondern Stille und Einsamkeit prägen die Naturerfahrung.

02

### MOORE VOLLER LEBEN

Die stillen Moore passen da besonders gut ins Bild. Sie mögen düster, gar schaurig wirken, doch in erster Linie sind Moorlandschaften idealer Lebensraum für Libellen, Amphibien oder die in der Rhön beheimateten, schimmernd blauen Birkhühner, die sonst in der Taiga oder den Alpen leben. Wenn man das Rote oder Schwarze Moor auf Bohlenpfaden durchquert, kann man mit Glück ihre gurrenden Rufe hören.

Auf offenen Bergkuppen und Magerwiesen wachsen Wollgras und Sonnentau, Birken und Sal-Weiden. Im Schwarzen Moor gedeiht die Karpatenbirke, die sonst nur in der Taiga vorkommt. Das eher karge Land blüht im Sommer wortwörtlich auf. Dann sprießt die Heide und übersät die Landschaft mit Millionen lila Blüten.

### HEILIGER KREUZBERG

Der Kreuzberg gilt als der bekannteste Berg der Rhön und als beliebtes Ausflugsziel. Mit 928 Metern ist er nach der Wasserkuppe und dem Dammersfeld der dritthöchste Gipfel der Rhön. Seit Jahrhunderten bietet das Franziskaner-Kloster unterhalb der Kuppe Pilgern und Wanderern Station. Auch heute finden regelmäßig Wallfahrten zum Heiligen Berg der Franken statt. Mit Kirche, Übernachtungsmöglichkeiten, Klosterbrauerei und Gaststätte ist man gut auf Besucher eingestellt. Vom Kloster aus führt der Kreuzweg zu den drei Golgotha-Kreuzen, dem Wahrzeichen des Kreuzbergs. Von hier oben bietet sich ein herrlicher Blick über die Rhön. Weniger aus religiösen, sondern eher aus sportlichen Gründen kommen die Mountainbiker auf den Berg. Vom Gipfel geht es rasant nach unten. Doch Vorsicht, die steilen »Kniebrecher«-Wege haben es in sich!

01 In der kalten Jahreszeit hat der Wintersport den Kreuzberg fest im Griff. Wenn genügend

Schnee liegt, werden die Loipen, Rodelbahnen und Abfahrtspisten rege von Einheimischen und Besuchern genutzt. Am Kreuzbergsattel gibt es sogar Skisprungschanzen!

## REVIERE FÜR GREIFVÖGEL

Reisende in der Rhön bemerken sie rasch: die Schatten am Himmel. Unzählige Greifvögel profitieren von der menschenleeren und waldarmen Gegend. Auf Wiesen und Feldern finden sie leicht kleine Nagetiere als Nahrung. Unter den Greifvögeln ist auch der Rote Milan, der gut am gegabelten Schwanz zu erkennen ist. Mehr als die Hälfte der weltweit vorkommenden Milan-Brutpaare lebt in Deutschland, rund 250 Paare in der Rhön. Das Biosphärenreservat setzt sich für die Vögel ein. Horstschutz sowie die Verbesserung der Lebensräume durch Aufstockung der Weiden und Wiesen gehören zu den Maßnahmen.

**TIPP**

### Völlig abgehoben

Die Wasserkuppe ist als Berg der Flieger bekannt und gilt als Wiege des Segelflugs. Die Fliegerschule Wasserkuppe wirbt damit, die älteste ihrer Art weltweit zu sein. Beim Rundflug mit dem Segelflieger, Motor- oder Ultraleichtflugzeug zeigt sich die Schönheit der Rhön aus der Vogelperspektive.

www.wasserkuppe.net/segelfliegen

**01 KRIEGSDENKMAL**
Auf der Wasserkuppe steht markant das Fliegerdenkmal.

**02 HÖLZERN**
Auf Holzbohlenwegen geht es durch das Hochmoor.

**03 DREILÄNDERECK**
Beim Schwarzen Moor treffen sich Bayern, Hessen und Thüringen.

03

*»Mittelpunkt des Fichtelgebirges Röslau« – die Inschrift auf dem Granit-Findling in Röslau macht klar, wo wir uns befinden. Doch der Ort ist nicht nur wegen der zentralen Lage interessant, sondern in erster Linie dank seiner Panoramasicht. Am sogenannten Zwölfgipfelblick bietet sich eine Rundumsicht auf alle zwölf Gipfel der Region. Das Fichtelgebirgs-Hufeisen versammelt die höchsten Gipfel Nordbayerns. Nirgendwo geht es höher hinauf als auf Schneeberg und Ochsenkopf. Sie dominieren mit über 1000 Metern Höhe die Landschaft.*

02

### DAS DACH DER FRANKEN

Von oben in die Ferne schauen: Heute gibt es dazu Aussichtsplattformen überall im Fichtelgebirge. Aussichtspunkte waren bereits im Mittelalter von großer Bedeutung. Wehrhafte Burganlagen wurden auf Gipfeln errichtet, von denen sich ein weiter Blick ins Land bot. Der Schneeberg ist mit 1051 Höhenmetern der höchste Berg Frankens und Nordbayerns. Einst standen hier Warttürme, die Signale an die nächsten Türme weitergaben, wenn Gefahr im Verzug war. Lange Zeit lag im nördlichen Gipfelbereich ein Militärstützpunkt. Davon zeugt der ehemalige Fernmeldeturm der Bundeswehr, heute steht er als Mahnmal an den Kalten Krieg. Seit Mitte der 1990er-Jahre ist der Schneeberg wieder komplett für Besucher zugänglich. Der beliebteste Aussichtspunkt ist das sogenannte Backöfele. Der hölzerne Aussichtsturm aus dem Jahr 1926 geht auf einen mittelalterlichen Wartturm zurück. Von hier aus bestand freie Sicht auf die Gipfel des Fichtelgebirges, in den Franken- und den Thüringer Wald, ins Erzgebirge und bis nach Tschechien.

### RAUE GIPFELNATUR

Das Hohe Fichtelgebirge mit den höchsten Gipfellagen umschließt als offener Gebirgswall aus Granit die Landschaft der Selb-Wunsiedler-Hochfläche in Hufeisenform. Diese Form führt zu klimatischen Unterschieden im Fichtelgebirge. Der westliche Teil und die Berge sind atlantisch geprägt mit hohen Niederschlagsmengen und kühlen Temperaturen. Das wind- und regengeschützte Innere Fichtelgebirge unterliegt kontinentalem Einfluss.
Auf den Gipfeln stehen lichte Nadelwälder. Die Felsregionen sind mit Flechten bewachsen. Abgestorbenes Totholz und Moose mit Schnecken und Insekten bieten einen ungestörten Lebensraum für Gartenschläfer. Wenn die

01

# Fichtelgebirge

Sonne die Steine erwärmt, sonnen sich auch Kreuzottern auf den Felsen. Nach dem Abriss der militärischen Anlagen entstand in den Bruchsteinhaufen neuer Lebensraum für die 50 bis 70 Zentimeter lange Giftschlange. Der Biss ist, anders als es das Vorurteil will, für einen gesunden, erwachsenen Menschen nicht lebensbedrohlich – zudem ist die Schlange äußerst scheu.

## WINTERFREUDEN

Die Landschaft muss man einfach im Winter gesehen haben! Den Gipfeln dieses Gebirges steht die weiße Winterdecke einfach besonders gut. Ob Schneeberg, Ochsenkopf oder Hempelsberg – das Fichtelgebirge ist eine hervorragende Wintersportregion. Abfahrtspisten, Skischulen, Loipen, Biathlonanlage, Rodelbahnen, Skisprungschanzen, aber auch Eishal-

len und Naturgewässer fürs Schlittschuhlaufen oder Eisstockschießen: Hier wartet die ganze Wintersportpalette. Keine Lust auf Pistengaudi? Um die Winterlandschaft in Ruhe auf sich wirken zu lassen, ist Schneeschuhwandern die beste Wahl. Bei solchen Touren geht es durch den Winterwald am Ochsenkopf oder durch den nördlichen Hochwald. Dabei warten immer wieder Ausblicke auf das verschneite Fichtelgebirge und seine Täler. Schneeschuhwanderungen oder Langlauf empfehlen sich als entschleunigte Varianten des Wintersports.

**01 AGILE KRIECHER**
Wer aufmerksam ist, kann flinke Schuppentiere erspähen.

**02 FROSTIG**
Im Winter kommt der raue Reiz der Landschaft zur Geltung.

**03 SCHNEESICHER**
Das Fichtelgebirge sorgt für Wintererlebnisse.

03

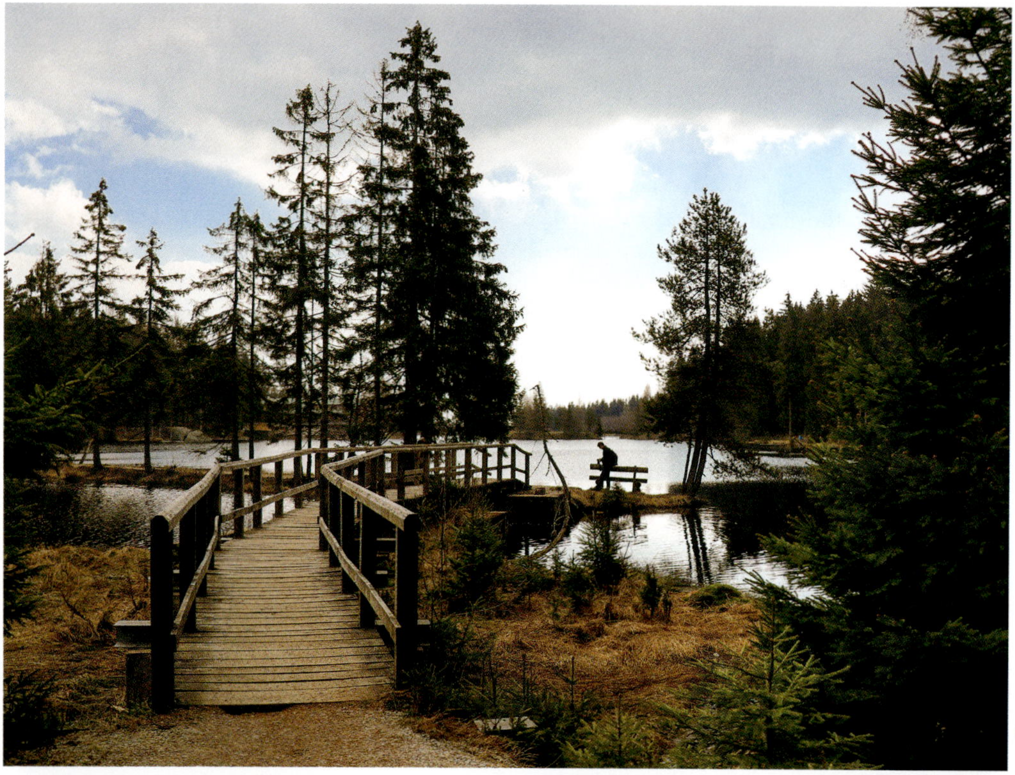

01

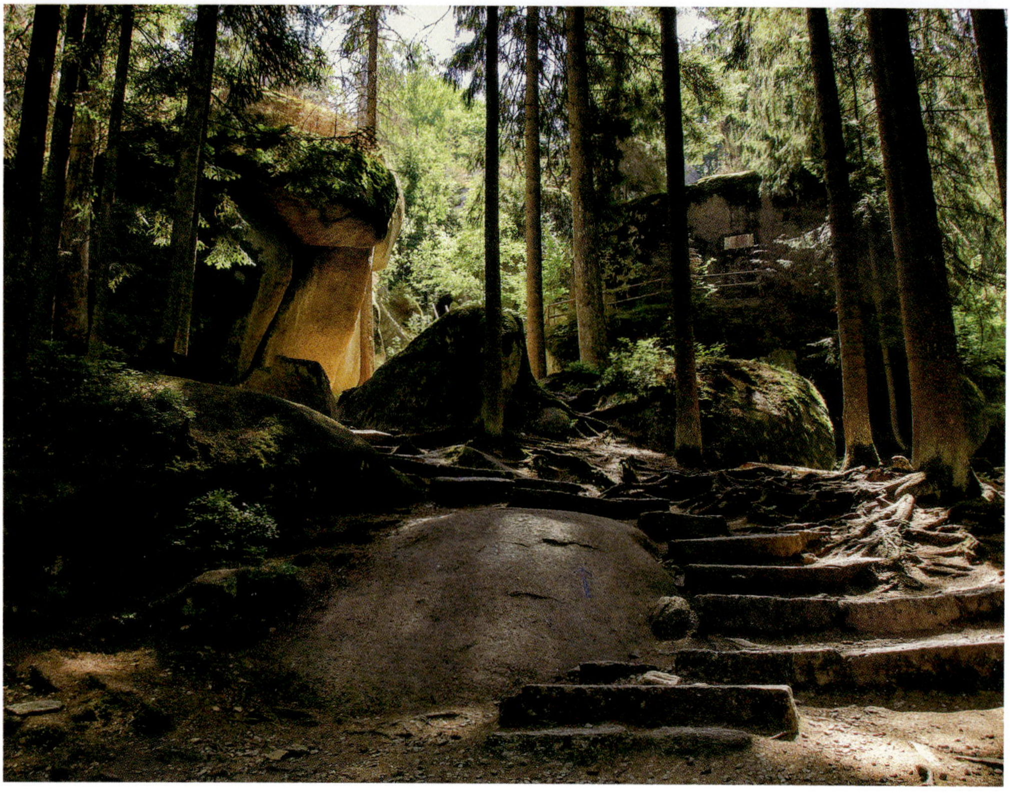

02

## FELSENLABYRINTH LUISENBURG

Das Felsenlabyrinth macht sprachlos. In schmalen Schluchten bilden gigantische Brocken ein wildes Meer aus Granitstein. Einst wurde die Gegend inmitten des Fichtelgebirges von den Bewohnern der Umgebung gefürchtet. Was musste hier vor sich gegangen sein, dass eine Landschaft solch dramatische Züge annimmt? Die Menschen konnten sich keinen Reim darauf machen. Heute ist es weniger Schrecken, sondern viel mehr Faszination, die die Besucher lockt. Mittlerweile weiß man, dass das über 300 Millionen Jahre alte Meer aus Granitsteinen nicht etwa durch Erdbeben oder ähnliche Katastrophen entstand, sondern dass Erosion und Verwitterung über ewige Zeiten hinweg die Landschaft formten. Instabile Blöcke verlagerten sich und schufen enge Spalten und steile Aufgänge. Festes Schuhwerk ist für die Erkundung unabdingbar, denn es geht über steile Treppen, enge Felsspalten und Geröll bis zum Gipfel – und auch wieder hinab.

## HEILSAMES MOORBAD

Im Fichtelgebirge gehören Moore zum Landschaftsbild. Zu den größten Moorgebieten Nordbayerns zählen das Zeitelmoos, die Häuselloh oder die unheilvoll klingende Torfmoorhölle bei Weißenstadt. Früher wurden viele Moore im Fichtelgebirge trockengelegt, weil der Torf als günstiges Brennmaterial diente.

**TIPP**

### Small is beautiful

Im Dörfchen Mehlmeisel ist aus einem ehemaligen Campingplatz mit über 17 000 Quadratmetern Grünfläche und 75 Stellplätzen eine Tiny-House-Community entstanden. Die Gemeinschaft bietet mit dem Tiny House Hotel auch die Möglichkeit, kurzzeitig im Wohnprojekt mitzuleben. Dafür stehen drei Minihäuser zur Verfügung.

www.tinyhousevillage.de

Heute weiß man um die große Rolle, die Moore für die Umwelt spielen. Sie sind nicht nur $CO_2$-Speicher, sondern auch wichtige Lebensräume für Tiere wie den seltenen Moorfrosch, dessen Männchen zur Paarungszeit blau schimmern. Sogar fleischfressende Pflanzen wachsen hier. Der Rundblättrige Sonnentau fängt mit seinen klebrigen Blättern Insekten.

Für Menschen hat das Moor eine gesundheitsfördernde Wirkung. Das Naturmoorbad in Fleckl hat nicht nur ein Schwimmer- und Kinderbecken, das mit Schwebstoffen durchsetzt ist, sondern auch eine Naturmoorfläche am Waldrand, die zum Baden im Moorwasser einlädt.

**01 STAUWEIHER**
Der Fichtelsee liegt zwischen Ochsenkopf und Schneeberg.

**02 LUISENBURG**
Das Felsenmeer aus Granitblöcken bildet ein Labyrinth.

**03 LEBENSRAUM**
Der Verlust von Feuchtgebieten gefährdet den Moorfrosch.

03

Die Fränkische Schweiz überwältigt mit geheimnisvollen Höhlen und wilden Felsen.
Ein Anblick fürs Herz sind Abertausende Kirschblüten und spätestens, wenn es gesellig wird, ist man verliebt in eine Region, in der Genuss zum Selbstverständlichsten auf der Welt gehört.

**EXPONIERTE LAGE**
Die Burgruine Neideck thront über dem Dorf Streitberg.

01

02

# Fränkische Schweiz

*Rauschende Bäche bahnen sich ihren Weg durch die Berge in die Täler, vorbei an Wiesen und Weinreben. Am Bachlauf steht eine Mühle, deren Wasserrad sich knarzend dreht. Auf einer Anhöhe, von Weitem schon sichtbar, thront eine Burg. Für den Betrachter verborgen, liegen Tausende von Höhlen im Inneren der Berge. Diese fossilen Zeugen der Vergangenheit durchlöchern das Karstgestein und bilden Unterwelten aus Tropfstein. Die Fränkische Schweiz gibt sich romantisch und ursprünglich – und sie hält eine Portion Abenteuer bereit. Es gibt also viel zu entdecken.*

### GANZ AUF GENUSS AUSGELEGT

Als Land der Burgen, Höhlen und nicht zu vergessen, der kulinarischen Genüsse, hat sich die Fränkische Schweiz längst einen Namen als Ferienregion gemacht. Zwischen Bamberg, Bayreuth und Nürnberg geht es mal in die Höhe zu mittelalterlichen Burgen und Schlössern oder ab in die Tiefe: Mit über 1000 Höhlen gilt das Gebiet als das felsen- und höhlenreichste in ganz Deutschland jenseits der Alpen. Drei der Höhlen sind touristisch erschlossen, die Tropfsteinhöhle Binghöhle bei Streitberg, die Teufelshöhle bei Pottenstein und die Sophienhöhle im Ailsbachtal.

### WO EINST MEER BRANDETE

Die ganze Vielfalt der Region zeigt sich bei Streifzügen durch den Naturpark Fränkische Schweiz-Frankenjura. Über 2000 Quadratkilometer dehnt sich die Mittelgebirgslandschaft aus, deren Ursprünge aus der Zeit stammen, als hier noch das Jurameer die Gegend bedeckte. Zahlreiche eindrucksvoll geformte Felsen legen davon Zeugnis ab: Mal streben sie schlank in die Höhe, mal sind sie zu Toren oder Nischen geformt. Zahlreiche Aktivitäten locken – es geht zu Fuß auf Hügel und durch Wälder, mit dem

Rad entlang der Wiesent, kletternd an den Felsen hinauf oder in die Welt unter Tage. In den unterschiedlichen Landschaftsausprägungen konnte sich eine besondere Pflanzen- und Tierwelt ausbreiten. Viele der hier ansässigen Lebensformen sind gar endemisch, kommen also ausschließlich in der nördlichen Frankenalb vor. Zu diesen »bayerisch-fränkischen Endemiten« gehören Unterarten der Mehlbeere und der Habichtskräuter.

### EIN MASSIV, ZWEI GIPFEL

Vielleicht klingt den Einheimischen »Ehrenbürg« zu streng. Lieber sprechen die Franken vom »Walberla«, wenn sie den Tafelberg bei Forchheim im Vorland der Fränkischen Schweiz meinen. Dabei besteht das Bergmassiv aus einer Doppelkuppe, dem 532 Meter hohen Rodenstein und dem 512 Meter hohen Walberla. Gekrönt wird der Zeugenberg, der durch unterschiedlich erodierende Gesteine

03

**01 FRANKENBERG**
Das Walberla mit Kapelle ist das Wahrzeichen der Region.

**02 ZEUGENBERG**
Schon die Kelten hinterließen auf dem Tafelberg Spuren.

**03 FRÜCHTCHEN**
Die kleinen Walderdbeeren sind süße Farbtupfer.

entsteht, von der Walburgis-Kapelle in der Mitte, sie stammt aus dem 17. Jahrhundert. Am ersten Sonntag im Mai wird auf der Hochebene des Walberla gefeiert. Dann findet das traditionelle Walberla-Fest statt. Es ist die Patronatsfeier zu Ehren der Heiligen Walburga und das älteste deutsche Frühlingsfest. Seine Wurzeln liegen wohl in einem heidnischen Opferritual zu Ehren des Gottes Wodan. Aufzeichnungen zu den Wallfahrten reichen bis ins 9. Jahrhundert zurück. Heute dreht sich alles um das gesellige Beisammensein. Wie man fröhlich feiert, wissen die Franken allemal.

## FRÄNKISCH-HANAMI

Kirschblüten sind der Inbegriff von Frühlingsromantik. Wer davon träumt, die Kirschblüte in ganzer Pracht zu sehen, muss nicht nach Japan reisen – wie so oft liegt das Gute überraschend nah. Ende April, Anfang Mai, also pas-

02

send zum Frühlingsfest, verwandelt sich das Gebiet ums Walberla in ein Blütenmeer. Dann blühen die Kirschbäume, die es hier in Hülle und Fülle gibt. Der Obstanbau ist traditionell verwurzelt und die Fränkische Schweiz eines der größten Kirschanbaugebiete Deutschlands. Im Frühjahr sind die Wanderungen um das Walberla mit Blick auf die blühenden Bäume mit Süßkirschen besonders eindrucksvoll. Wer mehr über den Obstanbau erfahren möchte, folgt dem Pretzfelder Kirschenlehrpfad, der auf neun Kilometern mit Schautafeln aufklärt. Nach einer Reifezeit von rund 60 Tagen werden die Früchte im Juni gepflückt. Dann kann man die Ärmel hochkrempeln und gegen Kost und Logis bei der Ernte helfen. Eine Arbeit, die zugleich anstrengt und erfüllt. Wer nach einem solchen Tag die zuckersüßen Früchte nascht, fühlt sich wie im siebten Himmel. Die lokalen Brennereien beweisen, dass die Kirschen, Äpfel, Zwetschgen und Birnen nicht nur frisch vom Baum schmecken, sondern auch in flüssiger Form. Die Edelbrände aus der Gegend gelten als besonders aromatisch.

**01 OHNEGLEICHEN**
Der Name des Gartens Sanspareil hat französische Wurzeln.

01

**02 STREUOBST**
Im Frühjahr blühen in Franken die Obstbäume.

**03 WANDERTOUREN**
Die Region lädt ganzjährig zum genussvollen Wandern ein.

## BIERLAND FRANKEN

Man kann die Fränkische Schweiz nicht besuchen, ohne die Geschmackserlebnisse der Region zu testen. Die Dichte an Brauereien und Brennereien ist einmalig. Das Gute: Bier und Natur lassen sich perfekt verbinden. Auf den Spuren des flüssigen Goldes geht es zu Fuß durch das Bierland Franken. Dem kleinen Ort Aufseß wurde Anfang des Jahrtausends vom Guinness-Buch der Rekorde die höchste Brauereiendichte gemessen an der Einwohnerzahl bescheinigt. Zu den vier »Weltrekordbrauereien« führt ein etwa 13 Kilometer langer Wanderweg. Auf ihm wechselt der Genuss der Landschaft mit dem des fränkischen Biers ab. Wer alles schwarz auf weiß will, bekommt in den Brauereigaststätten einen Wanderpass, den man sich beim Besuch der vier Brauereigasthäuser abstempeln lässt.
Am Ende wartet eine Urkunde als »Fränkischer Ehrenbiertrinker der Weltmeisterbrauereien«.

**TIPP**

### Schön nachhaltig

Öko und Design schließen sich nicht aus: Das Refugium Betzenstein am Ortsrand der gleichnamigen Gemeinde ist ein Ferienhaus, in ökologischer Bauweise als Passivhaus errichtet. Hier wird auf erneuerbare Energien, Nachhaltigkeit und Wohngesundheit geachtet. Das Ferienhaus mit zwei modernen Apartments liegt wunderschön in Hanglage, mitten im Naturpark Fränkische Schweiz.

www.bio-design-ferienwohnungen.de

03

01

02

# Altmühltal

*Zeit ist relativ. Im Altmühltal ticken die Uhren vielleicht ein wenig langsamer als an anderen Orten. Die Altmühl lässt sich jedenfalls Zeit und fließt sehr gemächlich durch Bayern. Das sorgt für Entschleunigung. Im Naturpark Altmühltal stoßen Mittelfranken, Niederbayern, die Oberpfalz und Schwaben auf Bayern. Dialekte, Landschaften und Kulinarisches fließen ineinander. Jurakalkfelsen treffen auf Talhänge, eine reiche Geschichte auf eine herrlich unaufgeregte Ausflugsregion. Das Erkunden geht am besten zu Fuß. Wir wollen uns ja schließlich Zeit lassen.*

## SCHAFE, STEINE, KLOSTERSCHÄTZE

Viele Wege führen durchs Altmühltal, doch es gibt eine Strecke, die wie keine andere den Landstrich repräsentiert: Der Altmühltal-Panoramaweg führt auf 200 Kilometern entlang der Altmühl von Gunzenhausen nach Kelheim quer durch den Naturpark Altmühltal. Sehenswerte Orte sind aufgereiht wie an einer Perlenkette. Schlaufenwege laden zu Abstechern von der Hauptroute ein. Die mächtigen Dolomitfelsen der Zwölf Apostel, die bei Sonnenschein besonders romantisch wirkenden Wacholderheiden, aber auch Reisen in die Vergangenheit entlang des UNESCO-Welterbes Obergermanisch-Raetischer Limes oder zu mittelalterlichen Burgen gilt es zu entdecken und zu unternehmen.

## WICHTIGE MITARBEITER

Wer dem Panoramaweg durchs Altmühltal folgt, läuft früher oder später seinen wichtigsten Bewohnern über den Weg: den Schafen. Ohne die Tiere sähe das Altmühltal vollkommen anders aus. Die typischen Wacholderheiden und Magerrasen des Naturparks würden samt ihrer artenreichen Biotope verschwinden, wenn die Schafe nicht als Landschaftspfleger

wirken würden. Die Beweidung schützt die Naturlandschaft vor dem Verbuschen. Seit mehreren Generationen sind deshalb Schäfer mit ihren Herden im Naturpark unterwegs und halten die Wiesen und Heiden am Leben und damit auch die Tradition der Schäferei. Wer will, kann im Naturpark Altmühltal sogar in Schäferwagen übernachten.

## DIE ZWÖLF APOSTEL

Einen der schönsten Orte im ganzen Altmühltal markieren die Zwölf Apostel. Die Felsengruppe aus Dolomit streben eindrucksvoll in die Höhe. Sogar diese Felsen sind untrennbar mit der jahrhundertelangen Schafhaltung verknüpft. Durch die Beweidung verschwanden die Buchenwälder und wurden durch Magerrasen ersetzt. Nur so sind die Felsen in ihrer ganzen Pracht zu sehen. Der Altmühltal-Panoramaweg führt im oberen Bereich der Hanglage über die Zwölf Apostel bei Solnhofen und

03

**01 FRANKENHÖHE**
Die Hohenzollernburg Holmberg ist heute ein Hotel.

**02 MITTELALTERFLAIR**
Markt Essing ist ein Kleinod im Unteren Altmühltal.

**03 DOLOMIT**
Schroffe Felsen durchbrechen das malerische Tal.

02

bietet einen einmaligen Ausblick auf das Soln-
hofer Tal. Eine ganz andere Perspektive gewinnt man vom Boot aus, das unten an den
Felsen vorbeifährt. Ein Teil des Panoramawegs
lässt sich per Schiff zurücklegen. Hier lohnt es
sich, die Füße hochzulegen und die prominenten Felsen beim Vorbeischippern auf der Altmühl in Augenschein zu nehmen.

### GESEGNETE LAGE

Bei der Weltenburger Enge spricht man oft
vom Donaudurchbruch. Ein wenig verwirrend,
denn im Gegensatz zum Donaudurchbruch bei
Beuron ist die Engstelle bei Weltenburg geologisch gesehen gar keine Durchbruch der Donau, sondern der eines kleinen Nebenflusses.
Dieser hat sich in den massiven Jurafels zwischen Weltenburg und Kelheim eingegraben.
Die Wassermassen der Urdonau drangen weiter nördlich in die Kalktafel der Fränkischen
Alb ein. Später übernahm der Strom die vorge-
grabene Rinne der Weltenburger Enge. Sei's
drum, das Naturschauspiel ist so schön, dass
es vom Bayerischen Landesamt für Umwelt
unter die schönsten Geotope Bayerns gewählt
wurde. Auf rund fünf Kilometern strömt die
Donau zwischen den Kalkwänden hindurch. Bis
zu 70 Meter ragen die mächtigen Felsen auf.
Der Anblick ist vom Schiff oder Boot aus am
beeindruckendsten.

Die außergewöhnliche Landschaft mit ihrer
Artenvielfalt bereichert das Kloster Weltenburg um seine kulturellen Schätze. Das Kloster liegt wenige Kilometer von Kelheim entfernt flussaufwärts malerisch auf einem
Felsen in einer Donauschleife. Die von den
Gebrüdern Asam in den Jahren 1721–1739
ausgestaltete Abteikirche zählt zu den Meis-
terwerken des europäischen Barocks. Das
Innere erklären Führungen am besten, allerdings muss der Besuch einige Tage im Voraus
gebucht werden. Und noch ein wichtiges Ar-
gument zieht ins Kloster Weltenburg: das Bier.
Hier steht die zweitälteste Brauerei Bayerns,
vielleicht sogar die älteste …

### WO SICH FOSSILIEN FINDEN

Als hier vor knapp 150 Millionen Jahren das
Wasser eine subtropische Landschaft aus In-
seln und Lagunen formte, bevölkerten Kroko-
dile und Raubfische das Jurameer, Dinosaurier
durchstreiften das Land, und Urzeitvögel se-
gelten durch die Lüfte. Auf den Grund des
Meers sank ab, was heute als Fossilien die
Wissenschaft verzückt. Über 900 verschiedene
Tier- und Pflanzenarten wurden im Naturpark
Altmühltal entdeckt. Unter ihnen der berühmte
Urvogel Archaeopteryx. Der faszinierende Sau-
rier wurde bisher ausschließlich im Naturpark

01 Altmühltal freigelegt. Auch der Xaveropterus
und der Raubfisch Caturus gehören zu den

Sensationsfunden rund um Eichstätt. Das Wahrzeichen des Naturparks Altmühltal, den Ammoniten, findet man von fingernagelgroß bis zur Größe eines Fußballs. Zu sehen sind die Fossilien in den zahlreichen Museen wie Solnhofen, Gunzenhausen, Eichstätt oder Denkendorf. In Besucher-Steinbrüchen machen sich Hobby-Geologen auf die Suche. Fünf Steinbrüche und Sammelstellen im Naturpark Altmühltal bieten die Möglichkeit, selbst mit Hammer und Meißel aktiv zu werden.

**01 MAUERBLUMEN**
Auch felsige Landschaft bringt viel Grün hervor.

**02 TORTURM**
Das Brücktor, ursprünglich gotisch, ist in Privatbesitz.

**03 BENEDIKTINER**
Das Kloster Weltenburg oberhalb des Donaudurchbruchs.

## TIPP

### Limes lebendig

Durch den Naturpark Altmühltal verläuft das UNESCO-Welterbe Obergermanisch-Raetischer Limes, die einstige Grenze des Römischen Reichs. Der Limes lässt sich auf thematischen Radwegen, in Kastellen, Wachtürmen und Museen erkunden oder bei den historischen Festen im Naturpark erleben wie beim Kipfenberger Museumsfest, dem Kelheimer Keltenfest oder dem Römerfest im Römerkastell in Neustadt a. d. Donau.

www.naturpark-altmuehltal.de/historische-feste

03

01

# Bayerischer Wald

*Ein tiefdunkles Waldgebirge zum Erklimmen, Waldeinsamkeit zwischen verwitterten Stämmen, ein Zuhause für Wildtiere, ein stiller Hochwald im Wandel. Mal ist der Wald komplett sich selbst überlassen, in Randzonen nimmt man nur die nötigsten Eingriffe vor. Wald in allen Facetten, das ist die Quintessenz im Nationalpark. 1970 gegründet ist er der erste Nationalpark Deutschlands. Er zeigt, was Wald alles sein kann. Das Grüne Dach Europas, das sich über Bayern und den Nationalpark Šumava in Böhmen erstreckt, ist ein Ort zum Walderleben für die ganze Familie.*

02

### WALD IM WANDEL

Das heute grenzüberschreitende bayerisch-böhmische Gebiet gehört geologisch zu den ältesten Landschaften Europas. Lange Zeit spielte der Mensch hier keine Rolle. Erst ab dem 9. Jahrhundert erschloss er sich von der Donau aus die undurchdringliche Wildnis und verschaffte sich mit ersten Rodungen Raum. Um Kloster herum bildeten sich erste Siedlungen, ab dem 14. Jahrhundert entstanden Glashütten, Land- und Holzwirtschaft und nicht zuletzt der Schmuggel ernährten die Menschen. Ab dem 19. Jahrhundert wurden die Rohstoffe der Wälder im großen Stil genutzt und die Flächen mit Fichten aufgeforstet. Der Tourismus spielte eine immer wichtigere Rolle – in den letzten Jahren zeigt die Kurve der Besucherzahlen unerschütterlich nach oben.
Mit der Ernennung zum Nationalpark 1970 und der Erweiterung im nördlichen Bereich 1997 wurde der Forstwirtschaft in den ehemaligen Staatswäldern ein Ende gesetzt. In der Kernzone bleibt der Wald sich selbst überlassen.

Dabei entspricht er mit dem Totholz von Windschäden und den borkenkäferbedingten Brachen nicht immer dem idealisierten Bild vom Wald. Doch liegt im Nichtantasten eine Chance für den Neuanfang. Der Bayerische Wald ist an vielen Orten wie eine Kinderstube für einen neuen Urwald.

### DIE TIERWELT

Man muss es drastisch sagen: Die wilde Tierwelt, die einst im Bayerischen Wald zu Hause war, ist längs ausgerottet. Früher streiften Wildpferde, Wisente, Elche, Bären und Wölfe durch die ausgedehnten Wälder. Heute gibt es sie nur noch in den Freigehegen. Seit einigen Jahren finden wieder einzelne Wölfe den Weg in den Bayerischen Wald. Bei Wanderungen trifft man heute Rehe oder Wildschweine und mit viel Glück Fischotter, Auerhuhn oder Schwarzstörche. Einige freilebende Luchse streifen durchs Nationalparkgebiet – doch leider freuen sich nicht alle Menschen über die Rückkehr der großen Wildkatzen. Das Tierfreigelände Neuschönau am Lusen bietet auf 200 Hektar Fläche und einem sieben Kilometer langen Rundweg die Chance, Braunbären, Luchse, Wisente, Wildschweine oder die puscheligen Habichtskäuze zu sehen. Das Infor-

**01 FACETTENREICH**
Unberührt oder gebändigt, der Wald hat viele Gesichter.

**02 GROSSKATZEN**
Luchse leben vereinzelt frei, meist aber in den Gehegen.

mationszentrum Hans-Eisenmann-Haus eröffnet die Möglichkeit, sich die Dauerausstellung anzuschauen, die auch Kinder an die Welt des Nationalparks heranführt. Neben dem Tierfreigehege warten Pflanzen- und Gesteinsgärten, in denen charakteristische Landschaftsformen wie Hochmoore, Schachten, der Bergmischwald, über 700 Arten der Pflanzenwelt sowie die Geologie des Bayerischen Walds vorgestellt werden.

02

### ÜBER ALLEN WIPFELN

Der Baumwipfelpfad stellt Gleichgewichtssinn und Schwindelfreiheit auf die Probe. Besonders spektakulär ist sein höchster Punkt: Der 44 Meter hohe Turm, der – wie ein riesiger Kokon geformt – gute Sicht über das Blätterdach freigibt. Auf einer Länge von einem Kilometer führt der Baumwipfelpfad auf barrierefreien Wegen durch den Wald und über die Baumkronen. Zahlreiche Stationen fordern den Mut der Besucher heraus. So wollen Seil- und Wackelbrücken überwunden und Balancierbalken überquert werden. Der Baumwipfelpfad hat auch im Winter geöffnet. Wenn

einem statt grünem Blättermeer der knorrig-eisige Winterwald zu Füßen liegt, zeigt sich ein ganz anderes Bild, das mindestens genauso schön anzuschauen ist.

### SPASS IM WALD

Kinder erleben ihre Umwelt spielend. Auf dem Waldspielgelände Spiegelau geht das hervorragend. Das etwa 50 Hektar große Erlebnisareal hält unzählige Abenteuer parat, bei denen der Lebensraum Wald immer Thema ist. Auf dem weitläufigen Gelände warten fantasievolle Spielplätze zum Toben und ein zwei Kilometer langer Naturerlebnispfad, bei dem alle Sinne gefragt sind. Es werden Pflanzen ertastet, dem Zwitschern der Vögel gelauscht, Walddüfte erschnuppert und das Gefühl vom Waldboden an den nackten Füßen gespürt. Auf der großen Waldwiese im Zentrum gibt es viel Platz zum Rennen und Toben und eine Feuerstelle, um Stockbrot und Marshmallows zu grillen.

01

### DER FAMILIENBERG

Der Große Arber ist der höchste Berg des Bayerischen Walds: 1455,50 Meter misst der Gipfel. Zugleich ist er ein Ort, der Familien unterhalten möchte, und das zu jeder Jahreszeit. Im Sommer warten Wanderwege, im Winter entpuppt sich der Berg als Winterparadies, vor allem mit dem Schlitten! Eine 1200 Meter lange Rodelstrecke führt zum Teil auch über flachere Strecken durch wunderschöne Winterlandschaften. Eine Kinderrodelstrecke ist komplett auf die Bedürfnisse der Kleinen ausgerichtet. Auch für einen Familien-Skiausflug ist der Große Arber die richtige Anlaufstelle. Im »ArBär-Kinderland« und dem »Zwergerl-Garten« sammeln die Kleinsten an flachen Hängen erste Ski-Erfahrungen. Der Familien-Cross-Park ist der richtige Ort, um seine Skills auf Skiern und dem Board zu trainieren, bevor es an die Abfahrt geht.

**01 WALDBEWOHNER**
Die Spuren der Wildschweine sind oft deutlich zu sehen.

**02 KOKON**
Im Baumwipfelpfad geht es stufenlos auf das Walddach.

**03 WILDWASSER**
In Paddellaune? Die Ilz eignet sich gut für Kanutouren.

**TIPP**

### Richtig draußen sein

Mehrtägige Waldabenteuer und eine Wildnistour: Unter dem Motto »Wildnis bewegt« gibt es Schneeschuhwanderungen, Bogenbaukurse, Yoga oder Erlebniswochenenden im Wald. Veranstaltungsort ist das WildnisCamp am Fuße des Großen Falkensteins mitten in der Natur. Das Wildniscamp ist eine Bildungseinrichtung der Nationalparkverwaltung Bayerischer Wald und europaweit einmalig.

www.waldzeit.de/wildniscamp-am-falkenstein

03

01

02

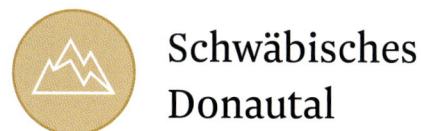

# Schwäbisches Donautal

*Die Donau ist noch jung, wenn sie durch Schwaben fließt. Das Schwäbische Donautal zwischen Ulm und Donauwörth erstreckt sich über fast 100 Kilometer. Im Südwesten Bayerns und in den Randbereichen Baden-Württembergs zieht die Donau samt ihren Seitentälern vor allem Radfahrer an. Der Donauradweg folgt dem gesamten Flusslauf ab Donaueschingen. An Günzburg vorbei geht es immer am Fluss entlang bis nach Donauwörth. Die Strecke hält weder besondere Anstiege noch schwierige Passagen parat – und genau diese Einfachheit im positiven Sinne macht die Radtour durch das Schwäbische Donautal so beliebt.*

03

## DAS BLAUE BAND

Der Fluss ist die Lebensader im Schwäbischen Donautal – landschaftlich und kulturell. Wer seine Schönheiten entdecken will, zieht am besten bequeme Schuhe an. In gemächlichem Tempo gilt es, eine wunderschöne Landschaft zu entdecken. Neben Mooren und Seen finden sich im Schwäbischen Donautal die größten und schönsten Auwald-Gebiete in ganz Deutschland. Auwälder sind einmalige Lebensräume, und so entdeckt man bei Wanderungen auch Tiere, die man sonst selten zu Gesicht bekommt: Uferschnepfen, Blaukelchen, den Großen Brachvogel oder den Biber. Das Nagetier staut Wasser, frisst Pflanzen an, fällt Bäume. Doch mit seinen Staudämmen trägt der Biber auch zum Hochwasserschutz und der Renaturierung der Flüsse bei. Bei Spaziergängen heißt es also: Ausschau halten!

**01 DURCHBRUCH**
Der Donaudurchbruch zeigt sich dramatisch.

**03 AUWALD**
Augen auf: Im Auwald hinterlässt der Biber seine Spuren.

**02 WASSERKRAFT**
Über Jahrtausende hat sich der Fluss ins Gestein gegraben.

## ABSTECHER IN DEN AUWALD

Bei Erkundungstouren durch die Auwälder lässt sich die spezialisierte Waldlandschaft hautnah erleben. Das Licht spiegelt sich auf der Wasseroberfläche, die Blätter sorgen für Schatten und Kühle. Im Herbst, wenn der Donaunebel über dem Land liegt, ist die Stimmung besonders geheimnisvoll. Doch auch im Frühjahr, wenn die Blüten die Luft mit Frühlingsduft erfüllen oder im Sommer, wenn der Auwald Schatten spendet, geht einem auf dem DonAUwald-Wanderweg das Herz auf. 2019 wurde die Strecke als erster Premiumwanderweg in Bayrisch-Schwaben eröffnet. Er bietet auf knapp 60 Kilometern zwischen Günzburg und Schwenningen auf durchweg flachen Wegen herrliche Einblicke in einen faszinierenden Naturraum. Beim Wandern wechseln sich Flächen mit trockenem Magerrasen mit den Donau-Altwässern der ehemaligen Flussarme.

Über Bohlenstege und durch Laubwälder geht es bis zur Seenlandschaft, die hier durch den Kiesabbau entstanden ist. In den Weihern setzen Seerosen Farbakzente. Die schönste Sicht eröffnet sich von der sogenannten Leite des Donau-Hochufers.

02

## BEDROHTER LEBENSRAUM

Moore sind permanent nass. Pflanzen in allen Zersetzungsstadien, der Torf, bedecken den Boden und bedingen seine schwammige Beschaffenheit. Durch den ständigen Überschuss an Wasser ist der Boden sauerstoffarm, sodass sich die pflanzlichen Reste nicht abbauen. Den Mooren fällt eine große Bedeutung für das Klima zu, für den Hochwasserschutz und als Heimat vieler Tiere und Pflanzen. Zahlreiche Wiesenbrüter finden in den offen Flächen die letzten Rückzugsorte. Leider sieht die Bilanz beim Schutz der Moore verheerend aus: 95 Prozent der bayrischen Moore sind heute entwässert.

In Leipheim bei Günzburg haben sich mit dem Leipheimer Moos noch einige intakte Niedermoorreste des Schwäbischen Donaumooses bewahrt. Hier finden Vogelarten wie Bekassine oder Rohrweihe genügend Nahrung und Platz zum Nisten und Brüten.

## STAUNEN UND LAUSCHEN

Der Rundweg durchs Moor beginnt am Wanderparkplatz der Straußenfarm. Sobald man sich der Farm nähert, tauchen die riesigen Laufvögel auf ... fast stellt sich ein wenig Afrikagefühl ein. Ein paar Schritte weiter wähnt man sich im Norden, denn auf der Wiese weiden schottische

Hochlandrinder. Auf dem kurzen Bohlenweg, der über das Moor führt, sorgen je nach Jahreszeit Frösche für die musikalische Untermalung. Vor allem am frühen Abend lohnt sich deshalb der Rundgang. Wer neben den Fröschen noch mehr zum Leipheimer Moos hören will, kann sich die sogenannte Lauschtour aufs Smartphone laden (oder auf dem Schwarzfelder Hof einen iPod ausleihen) – zu finden unter dem Stichwort Bayerisch-Schwaben-Lauschtour im Play Store.

## KLEINE ZEITREISE

Reisen wir ein wenig zurück zu den Ursprüngen der Donau. Dort, wo die Donau aus dem Schwarzwald tritt, liegt der Donaudurchbruch im Oberen Donautal. Schroffe Felswände ragen auf, wo sich der Fluss zwischen Tuttlingen und Beuron durch das Kalkgestein gegraben hat. Dieser vielleicht schönste, sicher aber spektakulärste Teil der deutschen Donau wird auch als »Schwäbischer Grand Canyon« bezeichnet. Höhenwege führen zu den Steilhängen der Jurakalkfelsen. Von oben gibt es eine ausge-

01

zeichnete Aussicht ins Obere Donautal und zu den Burgen und Ruinen der Umgebung. Der schönste Panoramapunkt liegt am Knopfmacherfelsen. Von dort zeigen sich das Donautal am Donaudurchbruch und das Kloster Beuron aus luftigen 800 Metern Höhe. Der Weg ins Schwäbische Donautal ließe sich mit etwas Zeit auch als Fahrradreise absolvieren. Auf dem Donauradweg, der bei Donaueschingen beginnt, geht es entlang der Donau in ungefähr fünf Tagen bis nach Ulm. Ansonsten legt der Zug die Strecke in rund zweieinhalb Stunden zurück, schöne Fensteraussichten inklusive.

**01 BRÜCKENHEILIGER**
Die Statue in Hausen zeigt den Hl. Johannes Nepomuk.

**02 PRIVATDOMIZIL**
Schloss Werenwang ist Eigentum des Hauses Fürstenberg.

**03 BENEDIKTINER**
In der Erzabtei Beuron leben aktuell rund 50 Mönche.

## TIPP

### Uriger Urlaub

Der Schwarzfelder Hof ist ein Bauernhof mit Rindern, Schweinen, Ziegen, Ponys und mehr. Zugleich bietet das Feriendorf zwischen Leipheim und Riedheim auch einen Campingplatz, Ferienwohnungen und besondere Schlafmöglichkeiten wie Schlaffässer und das Heuhotel. Egal für welche Schlafmöglichkeit man sich entscheidet, mit den Tieren, am Baggersee oder abends beim Lagerfeuer stellt sich das Gefühl von Ferien auf dem Bauernhof ein.

www.schwarzfelder-hof.de

03

01

# Schwäbische Alb

*Über die Schwäbische Alb lässt sich viel berichten: von den ursprünglichen Landschaften wie dem Albtrauf, von geheimnisvollen Höhlen und der jungen Donau; von den Weideflächen und den Schafen und Büffeln, die sie beweiden und so bewahren. Oder von den »albgemachten« Produkten, die die Region hervorbringt. All das ist Teil des Ganzen und der nachhaltigen Ausrichtung, die das Biosphärengebiet Schwäbische Alb verfolgt.*

## FRÜHE KUNST UND BLAUES WUNDER

Sanfte Hügel, blühende Streuobstwiesen und grasende Schafe, das klingt zwar wunderbar friedlich, aber im ersten Moment wenig spezifisch. Dabei ist die Schwäbische Alb besonders vielfältig und einzigartig. Gleich fünf UNESCO-Zertifikate wurden hier vergeben: an urzeitliche Kulturschätze, an den Limesgrenzwall, die Pfahlbauten des Steinzeitdorfs in Ehrenstein, den Geopark mit seinen Fossilienfundstätten und die alten Kulturlandschaften des Biosphärengebiets. Der ausgedehnte Naturraum zwischen Stuttgart und Ulm zeigt sich als vielfältig erlebbare Region.

Der ehemalige Truppenübungsplatz Münsingen hat sich wieder zu einer Weidelandschaft entwickelt, wie sie im 19. Jahrhundert üblich war. Besucher können entlang der Wege das ehemalige Militärgebiet durchstreifen und das Gelände von Militärtürmen aus betrachten.

## KUNST AUS DER VORZEIT

Die Schwäbische Alb ist durchzogen von Tausenden Höhlen. In ihnen fand man Zeugnisse von den Menschen, die hier vor etwa 40 000 Jahren lebten und einzigartige Kunstwerke hinterließen – kleine Schätze wie das Elfenbeinmammut, eine Löwenfigur und zarte

02

Flöten aus Tierknochen belegen im Welterbezentrum am Vogelherd das steinzeitliche Schaffen. Die Kunstwerke wie auch die Geschichte ihres Auffindens sind echte Sensationen. Neben der berühmten Bärenhöhle ist die Wimsener Höhle ein besonderes Erlebnis. Sie gilt als die einzig befahrbare Wasserhöhle Deutschlands. Mit dem Kahn geht es 70 Meter ins Innere der weißen Jurasteinhöhle mit ihrem kristallklaren Wasser. Nur im Sommer hat sie für menschliche Besucher geöffnet, im Winter ist sie exklusives Fledermausrevier.

**01 PALAST**
Das historistische Schloss Lichtenstein gilt als das Märchenschloss Württembergs.

**02 NATURHÖHLE**
Das Wasser in der Falkensteiner Höhle bildet die Quelle der Elsach.

### MYSTISCHES BLAU

Bäume säumen das Ufer des kleinen Weihers, das Fachwerkhäuschen mit Mühlrad wirkt fast schon zu kitschig, um wahr zu sein. Dann das Wasser: Es ist von tiefstem, intensivstem Blau. Die ganze Szenerie wirkt fast unwirklich. Der Blautopf in Blaubeuren erscheint wundersam, ein Ort der Mythen und Geschichten. Der Dichter Eduard Mörike erzählt von der Schönen Lau, einer traurigen Wassernixe, die von ihrem Mann in die Blautopfquelle verbannt wurde. Der Volksglauben nahm an, dass der Blautopf unendlich tief sei. Alle Versuche, ihn mit einem Bleilot zu messen, scheiterten. Eine Nixe soll das Gewicht jedes Mal aufs Neue an sich genommen haben. Inzwischen haben Forscher in 22 Metern Tiefe den Zugang zu einem gigantischen Höhlensystem entdeckt, das zu den größten von ganz Deutschland gehört.

02

**01 LAGUNENBLAU**
Kalkpartikel sorgen durch Lichtstreuung für intensives Blau.

**03 GIPFELBURG**
Burg Hohenzollern ist die Stammburg des Fürstengeschlechts.

**02 SCHWABENALB**
Im Wald durchbrechen rauschende Wasserfälle die Stille.

01

## STILLE NATURSCHAUSPIELE

Durch das Maisental schlängelt sich der Brühlbach. Wer ihm folgt, kommt zum Uracher Wasserfall. Über eine Tuffsteinkante stürzt das Wasser aus 37 Metern hinab in die Tiefe. Eine kleine Karstquelle speist den Wasserfall. Von unten zeigt sich die ganze Kraft der Wassermassen, die in Kaskaden zu Tal fließen. Auf steilen Stufen geht es neben den Wasserfluten nach oben.

Eine Brücke führt direkt über den Wasserfall und sorgt für eine ungewohnte Perspektive – die Ansicht der Wassermassen aus der Übersicht. Ganz anders, aber besonders magisch wirkt der Wasserfall im Winter, wenn er bei Minustemperaturen einfriert und zur imposanten Eisskulptur erstarrt. Die in Eis gefasste Wucht des Wassers ist bizarr anzuschauen.

### TIPP

#### Alles bio

Der historische Gasthof Friedrichshöhle in Hayingen-Wimsen direkt neben der Höhle bietet Gerichte in Bio-Qualität. Das Speisenangebot macht auch Veganer und Vegetarier glücklich! Zum Familienimperium in fünfter Generation gehören das Restaurant Rose mit Bio-Hotel, die Eventlocation Schloss Ehrenfels und eine Küche, die Convenience-Gerichte herstellt.

www.tress-gastronomie.de

03

02

*Südwestlich von Stuttgart erstreckt sich der kleine, aber feine Naturpark Schönbuch. Die waldreiche Gegend ist Naherholungsgebiet der Stuttgarter und zugleich ein Rückzugsgebiet für Wildtiere. Da nur wenige Straßen die Region durchqueren, finden Wildschweine, Füchse, Rothirsche & Co. genügend Raum in den Wäldern des Naturparks. 2014 wurde der 1972 gegründete Naturpark Schönbuch zum Waldgebiet des Jahres gekürt. Auch der unverbaute Goldersbach ist ein Refugium für seltene Arten. Wer genau hinschaut, entdeckt vielleicht eine Wasseramsel oder einige Bergfinken, die sich vor allem in Buchenwäldern wohlfühlen.*

### WILDLIFE STATT HIGHLIFE

Im Sommer dominiert im Schönbuch eine Farbe: grün in allen Schattierungen. Das fast vollständig von Wald bestehende Gebiet wird nur von Bachläufen und Streuobstwiesen unterbrochen. Besuchermassen gibt es hier selten, und genau das macht den Reiz des Schönbuchs aus. Um ein Haar wäre alles anders gekommen. Mitte der 1960er-Jahre brachte man den Schönbuch als möglichen Standort für einen Flughafenneubau ins Gespräch. Zum Glück haben sich diese Pläne zerschlagen. Für den dicht besiedelten Großraum Stuttgart spielt der Naturpark eine wichtige Rolle als Rückzugsort

für die Tiere und als Naherholungsgebiet für die Menschen. Einfach raus, weg von Stadt und Arbeit und ab ins Grüne. Laufen, frische Luft atmen, kein Lärm, Kopf aus – dafür ist der Naturpark Schönbuch der ideale Ort. Beschilderte Wege, darunter auch barrierearme, Grillplätze, Hütten, Lehrpfade und Spielplätze stellen die Infrastruktur im Naturpark dar.

### RÖHRENDE HIRSCHE

Das Augenmerk gilt der eigentlichen Attraktion der Natur samt ihren Bewohnern. Manche sind nur schwer zu entdecken wie die Nymphenfledermaus, die Zebraspinne oder der Kammmolch. Auch der Hirschkäfer und die vielen Libellen erfordern Aufmerksamkeit. Andere Tiere hört man eher, als dass man sie zu Gesicht bekommt. Sieben Spechtarten fühlen sich in den Wäldern wohl. Natürlich gibt es auch etwas zu sehen: Hinter Rotwildgattern und Wildschaugittern lassen sich Rehe und

01

**01 NAHERHOLUNG**
Der Naturpark ist das größte Waldgebiet bei Stuttgart.

**02 RÜCKZUGSORT**
Eine Naturoase im dicht besiedelten Großraum Stuttgart.

**03 ZISTERZIENSER**
Das Kloster Bebenhausen war nach dem Zweiten Weltkrieg Sitz des Landtags.

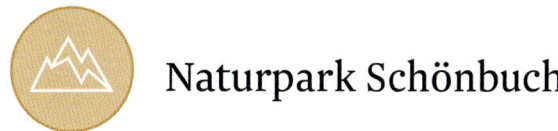

# Naturpark Schönbuch

Hirsche gut beobachten, auch Wildschweine sind hier zu Hause. Heute sollen wieder 44 Säugetierarten im Schönbuch leben. Wer auf Wildtierbeobachtungstour gehen will, kann sein Glück von den Besucherkanzeln aus versuchen. Besonders in der Brunftzeit im Herbst lohnt sich die Stippvisite, wenn die Hirsche ohrenbetäubend laut röhren.

### VOM KLOSTER ZUM JAGDSCHLOSS

Im Naturpark Schönbuch stößt man unweigerlich auf das alte Zisterzienserkloster Bebenhausen. Es ist nicht nur der kulturelle Höhepunkt des Parks, sondern auch eng mit dessen Existenz verbunden. Die Erhaltung des Waldgebiets geht auf die Rechte und den Besitz des Klosters zurück. Die Jagdleidenschaft der württembergischen Herrscher leistete ihr Übriges zum Erhalt der Wälder. Das Kloster Bebenhausen ist eines der besterhaltenen mittelalterlichen Klöster in Deutschland. Die Besichtigung des Klosters und späteren Jagdschlosses lohnt sich. Die Außenanlagen mit zwei Mauerringen, die sakralen Bereiche sowie das Schloss selbst zeugen vom Reichtum und kulturellen Wert der Anlage.

### TOLLER TURM

Der Schönbuchturm in Herrenberg ist ohne Zweifel der Ort, von dem sich die beste Aussicht auf die Wälder des Naturparks Schönbuch, die Schwäbische Alb sowie das Korn- und Heckengäu bietet. Der Aussichtsturm wurde 2018 eröffnet und steht am höchsten

03

Punkt des Naturparks. Neben der 360-Grad-Panoramasicht ist es der Turm selbst, der Interessierte anzieht. Hier treffen moderne Architektur und grandiose Aussicht aufeinander. Einheimisches Lärchenkernholz und Stahl bilden den 35 Meter hohen Treppenturm mit mehreren Besucherplattformen. Nach rund 170 Stufen hat man die Spitze erreicht, und der Wald liegt einem zu Füßen.

### IDEALES LAUFREVIER

Der Schönbuch ist in der ganzen Metropolregion als gutes Laufrevier bekannt. Hier teilen sich Hobbyläufer und Profis die Wege. Die abwechslungsreiche Landschaft eignet sich perfekt für den Laufsport und fürs Nordic Walking. In den Wäldern, ohne störenden Straßenverkehr oder von Besuchern überfüll-ten Wegen läuft es sich angenehm. Mittlerweile finden im Naturpark sogar größere Laufveranstaltungen statt, die bis zur Halbmarathondistanz reichen.

Je nach Jahreszeit lässt sich der Wald immer wieder neu erleben. Die Farben wechseln, Gerüche verändern sich, und wer mit allen Sinnen die Atmosphäre im Wald aufsaugt, merkt, wie sehr so ein Spaziergang erdet. Der weiche Waldboden federt unter den Sohlen, die Luft ist frisch, das Laub raschelt unter den Sohlen – und der Alltag rückt in weite Ferne.

### NEUE WEGE

Seit Mai 2018 finden sich im Naturpark Schönbuch gleich drei neue Rundwanderwege. Einer der Premiumwanderwege ist der »Herzog-Jäger-Pfad«. Der Name bezieht sich auf das

01

Jagdgebiet, das die Herzöge von Württemberg bis zum Beginn des 19. Jahrhunderts ausgiebig nutzten. Herzog Friedrich I. (1557–1608) kam besonders häufig hierher. Der Rundweg folgt über knapp 14 Kilometer auf naturbelassenen Pfaden den Spuren der herzöglichen Jäger durch ursprüngliche Waldlandschaften und immer wieder an Panoramapunkten vorbei. Interaktive Stationen regen zum Walderleben an. Wie wäre es mit einem gemütlichen Nickerchen auf der Traumliege oder ein paar Minuten auf der Waldschaukel? Das macht gute Laune! Der Barfuß-Parcours ist ein Ort für sinnliches Erleben – und er sorgt für gut durchblutete Fußsohlen.

**01 OCHSENWEIHER**
Im Herbst golden, im Frühjahr blühen weiße Seerosen.

**02 KAPELLENBERG**
Die Krypta der Wurmlinger Kapelle wurde 1150 errichtet.

**TIPP**

**Bett im Baum**

Eingerahmt von Wald und Wiesen im Naturpark Schönbuch liegt die Oase Weil. Neben der Eventlocation Schönbuchhalle gibt es dort mehrere Baumhäuser auf massiven Holzpfosten. Im Haupthaus sind die Ayurveda-Massage- und Behandlungsräume untergebracht. In den quietschbunten und allesamt beheizten Baumhäusern mit eigenwilligen Fensterformaten startet der Morgen mit einem Frühstück aus vegetarischen und vorwiegend regionalen Produkten.

www.oaseweil.de

02

02

*Tiefe Täler, dunkle Wälder – die Römer waren es, die dem Mittelgebirge den Namen verpassten: »Silva nigra«. Aus der Höhe wirkt der dichte Nadelwald in der Tat nahezu schwarz. Als verwunschener Black Forest ist er in der ganzen Welt bekannt. Kuckucksuhren, Schwarzwälder Kirschtorte und die bollenhütigen Schwarzwaldpuppen zeugen von Tourismusschwerpunkten, die ein wenig aus der Mode gekommen sind. Doch der Schwarzwald ist mit der Zeit gegangen, ohne seine Wurzeln zu vergessen. Moderne Hüttenbetriebe, nachhaltige Angebote und frische Ideen locken eine neue Generation von Besuchern an.*

## WALDHEIMAT

Egal, in welcher Region – die Liste der sehenswerten Schwarzwaldorte ist lang. Das Schöne ist die Mischung: Von gut besuchten und mit bester Infrastruktur ausgestatteten Ausflugszielen wie dem Titisee oder dem Winterparadies Feldberg bis hin zu einsamen Waldabschnitten, ursprünglichen Schluchten und ländlicher Idylle reicht die Bandbreite. Im Mittelpunkt steht aber immer der Wald. Wo früher Wegelagerer Schutz in den einsamen, dunklen Gegenden suchten, finden Menschen heute Abstand vom Alltäglichen. Im Frühjahr, wenn die Frühblüher den Waldboden in bunte Farbflächen verwandeln,

im Sommer als Ort der Frische, im Winter, wenn sich der Wald in eine weiße Decke hüllt – die Natur gibt jederzeit Gelegenheit, um Kraft zu tanken. Bei Wanderungen begegnen einem vielleicht Rehe, Hasen oder ein Haselhuhn, man entdeckt die umgegrabenen Stellen von Wildschweinen und hört den Ruf eines Kauzes – und schon ist alles andere vergessen.

## SEEN ALLER ART

Wen im Schwarzwald die Seenlust packt, der hat die Auswahl. Im Nordschwarzwald locken eiszeitliche Karseen, im südlichen Schwarzwald kleine Seen auf Hochplateaus, die im moorigen Waldboden Feuchtbiotope bilden. Daneben gibt es die touristischen Dauerbrenner Titisee und Schluchsee, die im Sommer Badegäste und Wassersportler begeistern. Einer der schönsten Seen im Schwarzwald ist der Mummelsee. Der kreisrunde See, der in der letzten Eiszeit entstand, ist der höchstgelegene, größte und tiefste der Schwarzwälder Karseen. Die direkte Lage an der Schwarzwaldhochstraße zu Füßen der Hornisgrinde sorgt für viele Gäste. Tagsüber erfreuen sich Besucher am Gewässer, nachts bei

01

# Schwarzwald

Mondlicht tauchen, so heißt es, Nixen aus dem See auf. Umgeben von den dunkelgrünen Nadelwäldern wirkt das Wasser so sagenhaft, dass man die Geschichte mit den Nixen sofort glauben will. Ein Uferweg führt einmal um den See durch die urwüchsige Vegetation. Die Felsen sind mit dichtem Moos bewachsen, die Bäume ragen hoch in den Himmel, und immer wieder blitzt der See zwischen den Stämmen hervor.

**01 HÖHEPUNKT**
Der Baumwipfelpfad zeigt den Schwarzwald auf Augenhöhe.

**03 MUMMELSEE**
Mummeln – so heißen im Volksmund Seerosen und Nixen.

**02 INDIAN SUMMER**
Im Herbst setzt der Wald ganz auf Orange.

### HOCH HINAUF

Besucher mit Lust auf Bewegung wandern vom Mummelsee durch das Wandergebiet Hornisgrinde. Der gleichnamige Berg ist mit 1163 Metern der höchste Gipfel im Nordschwarzwald. Auf dem Weg nach oben lässt sich immer wieder der See blicken. Zum Einkehren lädt die Grinde-Hütte ein, die modernes Design und Schwarzwälder Tradition auf wunderbare Weise verknüpft. Die Hütte befindet sich direkt neben dem alten Hornisgrinde-Turm und überzeugt mit stylischem Ambiente und Schwarzwälder Spezialitäten.
Ein perfekter Blick auf die »schwarzen Wälder« eröffnet sich auch vom Schauinsland, dem Hausberg von Freiburg. Nur gut zehn Kilome-

03

01

02

ter von der Stadtmitte entfernt gelegen, ist er die erste Anlaufstelle, um Höhenluft zu schnuppern. Hinauf geht es zu Fuß oder bequem mit der Schauinslandbahn. Die Möglichkeiten zum Wandern, Spazieren, mit dem Rad oder für Gleitschirmflieger sind nahezu unbegrenzt. Im Winter geht es zum Langlauf, Rodeln und Abfahrtslauf. Zu den Höhepunkten einer Bergtour gehört der Abstecher auf den Eugen-Keidel-Turm, meist nur Schauinslandturm genannt. Von seiner Aussichtsplattform in 20 Metern Höhe ist sogar der Mont Blanc zu sehen. Wer die Augen offen hält, kann oben auf dem Berg auch skurill geformte Bäume entdecken. Die sogenannten Windflüchter zeigen, dass der Wind hier oben bevorzugt aus Richtung Westen weht.

### EIN GIPFEL RAGT HERAUS

Der Feldberg ist Legende. Mit 1493 Metern ist er der höchste Gipfel der gesamten deutschen Mittelgebirge. Im Winter wartet hier das größte zusammenhängende Skigebiet außerhalb der Alpen auf Besucher. Mit einem Skipass lassen sich 38 Lifte und 63 Kilometer Piste in acht Gebieten rund um den Gipfel nutzen. Das Herzstück ist der Feldberg selbst. Hier gibt es alles, was alpine Winterfreuden ausmacht – von der Anfängerabfahrt bis hin zur Weltcup-Strecke. Mit Sonne im Gesicht und den Brettern an den Füßen lässt sich hier Winterspaß pur erleben. Abseits der Piste hat der Feldberg viele natürliche Attraktionen zu bieten. Den vielen seltenen Pflanzen und Tieren ist es geschuldet, dass der größte Teil des Feldbergs den Status eines Naturschutzgebiets hat. Klimatisch und durch die eiszeitliche Oberfläche geprägt, wird der Berg »subalpine Insel« genannt. Hier trifft man eine Flora und Fauna an, die es so sonst nur in den Alpen gibt. Dazu gehören Alpentroddelblume, Sumpfenzian, Zwerg-Glockenblume, seltene Heuschreckenarten und der größte Hühnervogel Europas,

**TIPP**

### Halb Moor, halb Weiher

Der Nonnenmattweiher war früher einmal ein Karsee, der jedoch bereits im Mittelalter verlandete. Es entstand ein Hochmoor, das zum Betreiben von Mühlen aufgestaut wurde. Heute findet man vor allem im südlichen Bereich eine geschützte Torfinsel und seltene Pflanzen wie quendelblättrige Kreuzblumen und Arnika. Die nördliche Hälfte des Sees ist mit Baumstämmen zum Baden im torfhaltigen Wasser abgeteilt.

der Auerhahn. Die scheuen Vögel finden hier im Sommer ihre Leibspeise: Heidelbeeren. Im Winter steigen sie auf Fichten und Kiefernnadeln um. Die rund 600 Auerhühner und -hähne lassen sich allerdings nur selten blicken. Am besten stehen die Chancen für eine Sichtung in der Balzzeit zwischen März und Juni.

03

**01 WANDERZIELE**
Auch vom Aussichtsberg Belchen hat man Weitblick.

**02 FLIESSEND**
Im Schwarzwald gibt es eine ganze Reihe an Wasserfällen.

**03 GRIMBART**
Den nachtaktiven Dachs bekommt man nur selten zu sehen.

01

02

# Bodensee

*Ein lauer Sommerabend an der Uferpromenade, in der Hand ein Gläschen Bodensee-Wein. Die Sonne steht schon tief und das goldene Licht glitzert auf dem See. Es braucht nicht viel Vorstellungskraft, um sich wie am Mittelmeer zu fühlen. Richtung Süden und Westen ragen die Gipfel auf, am beeindruckendsten der gut 2500 Meter hohe Säntis. Das angenehme Klima mit warmen Sommern und milden Wintern tut der Seele gut. Und das wissen Anwohner und Besucher gleichermaßen zu schätzen – das Schwäbische Meer ist eine der beliebtesten Urlaubsregionen Mitteleuropas mit einer perfekten touristischen Infrastruktur.*

## TRAUMHAFTE TAGE AM SEE

Diese Lage ist wirklich einmalig: Der Bodensee erstreckt sich zwischen den sanften Hügeln Oberschwabens und den Nordalpen im schönsten Alpenvorland. Deutschland, die Schweiz und Österreich teilen sich seine Ufer. Ein Kuriosum: Wo genau die Grenze zwischen den drei Staaten verläuft, ist nicht an allen Stellen genau geregelt. Heute wird der Obersee ab 25 Meter Wassertiefe als gemeinschaftliches Herrschaftsgebiet verwaltet, ein Stück Europa. Die Städte rinsum könnten unterschiedlicher kaum sein, jede hat ihren eigenen Charme, allesamt sind sie sehenswert. So etwa der kleine namensgebende Ort Bodman, der heute zu Ludwigshafen gehört, mit dem Schlossgarten im englischen Stil. Oder Lindau, dessen historische Altstadt auf einer Insel liegt, ganz

zu schweigen von Konstanz, der größten Stadt am See. In den unzähligen Restaurants, Läden und Höfen ringsum die Ufer zeigt sich die kulinarische Vielfalt der gesunden Produkte, die am milden Bodensee wachsen. Bei Winzern gibt es Grau- und Spätburgunder, Müller-Thurgau und viele andere gute Tropfen, in den Restaurants die fangfrischen Fische, in den Hofläden das Obst und den Apfelsaft der Region.

## PARADIES FÜR WASSERSPORTLER

Doch der Bodensee will nicht nur angeschmachtet werden, er ist ein Ort zum Aktivsein. Ob beim Segeltörn, Wasserskifahren oder Schwimmen – im Sommer zeigt sich der Bodensee von seiner schönsten Seite. Deutschlands größter See ist auch ein wunderbares Einsteigerrevier für Stand-up-Paddler. Das

**01 WEGWEISEND**
In Lindau steht Deutschlands südlichster Leuchtturm.

**02 SEE-PATHOS**
Im Zwielicht zeigt sich das Schwäbische Meer romantisch.

**03 ROSENGARTEN**
Die Insel Mainau macht Fans der Gartenkunst glücklich.

03

Wasser ist meist ruhig, so gewöhnt man sich rasch an die zunächst wackelige Angelegenheit. Nach kurzer Zeit wird man sicherer und mutiger, und wenn man mal ins Wasser fällt? Halb so wild! Besonders romantisch wird es auf dem Board bei Sonnenuntergang.

### AUF DEM WASSERWEG

Genau genommen besteht der Bodensee aus zwei Seen, die durch den Seerhein verbunden sind: der tiefe, große Obersee und der wesentlich flachere Untersee, den sich die Schweiz und Deutschland teilen. Und auch der Überlinger See hat seine besonderen Qualitäten – er gilt als dramatischster, fjordartiger Seeteil. Wer aktiv auf dem Wasser unterwegs ist, kann das mit Sightseeing verbinden. So lässt sich etwa die größte der Bodensee-Inseln, die Reichenau, mit dem Kanu umrunden. Ob auf eigene Faust oder in der geführten Gruppe, eine

02

Kanutour rund um die Klosterinsel, die zum UNESCO-Weltkulturerbe gehört, ist traumhaft. Unbedingt genügend Zwischenstopps für den Sprung ins kalte Wasser einplanen!

### HÖCHSTE GARTENKUNST

Die Blumeninsel Mainau ist ein echtes Paradies für Blumenfreunde. Der Wechsel der Jahreszeiten lässt sich auf der Garteninsel besonders intensiv erleben. Im Frühjahr begrüßen Hunderte Tulpen die Besucher. Im Sommer die blühenden Rosensträucher, Dahlien im Herbst. Im Winter verwandelt sich die Insel in einen Rückzugsort der Stille. Für Wärme sorgt dann das Schmetterlingshaus mit tropischen Temperaturen und farbenfrohen Faltern. Auf der Insel Mainau lässt man den Alltag schnell hinter sich, so sehr ziehen die Blumen mit in den Bann – da kann man leicht verkraften, dass die Eintrittspreise im Sommer recht happig ausfallen.

### ZURÜCK IN DIE STEINZEIT

Ein Besuch am Bodensee ohne die berühmten Pfahlbauten? Fast unvorstellbar! Das UNESCO-Weltkulturerbe »Prähistorische Pfahlbauten rund um die Alpen« zeigt sich im Unteruhldinger Pfahlbaumuseum anschaulich für Besucher
01 aufbereitet. An allen größeren Voralpenseen der Schweiz, Italiens, Frankreichs und Deutschlands

gab es in der Jungstein- und Bronzezeit Pfahlbauten. Allein am Bodensee konnte man bisher
mehrere Hundert Pfahlbausiedlungen entdecken. Die Besonderheit hier ist, dass organische
Fundstücke wie Kleider oder Körbe über Jahrtausende hinweg im Wasser erhalten blieben.
Sie ermöglichen eine detaillierte Rekonstruktion
der Vergangenheit. Die Museen der Bodensee-
region zeigen die Originalfunde und Rekonstruktionen. In Unteruhldingen lassen 23 nachgebaute Häuser eine versunkene Welt wieder
auferstehen. Das dazugehörende Museum gibt
es schon fast 100 Jahre – auch ein Rekord.

**01 WELTERBE**
Das Pfahlbaumuseum
mit Rekonstruktionen
eröffnete 1922.

**02 BODENSEE-ÄPFEL**
Rund 20 verschiedene
Apfelsorten wachsen am
Bodensee.

**03 FREILICHTMUSEUM**
Rund 300 000 Besucher
besuchen jährlich das Pfahlbaumuseum am Bodensee.

## WO DIE LILIEN BLÜHEN

Am östlichen Stadtrand von Friedrichshafen
beginnt das Eriskircher Ried. Das 552 Hektar
große Naturschutzgebiet ist vor allem als
Schutzraum für Wasservögel bedeutsam. Zwischen der Schussen- und der Rotachmündung
prägen die Flachwasserzone, Schilf, Riedflä-
chen und Altwasser-Bereiche das Gebiet. Die
bis zu einem Kilometer breite Flachwasserzone
ist für viele Vögel wie Haubentaucher, Schnat-
terente, Schwarzmilan und Pirol ein wichtiger
Brut-, Rast- und Nahrungsraum. Im Frühjahr
rasten hier Singschwäne, im April und Mai
erklingt der flötende und trillernde Nachtge-
sang der Nachtigallmännchen. Jedes Jahr von
Mitte Mai bis Anfang Juni vollzieht sich im
Ried ein Naturspektakel. Dann erblüht das
Eriskircher Ried im Blau und Gelb der Sibiri-
schen Schwertlilien, hier nur Iris genannt. Sie
gilt als besonders gefährdet, am Bodensee
sind ihre reichsten Bestände zu finden.

03

### BESTE AUSSICHTEN

Der Pfänder mit 1064 Metern lockt zum Ausflug auf die österreichische Seite des Bodensees. Oberhalb der Festspielstadt Bregenz eröffnet sich der schönste Blick auf den See und die Alpengipfel der Umgebung. Mit der Pfänderbahn geht es in nur sechs Minuten hinauf zur Bergstation. In zwei bis drei Stunden lässt sich der Bregenzer Hausberg erwandern. Die teils recht steilen Wege werden oben mit der herrlichen Aussicht belohnt. Bei guten Wetterbedingungen reicht der Blick über 240 Alpengipfel, über den Bregenzerwald, das Rheintal und Oberschwaben, zum Untersee und bis hin zu den Ausläufern des Schwarzwalds. Über den Pfänder verläuft auch ein Teil des Jakobswegs. In Möggers überquert der Pilgerweg die österreichische Grenze.

02

### SCHWEIZER RHEINFALL

Nicht direkt am Bodensee, aber gut zu erreichen, ist der Rheinfall bei Schaffhausen. Er gehört neben dem bilderbuchbunten Städtchen Stein am Rhein zu den beliebtesten Schweizer

01

Attraktionen in Seenähe. Der Rheinfall ist mit 23 Metern Höhe und 150 Metern Breite einer der größten und wasserreichsten Wasserfälle Europas. Zum Rheinfall gelangt man entweder über die Straße oder auf dem Wasserweg. Auf der Insel im Becken des Rheinfalls befindet sich das Schlösschen Wörth. Von hier bringen Ausflugsboote die Besucher dicht an den Rheinfall heran, wo die unvorstellbare Kraft des Wassers tost. Man kann sich auf dem mittleren Felsen absetzen lassen und über steile Treppen nach oben laufen.

**01 IMPERIA**
Peter Lenks Statue wurde 1993 in Konstanz aufgestellt.

**02 AFFENBERG**
In Salem kommt man den Berberaffen ganz nah.

**03 RHEINFALL**
Er ist unter den Top 3 der größten Wasserfälle Europas.

**TIPP**

### Von Pferden und Äpfeln

Unweit von Friedrichshafen am Bodensee liegt der Gerbehof mitten in der Natur. Umgeben von Wäldern und Wiesen hat der Biohof viele Qualitäten als Obstplantage, Pferderanch, Pensionsunterkunft mit Ferienwohnungen. Zusätzlich hält der Hof Angebote für Körper, Geist und Seele bereit. Wer mehr zum Anbau von Bodenseeäpfeln erfahren möchte, ist hier richtig.

www.gerbehof.de

03

*»Eine bunte Tüte, bitte!« Wer ins Allgäu reist, fühlt sich ein wenig wie der Schüler vorm Kiosk auf dem Heimweg. Die Auswahl der knallig-bunten Süßigkeiten ist so groß, dass man sich gar nicht entscheiden kann. Muss man aber auch gar nicht. Wir nehmen einmal querbeet. Egal, was man dann aus der Tüte fischt: Eines schmeckt besser als das andere. Das lässt sich so auf die Ferienregion Allgäu übertragen. Wandern, Mountainbiken oder an den See? Outdoor-Abenteuer oder Wellness? Das Allgäu mit Tieren erleben? Im Sommer oder Winter? Alles ist drin! Es gibt viele spannende Dinge zu entdecken.*

### FERIENREVIER FÜR ALLE FÄLLE

Klingt komisch: Nagelfluh- und Hörnerkette. Ist aber schön: Hinter den seltsamen Namen verstecken sich Orte für erstklassige Naturerlebnisse im Allgäu. Die Nagelfluhkette meint den Gebirgszug und gleichnamigen Naturpark.

Die Berge der Nagelfluhkette sind von rundgeschliffenen Steinen in unterschiedlichen Größen dominiert, die mit feinem Sediment zusammengepresst wurden. Da dieses »Nagelfluh« ein wenig aussieht, als hätte man riesige Kieselhalden mit Zement zusammengeklebt, reden die Einheimischen scherzhaft vom Herrgottsbeton. Der Naturpark Nagelfluhkette im südlichen Allgäu bietet auf gut 400 Quadratkilometern ideale Lebensbedingungen für alpine Tier- und Pflanzenarten und er verfügt über jede Menge Wanderwege.

### HÖRNER-PANORAMA

Auch die Hörnerkette samt der fünf Hörnerdörfer gehört zum Naturpark. Wer von der Hörnerkette spricht, meint die Bergspitzen Ofterschwanger, Bolsterlanger, Sigiswanger, Rangiswanger Horn und das mit 1787 Meter

01

höchste unter ihnen, das Riedberger Horn.
Die Hörner-Panorama-Tour zwischen den beiden Bergstationen in Bolsterlang und Ofterschwang führt von Kammwiese zu Kammwiese auf Höhenplateaus und Grasbergen durch die Bergwelt der Hörnerkette. Im Frühsommer ist die Gipfelwanderung ein einziger Farbrausch. Dann stehen die Alpenrosen in voller Blüte und überziehen die Hänge in leuchtendem Pink. Die Berggipfel lassen sich auch bequem umgehen, ohne der Schönheit der Wanderung einen Abbruch zu tun.

03

**01 SCHLOSSNACHBAR**
Der Alpsee liegt bei Hohenschwangau und Neuschwanstein.

**02 ALLGÄU-PANORAMA**
Der Blick auf den markanten Tegelberg, Säuling und die Ruine Eisenberg.

**03 BRAUNVIEH**
Das Jungvieh darf den Sommer auf der Weide verbringen.

## BERG FÜR JEDEN GESCHMACK

Oberhalb des Hörnerdorfs Ofterschwang erhebt sich das Ofterschwanger Horn. Wenn wir das Bild der Bunten Tüte noch einmal bemühen, ist dieser Ort das Sinnbild. Von Klein bis

02

Groß, sportlich oder entspannt, hier verbringt jeder heitere Stunden. Ofterschwang ist idealer Ausgangsort für einfache Wanderungen. Es geht im Frühjahr über blühende Bergwiesen, im Herbst durch eine goldene Landschaft. Bei Kräuterwanderungen erschließt sich einem die herb duftende Bergwiesenwelt ganz neu. Der leichte Rundwanderweg um das Ofterschwanger Horn beginnt und endet an der Bergstation. Während der Tour gibt es viele Möglichkeiten zum Innehalten und Umschauen. Doch Ofterschwang kann nicht nur gemütlich! Von der Bergstation bis zur Talstation geht es mit ordentlich Speed und extra breiten Reifen auf Downhill-Rollern den Berg hinab. Sportliche Ambitionen stellt im Winter die Ski-Weltcup-Strecke zufrieden.

### BAD AUF 2000 METERN

Um zum Großen Rappensee auf 2047 Metern bei Oberstdorf zu gelangen, braucht man Trittsicherheit und Ausdauer, denn zum südlichs-

02

ten See Deutschlands geht es steil bergauf und das eine ganze Weile. Doch die abgeschiedene Lage am Großen Rappensee ist bemerkenswert: Gewaltige Dolomitgipfel rahmen die blaue Bergseeperle höchst dekorativ ein. Ein Anblick, von dem man sich gar nicht losreißen möchte, egal, ob man sich nun ins Wasser traut oder nicht. Die Rappenseehütte des Deutschen Alpenvereins auf 2091 Metern versorgt mit Speisen und Getränken und dem

01

schönsten Platz zum Ausruhen. Von hier aus starten viele Wanderer die Beschreitung des anspruchsvollen Heilbronner Höhenwegs.

### FÜR ADRENALINJUNKIES

Das Wasser kommt von allen Seiten, ein Schwall platscht ins Gesicht, die Haare sind triefend nass. Man darf nicht wasserscheu sein, doch für alle, denen eine Outdoordusche nichts ausmacht, bietet das Allgäu mit Rafting- und Canyoningtouren aufregende Abenteuer. Beim Wildwasser-Rafting geht es mit Schlauchboot, Kajak oder Canadier in die wilden, aber ungefährlichen Flussabschnitte von Iller oder Lech. Ob nun als ganze Familie in großen Booten, allein in einem wendigen Kajak oder zu zweit im Canadier: Beim Wildwasser-Rafting geht es wild zu, und das macht jede Menge Spaß! Auch das Canyoning ist eine feucht-fröhliche Angelegenheit. Oft muss man seinen ganzen Mut zusammennehmen, um in die Fluten zu springen, Steinrutschen entlangzusausen, sich abzuseilen und im Wildwasser zu schwimmen. Aber Grenzen zu überwinden macht ziemlich gute Laune!

### HUSKY-TOUR

Im Winter verwandelt sich das Allgäu in ein Schneeparadies. Es geht zum Skifahren, Langlaufen oder Rodeln. Ein echtes Erlebnis, bei dem man sich direkt nach Lappland katapultiert fühlt, ist eine Schlittenhundefahrt. Das Geheul der Hunde durchdringt die Luft, ihr aufgeregtes Zerren jagt den Puls nach oben, ein Ruck, und los geht es. Bei Husky-Erlebnis-Tagen oder Schlittenhundetouren kann man den Tieren ganz nahe kommen. Je nach Angebot lernt man zuerst die Hunde kennen, geht zusammen wandern und gewöhnt sich aneinander. Danach werden die Huskys eingespannt. Wie man so einen Hundeschlitten lenkt? Das kann bei den Touren jeder selbst herausfinden.

## TIPP

### Nacht unter Null

Übernachten im Eis! Das wird in der Iglu Lodge bei Oberstdorf Wirklichkeit. Statt einfacher Iglus gibt es hier von Künstlern gestaltete Eishöhlen. Die Iglu Lodge ist mehr als ein Ort für eine Nacht, es ist ein Gesamtkonzept. Die spektakuläre Nacht im Eis bleibt definitiv in Erinnerung – und das sicher nicht, weil man sich eine dicke Erkältung geholt hat. Davor bewahren wärmste Decken.

www.iglu-lodge.de

03

**01 RAPPENSEE**
Der See liegt im Zentralen Hauptkamm der Allgäuer Alpen.

**02 GEBIRGSBLÜTEN**
Im Frühling färbt der Blaue Enzian die Berghänge.

**03 BERGSTATION**
Vom Höfatsblick gibt es schönstes Alpenpanorama.

**GRÜNTÖNE**
Der magische Schrecksee
bei Hinterstein.

Anlauf und Absprung! An einem heißen Sommertag gibt es nichts Schöneres, als in einen der zahlreichen Seen im Münchner Umland zu hüpfen. Diese Freiheit ist nur einer der Gründe, München zu lieben.

MÜNCHNER UMLAND
Starnberger Seeblick.

02

*So attraktiv München auch ist, im Sommer locken die Seen im Umland. Wenn die Sonne heiß am Himmel steht, sehnt sich doch jeder nach Abkühlung! Also geht es mal nicht an den Flaucher an der Isar oder in den Englischen Garten, sondern ab ins Umland. Auch wenn man nicht gerade mit menschenleeren Orten rechnen sollte, reicht oft ein kleiner Abstecher weg von den Knotenpunkten, um ruhige Ecken zu finden. Das Beste: Die meisten Seen im Umland von München sind bequem und umweltverträglich mit der Bahn erreichbar, die Auswahl ist groß!*

### SECHS SEEN FÜR DIE SEELE

Wie das Licht die Motten zieht der Starnberger See die Menschen an. Und das seit Jahrhunderten! Aber kein Wunder: Der See mit der Alpenkette im Hintergrund ist ein Charmeur. Der

größte See im Münchner Umland ist auch gleichzeitig der beliebteste. Als Badewanne der Münchner hat er in all den Jahren so einiges erlebt: Sommersitz der Wittelsbacher, Lieblingsort der Künstler und wohlhabenden Bürger und nicht zuletzt der Ort, an dem Märchenkönig Ludwig II. den Tod fand. In erster Linie ist der See aber ein Ort für freudige Anlässe. An schönen Sommertagen, in den Ferien und an Wochenenden wird es knackig voll. Doch bei diesem

01

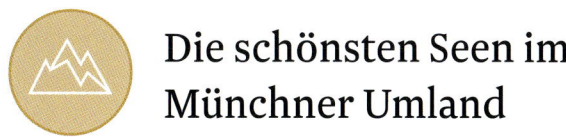

# Die schönsten Seen im Münchner Umland

Panorama teilt man den Ausblick gerne. Die beste Idee an vollen Tagen: Ruderboot mieten und ab auf den See. Auf dem Wasser ist man weit weg von allen anderen und hat den See ein kleines bisschen für sich allein. Auf 57,6 Kilometern lässt sich der See umrunden. Wer sich also das Radl schnappt, fährt einfach so lange der Nase nach, bis sich das beste Plätzchen vor einem auftut. Kenner schätzen das Ostufer des Starnberger Sees – dort ist weniger los. Bei Spaziergängen findet man Ruhe und am Abend den schönsten Blick Richtung Sonnenuntergang.

**01 THAI-KINI**
Am Starnberger See lebt der thailändische König.

**02 AUGENWEIDE**
Wiesen-Iris oder Sibirische Schwertlilie – eine Schönheit.

**03 BADESEE**
Rund um den Ammersee gibt es viele ruhige Badestellen.

## AN DEN AMMERSEE

Auch am Ammersee kann es an den Wochenenden voll werden, doch man merkt, dass der »Bauernsee« weit weniger frequentiert ist als sein fürstlicher Bruder, der Starnberger See. Als der schon Lieblingsort des bayerischen Adels war, verlachte man den Ammersee noch aufgrund seiner ländlichen Prägung. Genau das lockte Künstler an, die sich im 19. Jahrhundert nach dem einfachen Leben sehnten. So etwa eine Künstlerrunde aus Schwabing, die im Nordwesten des Ammersees ihre Landidylle fand. Bei Eching errichteten sie ganz der Mode der Zeit folgend eine Künstlerkolonie.
Für die Natur ist der Ammersee eines der wichtigsten Feuchtgebiete Bayerns. Abseits von Hektik und eingerahmt von Naturschutzgebieten wartet Beschaulichkeit. Rund um den See gibt es gute Bademöglichkeiten. Viele Wasser-

03

02

ratten zieht es ins Strandbad Utting, wo ein Zehner-Sprungturm für Action sorgt. In der Echinger Bucht herrschen meist optimale Bedingungen, um sich im Stand-up-Paddling oder Windsurfen zu versuchen. Wer den See mit dem Rad umrunden will, kann in Herrsching starten und am besten gegen den Uhrzeigersinn losradeln. So umgeht man die Steigungen!

Das zweifelsfrei beliebteste Ausflugsziel am Ammersee ist das Kloster Andechs. Hier geben sich die Gäste die Klinke in die Hand. Doch der Besuch lohnt nicht nur wegen des süffigen Klosterbiers und deftigem Mittagsschmaus, auch die Wallfahrtskirche mit dem Deckenfresko von Johann Baptist Zimmermann lohnt als Rokoko-Juwel den Besuch.

### DER SCHÖNE WÖRTHSEE

Bei Föhn ist der Blick vom Wörthsee auf die Alpen atemberaubend. Der See selbst ist einer der saubersten und wärmsten in ganz Bayern. Die gute Sicht und angenehmen Temperaturen machen das Baden zum Erlebnis. In der Mitte des Sees liegt die kleine Insel Wörth, die die Einheimischen nur Mausinsel nennen. Darauf befindet sich das 1446 erbaute Wörthschlössl. Allerdings ist das Schloss in Privatbesitz und kann nicht besichtigt werden. In der Gemeinde Wörthsee lädt das Augustiner am Wörthsee mit Gaststätte, Biergarten und Strandbad zu entspannten Stunden ein.

### DER KLEINE PILSENSEE

Der Pilsensee ist hinter Starnberger See, Ammersee und Wörthsee der zweitkleinste der fünf Seen im Fünf-Seen-Land südlich von München. Nur der Weßlinger See ist noch kleiner. Große Teile der Uferfläche sind heute als Naturschutzgebiete ausgewiesen und nicht betretbar. Dennoch gibt es genügend Badestellen an beiden Uferseiten. Idyllisch geht es auch auf dem elf Kilometer langen Pilsensee-Rundweg zu. Zu Fuß oder vom Fahrrad aus eröffnen sich immer wieder tolle Blicke auf den See und die breiten Schilf- und Seerosenfelder. Im Winter friert der kleine See rasch zu. Dann wird die Eisfläche zum Schlittschuhlaufen, Eisstockschießen und Wandern auf statt um den See genutzt.

### ZUM WALCHENSEE

01

Fast karibisch blau, so zeigt sich das Wasser am Walchensee. Das Bergpanorama macht aber schnell klar, wo man sich befindet. Neben der herrlichen Farbe ist der See aus einem anderen Grund ein Lieblingsort: Im Gegensatz zu vielen anderen Gewässern hat man am Walchensee fast überall uneingeschränkt Zugang zum See. Statt großer Strandbäder gibt es hier viele kleine Badestellen, um ins Wasser zu kommen. Also Badehose an und rein in die Fluten! Doch Vorsicht: Die Wassertemperaturen im Bergsee sind weit von karibischen Graden entfernt. Der See hat sich vor allem bei Wassersportlern einen Namen gemacht. In Neopren verpackt genießen Wind- und Kitesurfer die besonderen Windverhältnisse und sind Stammgäste am Walchensee.

**01 TAGFALTER**
Der Schwalbenschwanz gilt als nicht mehr gefährdet.

**02 SEE-ALTERNATIVE**
Tipp: An den kleineren Seen gibt es weniger Publikum.

**03 TIEFSEE**
Walchensee: Mit bis zu 190 m einer der tiefsten Alpenseen.

### TIPP

### Wikingerdorf Flake

Im Sommer 2008 und 2010 wurden Szenen des Films »Wickie und die starken Männer« und »Wickie auf großer Fahrt« am Walchensee von Michael »Bully« Herbig gedreht. Ein Teil des Dorfs steht am Walchensee und kann besucht werden. Mehrere Holzhütten geben einen Einblick in das Leben der Wikinger. Vor allem bei Kindern ist das Kulissendorf »FLAKE« sehr beliebt!

www.tourismus.kochel.de/flake

03

**FARBEXPLOSION**
Im Farbenrausch der
Jahreszeiten.

»Ewige Sonne, so warm, dass man den ganzen Tag auf dem Balkon sitzen kann. Sonnenuntergänge am See, Bauernhäuser, wie sie wohl nirgends wieder auf der Welt so schön sind ...
Also, setzt Euch auf den Zug, Ihr kommt in ein Märchen hinein!«

Schriftsteller Wilhelm Schmidtbonn 1909
in einem Brief an August Macke

INSPIRATIONSQUELLE
Der Tegernsee verzaubert
schon immer die Schön-
geister.

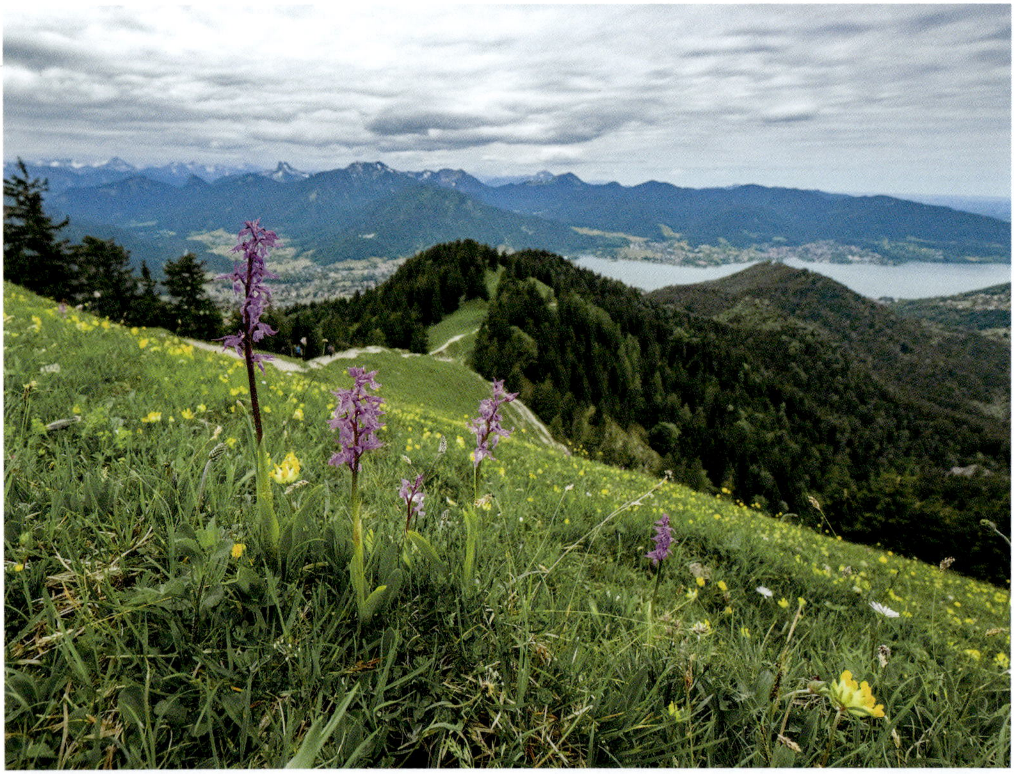

01

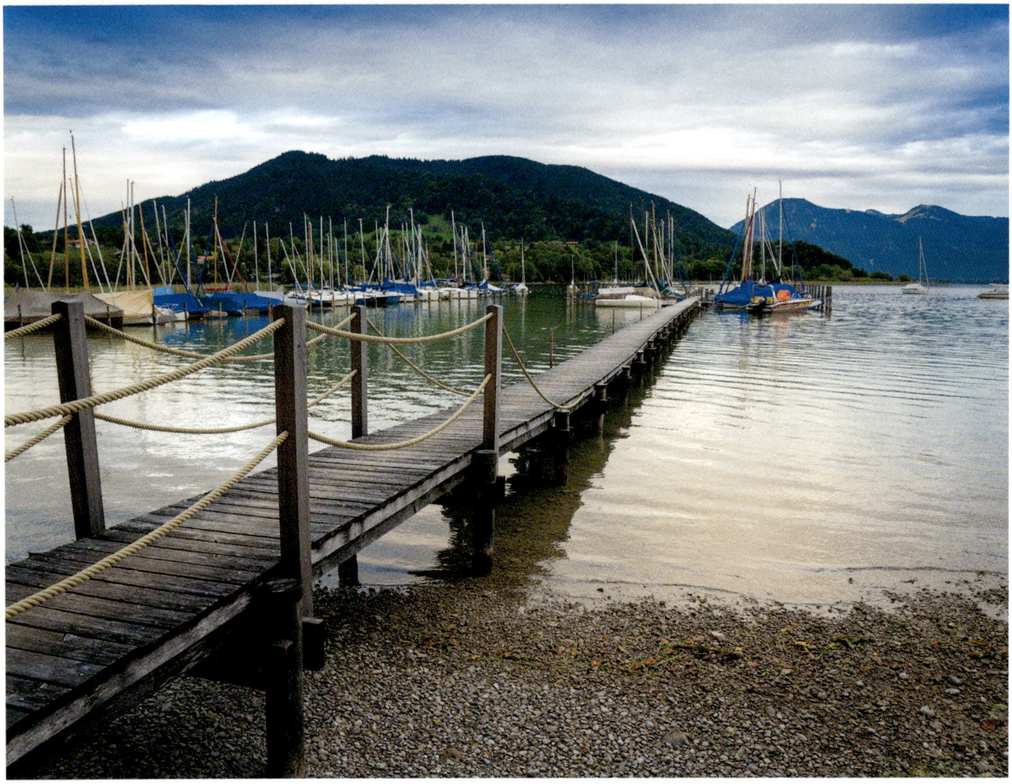

02

# Tegernseer Tal

*Alles hat mit einem Kloster angefangen. Am Ufer des Tegernsees errichteten zwei Brüder aus dem Ur- und Hochadelsgeschlecht der Huosi 746 die Benediktinerabtei. Als das Kloster gut 1000 Jahre später der Säkularisierung zum Opfer fiel, erwarb es König Max I. Joseph und ließ es von Leo von Klenze zur königlichen Sommerresidenz umbauen – der Beginn des Tegernsee-Tourismus. Mit dem König kam der Adel, später Dichter und Maler. Schriftsteller Ludwig Thoma, der norwegische Grafiker Olaf Gulbransson oder der Dichter Ludwig Ganghofer ließen sich vom Tegernsee in den Bann ziehen und blieben.*

03

## BAYERISCHES BILDERBUCH

Auf Einladung seines Freundes, des Schriftstellers Wilhelm Schmidtbonn, kam August Macke mit seiner Frau im Winter 1909 an den Tegernsee und schrieb: »Tegernsee, Kerl, mittags sitzen wir hier auf dem Balkon, trinken Kaffee, essen zu Mittag und schwitzen. Die Sonne brennt wie im Hochsommer, dabei ein halber Meter Schnee. Nachmittags rodeln. Arbeiten tu ich wie ein Pferd und kann nie aufhören. Es ist etwas Herrliches in dieser Gebirgsluft.« Macke blieb ein Jahr und schuf in der Zeit 200 Gemälde. Heute sind es Promis, Politiker und Fußballer, die den Tegernsee als Wohnort schätzen. Den See vor der Nase, die Berge im Rücken, die Millionenstadt München in der Nähe – und die Immobilienpreise? Eine Bergfahrt. Rottach-Egern, einer der fünf Orte

am Tegernsee, gehört zu den reichsten Gemeinden Deutschlands. Doch wer den Tegernsee vor sich sieht, in dessen klarem Wasser sich der Kirchturm von St. Laurentius spiegelt, wer sieht, wie die Segelboote weiße Flecken aufs Wasser tupfen und alles von den Bergen umrahmt wird, dem ist alles klar. Wie viele Menschen den Tegernsee als Ausflugsziel schätzen, zeigt sich spätestens am Wochenende. Staus und volle Parkplätze sind dann an der Tagesordnung. Auf die Nebensaison und Wochentage auszuweichen, erleichtert das Tegernsee-Erlebnis.

## FRISCHES TEGERNSEER

Wo im ehemaligen Kloster die Geschichte begann, lockt heute das Bräustüberl. Gegründet als Klosterbrauerei angeblich bereits um das Jahr 1050 firmiert es seit mittlerweile 200 Jahren als Herzoglich Bayerisches Brauhaus Tegernsee. Früher saßen Mönche, Grafen und Künstler neben den Einheimischen, heute treffen Touristen aus aller Welt auf den örtlichen Geldadel. Ein zünftiges Essen und ein frisch gezapftes Tegernseer, und die Welt ist für alle in Ordnung. Im Anschluss empfiehlt sich ein Spaziergang an der Schlosspromenade, oder man macht es sich auf einer der hölzernen Sonnenliegen am Ufer bequem.

**01 SEEBLICK**
Blick vom Baumgartenschneid über den Tegernsee.

**02 SOMMERRESIDENZ**
Max I. Joseph verbrachte seine Sommer am Tegernsee.

**03 STADTNAH**
Am Tegernsee findet man Natur unweit der Millionenstadt.

02

### BALKON NEUREUTH

Der beliebteste Aussichtsbalkon am See – so könnte man den Tegernsee-Klassiker Neureuth bezeichnen. In rund eineinhalb Stunden geht es von Tegernsee auf 1264 Meter hinauf. Von hier oben ist bei gutem Wetter die Aussicht auf den See und das Bergpanorama bis zu den Wettersteiner Alpen und den Dreitausendern der Hohen Tauern schwer zu toppen. Wer noch genug Puste hat, wandert über die Gindelalmschneid zurück nach Tegernsee oder weiter bis zum Schliersee.

### HORST UND HÜTTE

Um den Begriff »Adlernest« kommt man einfach nicht herum. Kein passenderes Wort umschreibt die Tegernseer Hütte. Die Lage auf dem Grat zwischen dem 1698 Meter hohen Roßstein und dem 1701 Meter hohen Buchstein ist spektakulär! Wer bei diesem Anblick waghalsige Klettertouren befürchtet, um das Kleinod auf 1650 Metern Höhe zu erreichen, kann beruhigt sein: Auch ohne Bergsteigererfahrung kommt man hier zum Ziel.
Der kürzeste Weg zur Hütte führt vom Parkplatz Bayerwald über die Sonnbergalm. Zu Beginn geht es über einen Steig durch den Wald zum Sonnbergalm-Hochleger. Unterhalb des Roßsteins gabelt sich der Weg. Wählt man die kürzere Variante, gelangt man über einen

01

kleinen Klettersteig zur Hütte. Über gut mit Stahlseilen gesicherte Wege lässt sich der Gipfel des Buchsteins und von dort der Abstieg zur Hütte recht einfach bewältigen. Schwindelfrei und trittsicher sollten die Wanderer allerdings sein! Alternativ geht man geradeaus und folgt dem Altweibersteig ohne Klettereinlagen rund um den Roßstein und gelangt dann von Norden zur Hütte. Von Mai bis Anfang November hat sie geöffnet.

### AM MANGFALLKNIE

Im Verlauf von Millionen Jahren hat sich die Mangfall infolge der Eiszeit tief in die bayerische Endmoränenlandschaft gegraben. In Oberbayern ist es in der Regel so, dass die Flüsse recht zielstrebig zur Donau fließen. Die Mangfall ist da anderer Meinung. Am Mangfallknie entscheidet sich der Fluss dazu, die würmeiszeitliche Randmoräne zu verlassen. Die Mangfall macht einen herzhaften Knick, um rund 60 Kilometer östlich bei Rosenheim in den Inn zu münden. Dieser Laune ist es zu verdanken, dass sich hier am Mangfallknie ein kleines Flussidyll entwickeln konnte. Über die Blockstufen rauscht das Wasser, die Sonnenstrahlen bringen den Fluss zum Glitzern. Auf den Kiesbänken sitzt man in der Sonne und genießt das Leben. Die Wanderung ins Mangfalltal und zum Mangfallknie startet am besten in Valley. Den Schlossberg hinunter geht es ins Mangfalltal und immer in Richtung Aumühle am Fluss entlang. Das Mangfallknie erreicht man bei Grubmühle. Ein wenig kurios oder zumindest unerwartet erscheinen einige der tierischen Bewohner des Mangfalltals. Am Ortsausgang von Grub tummeln sich Lamas und Kamele. Seit über 25 Jahren fühlen sich die Wüstentiere im Mangfalltal heimisch. Was einst als Spontankauf nach einem Zirkusbesuch begann, hat sich heute zu einem Kamelhof mit über 30 Kamelen und zahlreichen anderen Vierbeinern ausgewachsen.

**01 WALLBERGKIRCHE**
Die Heilig-Kreuz-Kirche in malerischer Bergkulisse.

**02 WASSERSTUFEN**
Am Mangfallknie wechselt der Fluss um 180° die Richtung.

**03 HAUSBERG**
Vom Bahnhof Tegernsee geht es direkt zur Neureuth.

**TIPP**

**Käse auf kurzen Wegen**

Eine Gruppe Landwirte aus dem Tegernseer Tal macht 2007 Nägel mit Köpfen. Sie entschließen sich, als Genossenschaft die Verantwortung für Qualität, Veredelung und Vermarktung ihrer Milch selbst in die Hand zu nehmen. Der Anspruch: Bei der Naturkäserei kommt alles aus eigener Hand. Bei Führungen in der Schaukäserei und in Laden und Gastub'n kann man sich von der Qualität überzeugen.

www.naturkaeserei.de

03

02

*In München sitzt man im Sommer gerne am Flaucher, grillt, hört Musik, trifft Freunde und genießt den Feierabend. Sich am Ufer der Isar auf den Kiesbänken zu sonnen, ist der Inbegriff des Sommers in der Stadt. Doch der Gebirgsfluss hat viele Gesichter. Er entspringt im Tiroler Teil des Karwendels und passiert bald die Grenze nach Bayern. Die Isar fließt durch Mittenwald, den Sylvensteinspeicher und plätschert im Isarwinkel an Lenggries und Bad Tölz vorbei. Dort erreicht sie das Alpenvorland und schließlich München. Südlich von Deggendorf mündet die Isar nach 295 Kilometern in die Donau.*

## SPRINGLEBENDIG DURCH BAYERN

Auf knapp 300 Kilometern begleitet der Isarradweg den Fluss vom Ursprung bis zur Mündung – eine wunderbare Strecke, die meist nah am Ufer entlangführt. Mal gibt sich die Isar als wilder Gebirgsfluss, mal ganz zahm. Es geht an Auwäldern vorbei, am Stausee oder durch Dörfer und Städte. Im Bereich der Oberen Isar, wo der Fluss aus den Tiroler Bergen nach Bayern fließt, zeigt sich die Isar ganz ursprünglich. Sie ist hier noch Heimat einiger Huchen, auch Donaulachs genannt, denen es in den unteren Isarabschnitten zu warm geworden ist. Auf den Inseln im breiten Kiesbett brütet die Flussseeschwalbe.

## AUENSPAZIERGANG

Der erste größere und sicher einer der schönsten Orte an den Ufern der türkisgrünen Isar ist Mittenwald. Geigenbau, Luftkurort, Lüftlmalerei – dafür steht der bildhübsche Ort am Karwendelmassiv. Darauf folgt eine der ursprünglichsten Stellen im Isarverlauf: Auf dem Isar-Natur-Erlebnisweg zwischen Mittenwald und Wallgau lassen sich die Isarauen bei Krün erkunden. Vom Panorama-Pavillon geht der Blick über den Fluss, im Hintergrund erhebt sich das Estergebirge. Für Kinder vielleicht noch interessanter als die Landschaft sind die interaktiven Stationen Barfuß-Pfad und Heißer Draht.

01

**01 FLUSSLAUF**
Mal langsam, mal rauschend – die Isar wechselt öfter ihr Gesicht.

**02 ENGSTELLE**
Wo heute der Sylvensteinsee ist, war einst das Dorf Fall.

**03 BRUTPLATZ**
Im Kies brüten seltene Vögel wie der Flussläufer.

# Isar

## SEE MIT GESCHICHTE

Dass der Sylvensteinspeicher ein Stausee ist, fällt nicht sofort auf. Das Wasser schimmert milchig-türkis, steile Berghänge rahmen den Sylvenstein ein. Zwischen 1954 und 1959 ließ die Gemeinde Lenggries den Stausee anlegen. Der 44 Meter hohe und 180 Meter lange Damm dient vor allem zur Energiegewinnung, in zweiter Linie auch dem Schutz vor Hochwasser. Im See versunken liegt das Dorf Fall, das dem Stausee weichen musste und an der Straße nach Vorderriß neu entstand. 2015 wurde für Sanierungsarbeiten das Wasser aus dem Stausee abgelassen. Zum Vorschein kamen die Reste des versunkenen Dorfs, die viele Besucher anlockten.

Längst ist der See wieder mit klarem Bergwasser gefüllt und bietet eine schöne Kulisse für Wanderungen und Radtouren im Isarwinkel oder lädt zu einem Sprung ins kühle Nass ein.

Unterhalb der Staumauer kommt das Wasser wieder als Isar zum Vorschein und fließt Richtung Lenggries und weiter vorbei an Bad Tölz und dem Tölzer Land. Durch das bäuerliche Alpenvorland mit vielen kleinen Dörfern bahnt sich die nun zahmere Isar ihren Weg bis nach München.

## FLOSS-GAUDI

Wer im Sommer an der Isar unterwegs ist, kann sie meist hören, noch bevor man die Flöße sieht: Meist sind es Betriebsausflügler, Vereine und vor allem Touristen, die sich auf riesigen Flößen von Wolfratshausen nach München treiben lassen. Auf der Loisach, der Isar und parallel verlaufenden Nebenkanälen geht es über etwa 25 Kilometer nach München. Dabei werden die Wehre der Kraftwerke durch Schleusenrutschen überwunden. Die größte bewältigt auf

03

01

345 Metern 17 Höhenmeter! Auf den Flößen geht es meist zünftig zu: Tische und Bänke, Brotzeit, jede Menge Bier und musikalische Untermalung durch die Kapelle gehören zum Standardprogramm. Am Ziel in München-Thalkirchen angelangt, wird das Floß zerlegt und mit dem Lkw zurückgebracht. Was heute nur noch der Gaudi dient, hat lange Tradition. Vom 13. bis ins 19. Jahrhundert wurden die Floße auf der Isar genutzt, um Waren aus den Alpen in Richtung Donau zu bringen, aber auch für den Personenverkehr und zur Holztrift. Ein wichtiger Umschlagplatz war Mittenwald, und auch Bad Tölz – zeitweise im Besitz von über 20 Brauereien – profitierte von der günstigen Transportmöglichkeit direkt vor der Haustür.

### TIPP

#### Hip und vegan

Wenn der Hunger ruft: Unweit der Isar zwischen Candid- und Kolumbusplatz befindet sich das vegane Restaurant Hippie Chay. Bao Burger, Sommerrollen und Sushi können nach dem verbreitet deftigen Essen in München eine gern gesehene Abwechslung sein. Und sie schmecken einfach verdammt lecker!

www.instagram.com/hippiechay

## ISAR-METROPOLE

Nachdem der Fluss das Landschafts- und Naturschutzgebiet nördlich von Wolfratshausen passiert hat – an den Ufern der Pupplinger Au wachsen der seltene Frauenschuh und die Silberwurz –, erreicht er die Isar-Metropole. München wäre nicht komplett ohne seine Isar. Sie fließt auf 14 Kilometern Länge einmal quer durch die Stadt. Mt der Renaturierung ab 2011 hat der Stadtfluss wieder natürlichere Züge angenommen. Am Ufer sitzt man auf den Kiesbänken oder in Biergärten, spaziert durch die Isarauen und geht natürlich baden. Das Naturbad Maria Einsiedel gehört zu den schönsten Freibädern Münchens. Neben den Naturschwimmbecken fließt der Isar-Kanal quer durchs Freibad. Aber Achtung, das Wasser ist kalt! Sogar Surfen kann man auf innerstädtischen Gewässern. Die Eisbach-Welle gehört längst zu den bekanntesten Sehenswürdigkeiten der Stadt.

## ZUR DONAU

Das Mündungsgebiet der Isar ist zum Abschluss der langen Flussreise ein Kleinod der bayerischen Auenlandschaften. Die Auen erstrecken sich von Plattling bis zur Donau, in die die Isar südlich von Deggendorf mündet. 2800 Hektar Fläche umfasst die Auenlandschaft zwischen Plattling, Moos, Isarmünd und Deggendorf, 808 Hektar davon stehen als besonders schützenswerte Bereiche seit 1990 unter Naturschutz.

**01 WILDWASSER**
Bei Wallgau ist die
Isar noch wild
und ungezähmt.

**02 WELLENREITER**
Am Deutschen Museum
trifft man die berühmten
Eisbachsurfer.

02

01

*Gleißendes Licht, intensive Farben. Eine Natur, die mal romantisch-idyllisch, mal wild-dramatisch daherkommt. Ein Ort, wie geschaffen für Künstler wie Franz Marc, Wassily Kandinsky, Gabriele Münter, Marianne von Werefkin oder Alexej von Jawlensky – die Künstlergruppe »Der Blaue Reiter« konnte nicht genug von der Gegend rund um den Staffelsee bekommen und gab der Region den klingenden Namen: das Blaue Land.*

## LANDSCHAFT FÜR (LEBENS-)KÜNSTLER

Der Blick fällt auf die Ammergauer Alpen, der Staffelsee glitzert in der Sonne: Wo in anderen Gemeinden die Hauptstraßen Orte des Pragmatismus sind, herrscht in Murnau bayerische Idylle. Am besten lässt sich Murnau vom zentralen Unter- und Obermarkt erkunden. Frische Anstriche, weit vorkragende Giebel und Lüftlmalereien lassen die Augen der Besucher leuchten. Die Altstadt ist – gespickt mit zahlreichen Kaffeehäusern, Gasthöfen und Galerien – ein Ort, der Tradition und Zeitgenössisches zu verbinden weiß.

## STAFFELSEE-PANORAMEN

Doch um die Faszination der Künstler zu ergründen, folgt man am besten dem Staffelsee-Rundweg. Die Landschaft hat sich, seit sie Münter und Weggefährten bezirzte, in in all ihren Blautönen und dem so besonderen Licht kaum verändert. Bewaldete Inseln liegen im See, Buchten laden zum Baden ein. Eine Bootsfahrt auf dem Staffelsee gehört zum Urlaubsprogramm, besonders atmosphärisch sind die Mondscheinfahrten mit dem Staffelseedampfer am Abend. Noch ruhiger geht es am benachbarten Riegsee mit seinen frei zugänglichen Naturbadeständen zu. Zwischen Äckern und Wiesen findet man ein voralpenländisches Seeparadies ohne Trubel vor.

## KLEINER KUNSTEXKURS

In den Jahren vor dem Ersten Weltkrieg herrschte Aufbruchstimmung in der Kunst, schnell wechselten die Stile. Künstler schlossen sich zusammen, die sich gegen erstarrte Strukturen wehrten. Neben der 1905 in Dresden gegründeten »Brücke« und der Berliner »Sezession« fand sich 1909 in Schwabing die »Neue Künstlervereinigung München« zusammen. Die Gruppe zerbrach rasch, doch sie bildete eine Keimzelle. Von Wassily Kandinsky kam der Vorschlag, ein von Künstlern erstelltes Jahrbuch herauszugeben, die Geburtsstunde des »Blauen Reiter«. In Murnau lässt es sich auf den Spuren der Gruppe wandeln. Das Haus, das Gabriele Münter 1909 erwarb und bis zu ihrem Tod bewohnte, zeigt Teile der Originalausstattung wie die von Münter und Kandinsky bemalten Möbel, Gemälde und Hinterglasbilder. Auch das Schlossmuseum widmet sich Murnaus »russischen« Künstlern. In Kochel am See gibt es im Museum mit Franz Marcs Kunst im Kontext seiner Zeitgenossen zu bestaunen.

## IM MURNAUER MOOS

Das Moos ist eine geschützte Moorlandschaft südlich von Murnau. Ein zwölf Kilometer langer Rundweg führt durch das Biotop. Den schönsten Ausblick auf das »größte lebende Moor

# Blaues Land

Mitteleuropas« gibt es vom Panorama-Stadl im Ortsteil Berggeist. Auf 4200 Hektar Fläche bilden Moore, Feuchtwiesen und Wälder ein einzigartiges landschaftliches Mosaik. Viele vom Aussterben bedrohte Tier- und Pflanzenarten finden im weiten Alpenrandmoor Raum. Tausende Farne, Exoten wie die Zwerglibelle, der blauschillernde Feuerfalter oder der Goldglänzende Laufkäfer sind hier zu Hause. Eine Besonderheit im Murnauer Moos sind die Köchel. Die Gesteinsflächen aus der Kreidezeit ragen wie bucklige Inselchen aus dem Moor. In der Biologischen Station am Nordrand erfahren die Gäste mehr über die Natur und ihren Schutz im Murnauer Moos.

**01 STAFFELSEE**
Sieben Inseln liegen im Staffelsee; Wörth ist die größte.

**02 MOSAIK**
Im Murnauer Moos gibt es Feuchtwiesen, Moore und Wälder.

## TIPP

### Brauchtum am See

In Seehausen findet zu Fronleichnam die Prozession nicht nur in den Straßen, sondern auch auf dem Staffelsee statt. Ein festlicher Anblick! Im Juni und Juli gibt es in der Region zahlreiche Seefeste mit Gegrilltem, Bier, zünftiger Blasmusik und Trachtengruppen. Am 15. August, zu Maria Himmelfahrt, findet das Fischerstechen statt, um den neuen Fischerkönig zu ermitteln.

02

**MAGISCH**
Der Hintersee samt
Zauberwald.

01

02

# Ammergauer Alpen

*Die Königsschlösser Neuschwanstein, Hohen-schwangau und Linderhof gehören zu den größten Touristenattraktionen Deutschlands. Mit Kloster Ettal, Oberammergau, das weltweit für seine Pas-sionsspiele und die Schnitzkunst berühmt ist, und Alpenorten wie Garmisch-Partenkirchen und Füs-sen ist das Ammergebirge reich an Ausflugszielen. Doch trotz des partiellen Rummels sind die Ammer-gauer Alpen vielerorts nur spärlich besiedelt und wenig erschlossen. Weite Teile des Gebirges sind als Naturschutzgebiete oder Nationalparks wahre Ruheoasen. Ein Luxus, den es zu bewahren gilt.*

03

### AUF DEM MEDITATIONSWEG

Die vielleicht schönste und ganz der Ruhe ge-weihte Möglichkeit, die Ammergauer Alpen zu erleben, bietet der Meditationsweg. Wandern und Besinnung gehen dort sozusagen Hand in Hand: Jeden Schritt ganz bewusst machen; die Geräusche des Walds wirken lassen, die Gerüche aufsaugen und den Wechsel der Farben wahr-nehmen. Der Takt der Schritte hilft, zur inneren Ruhe zu finden. Der Meditationsweg Ammer-gauer Alpen verbindet Naturerlebnisse und in-nere Kontemplation auf harmonische Weise. Der Ausgangspunkt der Wanderung ist die traumhaft schöne Wieskirche in Steingaden. Nach 87 Kilo-metern endet der Pilgerweg bei Schloss Linder-hof im Graswangtal bei Ettal. Unterwegs warten viele Sehenswürdigkeiten, doch vielleicht führt der Weg auch nach innen. Wer die Strecke nicht zur Gänze oder nicht allein bewältigen will, kann auch an geführten Tageswanderungen auf dem Meditationsweg teilnehmen.

**01 AUSSICHTSREICH**
Der Teufelstättkopf ist
1758 Meter hoch.

**02 GOLDENES BAND**
Die Ammer durchzieht die
Landschaft.

**03 RARITÄT**
Das Ettaler Weidmoos im
Quellgebiet der Ammer.

### KÖNIGLICHE LANDSCHAFT

Die Ammergauer Alpen erstrecken sich über Oberbayern, Schwaben und den Tiroler Bezirk Reutte. Der Name leitet sich von dem Fluss Ammer ab, der im Ettaler Weidmoos ent-springt. Neben Ortschaften wie Schwangau, Garmisch-Partenkirchen oder Oberammergau mit der traditionsreichen Lüftlmalerei gibt es im Ammergebirge viel Platz für die Natur. Wenige Menschen, dafür umso mehr Wald – das ist auch König Ludwig II. zu verdanken. Er nutzte Teile der Ammergauer Alpen als königliches Jagdrevier und schützte sie so vor äußeren Einflüssen. Seltene Pflanzen wie Lungen-Enzian, Moorenzian oder die Faden-wurzelsegge sind nur einige Besonderheiten der Flora.

### TOSENDE SCHEIBUM

Die Ammer ist, vom Bereich Oberammergau–Unterammergau einmal abgesehen, ein nahezu natürlicher Wildfluss. Von den Am-merquellen mit den Quellflüssen im Weid-moos bis hin zur 600 Meter langen Ammer-schlucht lockt der Gebirgsfluss mit seiner Ursprünglichkeit. Im Quellgebiet im Gras-

wangtal sind es die sprudelnden, zarten An-
fänge des Flusses, die bezaubern. Wenige
Kilometer weiter zeigt sich am Ammerdurch-
bruch Scheibum die ganze Kraft des Wassers.
Hier sieht man die Ammer von ihrer kraftvol-
len und ungestümen Seite. Der Ammerdurch-
bruch ist auch eine Station des Meditations-
wegs, wo man statt der Stille dem wilden
Tosen der Ammer lauschen kann.

### WILDE WASSER

01

Wer die unbegradigte Ammer erleben will,
kann sich mit dem Kajak ins Abenteuer stürzen. Die ausgewiesene Wildwasserstrecke vom
Kammerl bis zur Rottenbucher Brücke ist ein
tolles Outdoorerlebnis. In der einsamen Wald-
schlucht fühlt man sich weitab jeglicher Zivilisation und erlebt die Wildnis auf dem Wasser.
Mit der Strömung geht es über viele Naturstu-
fen der Ammer, was das Kajakabenteuer zu
einem abwechslungsreichen Vergnügen
macht. Erfahrung im Boot ist unabdingbar!

### MAJESTÄTISCHE AUSSICHT

In der Idylle des Graswangtals in der Abgeschiedenheit der Ammergauer Alpen baute
sich König Ludwig II. seinen Linderhof. Immer
dann, wenn er die Bergeinsamkeit genießen
wollte, so sagt man, ging er hinauf zum
Pürschling. Die königliche Aussicht aus
1564 Metern bewundert man heute noch am
Pürschlinghaus bzw. dem August-Schuster-
Haus, wie die Hütte offiziell heißt. Ob vom
Schloss Linderhof oder als Zwischenstation
auf dem Europäischen Fernwanderwegs E4, ob
bei der Tour zum Teufelstättkopf oder einfach
beim Schlittenfahren im Winter – die Hütte ist
eine beliebte Stelle zum Verschnaufen und
Genießen. Die Aussicht auf das Graswangtal
und die Bergketten ist einfach wunderschön
und wahrhaft majestätisch.

### WERTVOLLE STEINE

Im Ammergebirge wurden jahrhundertelang
Wetzsteine abgebaut. Bis Anfang des 16. Jahrhunderts reicht die Steinbruch-Tradition zurück, die mit dem Zweiten Weltkrieg endete.
Für die Menschen in Unterammergau bildeten
die Wetzsteine oft die Lebensgrundlage. Sie
wurden von den Steinbrüchen durch Schluchten ins Tal gebracht und dann an den Schleif-
mühlen für die weitere Nutzung bearbeitet.
Das Geotop »Ammergauer Wetzsteinbrüche«
im Bereich des Schartenköpfels führt auf alten Pfaden zu den stillgelegten Steinbrüchen.
Das Wetzsteinmuseum in Unterammergau,
eine originalgetreu nachgebaute Schleifstein-
mühle, zeigt anschaulich, wie aus dem einfachen Steinmaterial wertvolle Wetzsteine
wurden.

## BALLONFAHRT IN DEN BERGEN

Ein lautes Zischen ertönt, wenn der Brenner die heiße Luft in den Ballon faucht. Danach herrscht Ruhe, und der Heizluftballon schwebt geräuschlos über die Landschaft. Die Ammergauer Alpen sehen von oben einfach traumhaft schön aus. Davon kann man sich bei einer Ballonfahrt schnell überzeugen.

Aus der Luft erkennt man die nahegelegenen Königsschlösser Neuschwanstein, Hohenschwangau und Linderhof, Füssen, den Forggensee, das Kloster Ettal und die Wieskirche. Menschen und Autos sind zum Verschwinden klein. Ortschaften ziehen vorüber, das Gebirge türmt sich mit unendlich vielen Zacken bis zum Horizont.

**01 SCHLEIFMÜHLENKLAMM**
In der Klamm findet man Reste der nicht mehr genutzten Wetzsteinschleifen.

**02 MÄRCHENKÖNIG**
Zu den Königsschlössern wie Hohenschwangau ist es nur ein Katzensprung.

**TIPP**

### Sparen mit dem Kini

Die Königscard erhält man kostenlos in ausgewählten Unterkünften. Mit ihr können 250 Freizeitangebote in den Ammergauer Alpen, im Allgäu, im Blauen Land und in Reutte/Tirol gratis genutzt werden. Als Beispiel: Pro Tag gibt es eine freie Berg- und Talfahrt mit der Kolbensesselbahn. Da das Fahren mit dem RVO-Bus und der Regionalbahn Werdenfels kostenlos ist, kann man das Auto getrost einfach einmal stehen lassen.

www.ammergauer-alpen.de/
KoenigsCard

02

Ein türkisfarbener Bergsee
am Fuße der Zugspitze –
ich male mir das
Panorama vorab in
buntesten Farben aus.
Als ich am Ufer stehe,
bin ich dennoch sprachlos.
Der Eibsee übertrifft
die schönsten Bilder.
Ein seltenes Gefühl in
Zeiten von Instagram ...

**BILDERBUCHANSICHTEN**
Traumsee am Fuße der
Zugspitze.

*Unmittelbar am Fuße der Zugspitze liegt der Eibsee. Von den namensgebenden Eiben ist zwar kaum noch etwas zu sehen, doch auch die dunklen Tannenwälder bilden einen schönen Kontrast zum Türkis des Bergsees und dem Grau des Wettersteingebirges. Dessen Gipfel inklusive der Zugspitze sind zuckerwattenweiß getupft. Egal, zu welcher Jahreszeit: Der Eibsee ist einer der schönsten deutschen Alpenseen.*

02

## EWIG SCHÖNER SEE

Zugegeben: An die Temperaturen des Alpensees muss man sich gewöhnen. Nur die Harten tauchen mehr als einen Zeh ins kalte Wasser, alle anderen bleiben einfach an der Wasseroberfläche und mieten sich ein Tretboot. Wer keine Lust auf Strampeln hat, setzt sich ins Ausflugsboot »Reserl«. Vom Wasser aus kann man das Zugspitzpanorama, das die Bootfahrt begleitet, am besten auf sich wirken lassen. In ungefähr zwei Stunden lässt sich der See zu Fuß umrunden. Mal direkt am Wasser, mal durch den Wald, mal mit Blick von einer kleinen Anhöhe oder mit Sicht auf die Inseln. Seine heutige Form verdankt der Eibsee dem sogenannten Eibsee-Bergsturz. Vor 3750 Jahren brach die Westflanke des Zugspitzmassivs ab und formte ein Naturparadies mit Inseln und Untiefen, die für die schöne Farbe des Sees sorgen. Badestrände am Nordufer und Kiesbänke am Südufer schaffen Gelegenheiten, einen beherzten Sprung ins Wasser zu wagen. Der Eibsee ist ein Ort, an dem man Ewigkeiten verbringen könnte. Einfach sitzen, schauen und die Gedanken schweifen lassen.

01

## SCHÖNE ENGE

Im Eibsee-Umkreis gibt es eine Wanderung, die zu den absoluten Klassikern Garmischer Ausflugsprogramme zählt ... von Geheimtipp keine Spur: Die Partnachklamm ist gut besucht, aber das aus gutem Grund. Die Klamm ist bestens erschlossen und recht einfach zu durchwandern. Sogar im Winter kann man sich durch die Felsschlucht wagen.

# Eibsee

Deutlich ungezähmter und wilder zeigt sich die Höllentalklamm. Von Hammersbach bei Grainau führt der Weg zur deutlich anspruchsvolleren Klamm. Zunächst geht es durch den Wald, dann in die enge Gesteinsspalte, an deren Seiten 120 Meter hohe Felswände aufragen. Das tosende Wasser des Hammerbachs bahnt sich seinen Weg durch den Fels nach unten, der Mensch erklimmt über Brücken, Tunnel und mit Seilen gesicherte Passagen seinen Weg nach oben. Rund 30 Minuten muss man für die 120 Meter veranschlagen. Am Ziel wartet die erst kürzlich modernisierte Höllentalangerhütte mit einer Stärkung. Bei Kletterern ist sie vor allem wegen der Nähe zur Schwarzen Wand bekannt. Von der Hütte folgt man dem Bachbett bis zur Kletterstelle. Die Schwarze Wand gilt als eine der eindrucksvollsten Wände im Wettersteinmassiv.

### TIPP

#### Über den Schneeferner

Den Fuß auf ewiges Eis zu setzen, das geht bei der Gletscherwanderung am Zugspitzplatt sogar im Sommer. Dort, wo in der Wintersaison Skifahrer unterwegs sind, lässt sich einer der letzten deutschen Gletscher aus der Nähe erleben. In einer halben Stunde überquert man den Schneeferner und erreicht die Aussichtsplattform am »Windloch«. Von dort geht der Blick 2000 Meter in die Tiefe ins Ehrwalder Becken.

### DER GIPFEL

Wenn die Zugspitze der Hausberg ist, ist ein Ausflug zu Deutschlands höchstem Berg mit 2962 Metern Pflichtprogramm. Mit den unterschiedlichen Aufstiegshilfen ist sogar eine Bahnrundfahrt machbar. Von Garmisch-Partenkirchen mit der Bayerischen Zugspitzbahn, einer Zahnradbahn, bis zum Zugspitzplatt, dann mit der Gletscherbahn zum Gipfel. Die Talfahrt erfolgt mit der topmodernen Seilbahn. Die 2017 in Betrieb genommene Seilbahn hält drei Rekorde: den größten Gesamthöhen-Unterschied, die größte Stahlbaustütze und das längste freie Spannfeld. Auch das Gletscher-Skigebiet Zugspitze ist vorn dabei, wenn es um Superlative geht. Auf dieser Höhe gibt es fast das halbe Jahr Naturschnee und oft Sonne, wenn der Nebel im Tal hängt. Auf Deutschlands höchstgelegenem Gletscher warten Schneespaß und einladende Berggastronomie on top.

03

**01 PINIEN**
Die Ansicht von oben bietet neue Perspektiven.

**02 NATURSPEKTAKEL**
Knapp 700 Meter geht es durch die Partnachklamm.

**03 ZUGSPITZE**
Der Name leitet sich von den Zugbahnen der Lawinen ab.

01

*Bei Föhn zeichnen sich die Konturen der Landschaft gestochen scharf ab. Die Berge und Seen, die Inseln – alles scheint nur einen Katzensprung entfernt. Das Bayerische Meer ist nicht nur landschaftlich ein Paradies: Mit der Fraueninsel samt 1000-jährigem Kloster und der Insel Herrenchiemsee, auf die Ludwig II. sein bayerisches Versailles stellte, ist der Chiemsee auch ein kulturell herausragendes Kleinod.*

### SEE MIT VIELEN QUALITÄTEN

Der Chiemsee liegt da wie hingemalt. Vor den Chiemgauer Bergen fügt sich der mit 80 Quadratkilometern Fläche größte See Bayerns idyllisch ins Alpenpanorama. Das Ufer des Chiemsees ist an vielen Stellen noch naturbelassen. Wiesen und Moore wechseln sich mit Strandbädern, Seepromenaden und Dörfern ab. Für Natürlichkeit steht das Naturschutzgebiet Eggstätt-Hemhofer Seenplatte. Hier liegen weitgehend unberührte Seen mit Seerosenfeldern und fast 50 von 70 in Bayern bekannten Libellenarten. Auch das Achendelta und die Alz bieten im Umkreis des Chiemsees Natur in ihrer schönsten Form. Zusammen mit dem umliegenden Chiemgau entdecken Besucher außerhalb der Top-Ausflugsorte die Chiemsee-Region als abwechslungsreiches Urlaubsland.

### INSEL-IDYLLEN

Mitten im Chiemsee liegen die beiden beliebten Ausflugsinseln Herren- und Frauenchiemsee. Die Herreninsel lockt mit königlicher Schlosspracht. Der unvollendete Bau des Märchenkönigs Ludwig II. sollte Versailles noch übertreffen. Im Garten kann man trotz der zahlreichen Besucher noch ein paar ruhige Ecken finden. Die Fraueninsel ist weit kleiner und dichter besiedelt, aber auch eine Spur authentischer. Neben dem Kloster Frauenwörth, dem ältesten Nonnenkloster

Deutschlands, das bereits 782 vom Baiernherzog Tassilo III. gegründet wurde, befindet sich ein Fischerdorf auf der autofreien Insel. Sie faszinierte schon die Maler und Dichter, die mit dem aufkeimenden Tourismus vor rund 150 Jahren das Weite suchten. Heute ist im klösterlichen Biergarten keine Spur von Einsamkeit. Doch wer auf die Nebensaison ausweicht oder über Nacht bleibt, kann abends und am frühen Morgen, noch ohne die zahlreichen Tagesausflügler, beim Spaziergang mit Blick auf Berge und See das Flair dieser besonderen Insel erleben.

### AUF DEM WASSER

Wer den Chiemsee vom Wasser aus erkundet, der hat mit Raddampfer, Elektro-, Ruder- oder Segelboot oder beim Stand-up-Paddling alle Möglichkeiten. Eine besondere Attraktion sind die Segeltörns zum Sonnenuntergang. Dann erstrahlt der See im Licht der untergehenden Sonne und wirkt so besonders magisch. Ein Glas Sekt in der Hand, der Blick aufs Wasser, so wird der abendliche Segeltörn zu einem unvergesslichen Erlebnis.

**01 HERRENINSEL**
Kleines Versailles: Das Neue Schloss Herrenchiemsee.

**02 SEEIDYLL**
Der Chiemsee zur goldenen Stunde im Bergpanorama.

# Chiemsee

## IN DIE BERGE

Die Chiemgauer Alpen sind der perfekte Ort, um neben schönen Stunden am See auch in den Genuss der Berge zu kommen. Schon von Weitem ist die charakteristische Kampenwand zu erkennen. Der 1669 Meter hohe Gipfel ist ein Ort für Adrenalinjunkies, sei es beim Klettern oder Gleitschirmfliegen. Doch auch gemäßigtere Bergsportler können mit der Seilbahn von Aschau aus oder in zwei Stunden zu Fuß die Bergstation erreichen. Von der Station auf 1470 Metern Höhe geht es in einer halben Stunde zur Steinlingalm unterhalb des Felsengipfels. Der Aufstieg auf den Gipfel selbst ist geübten Bergwanderern vorbehalten. Von der Sonnenterrasse der Steinlingalm hat man bei Kaspressknödel, Brotzeitbrett'l oder etwas Süßem einen tollen Blick, im Sommer inmitten der blumenreichen Almwiesen oder im Winter im Naturschnee-Skigebiet Kampenwand.

**TIPP**

### Sundowner am See

Einer der schönsten Orte nach einem langen Tag am See ist zweifellos die Sundowner-Bar in Übersee. Mit einem Cocktail in der Hand beobachtet man von den Liegestühlen aus, wie die untergehende Sonne den See in Gold hüllt. Musik erklingt und wenn die Dunkelheit hereingebrochen ist, leuchtet der Strand in bunten Farben und die Airstream-Bar sorgt für Getränkenachschub.

www.sundownerbar.de

02

02

*Stolz thront König Watzmann über seinem König-
reich. Ihm zu Füßen liegen grüne Wälder und sma-
ragdfarbene Seen. Mit 2713 Metern Höhe überragt
der Watzmann als Wahrzeichen das Berchtesgadener Land. Besucher erwartet eine Fülle an
Möglichkeiten. Gleitschirmflieger fliegen wie
Adler durch die Lüfte, Bergsteiger bezwingen den
gefürchteten Watzmann oder wandern zu schönen
Aussichtsalmen. Im Winter werden auf Skiern und
Snowboards die Pisten unsicher gemacht. Mit der
Jennerseilbahn geht es das ganze Jahr über zur Na-
tionalparkgrenze in 1800 Metern Höhe, ziemlich
hoch über dem Rest der Welt.*

## NATURSCHÖNHEIT IM GROSSFORMAT

Der Nationalpark Berchtesgaden ragt heraus:
1978 wurde er zum ersten und einzigen deutschen Nationalpark in den Alpen ernannt. Er
erstreckt sich von Ramsau und Schönau am

Königssee über den Südosten von Berchtesgaden und grenzt an das österreichische Bundes-
land Salzburg. Seit 1990 ist der Nationalpark
Teil des von der UNESCO ausgewiesenen Biosphärenreservats Berchtesgaden, das seit Juni
2010 zum Biosphärenreservat Berchtesgadener
Land erweitert wurde. Das Gebiet umfasst
heute eine Fläche von 208 Quadratkilometern.
Seit 2014 arbeiten der Nationalpark Berchtesgaden und das Yosemite Valley in Kalifornien in
den Bereichen Forschung und Wissenschaft,
aber auch Öffentlichkeitsarbeit und Besucher-
lenkung zusammen. So viel zu den Fakten.

## TIERISCHE BERGWELT

Die Zahlen sind eine Sache: All das in natura zu
sehen, ist etwas ganz anderes. Wer einmal den
Flug des mächtigen Steinadlers beobachtet
hat, ist tief beeindruckt. Der Star des Nationalparks ist nur ein Beispiel. Vor allem in den
Schutzzonen, in denen der Mensch nicht in die
Natur eingreift, hat sich eine Flora und Fauna
entwickelt, die es so an fast keinem anderen
Ort mehr gibt. Murmeltiere, Schneehasen und
Steinböcke besiedeln die Bergwelt, Bartgeier
drehen ihre Runden. Auf Almwiesen und zwischen dem Geröll blühen Enzian und Edelweiß,
und viele Moos- und Pilzarten gedeihen hier.

01

Bei einer geführten Wildtierbeobachtung mit
Biologen kann man im Alpennationalpark den

# Nationalpark Berchtesgaden

Tieren näher kommen und dabei viel über die Bergbewohner erfahren, etwa über die Adler. Je nach Jahreszeit stehen bei den geführten Adlertouren Balz, Brutzeit oder Aufzucht der Jungvögel im Mittelpunkt der Führungen. Früher war der Steinadler in ganz Europa verbreitet, heute kommt er nur noch in wenigen Gebirgen vor. In den bayerischen Alpen leben aktuell etwa 50 Brutpaare. Das Projekt »Schutz der Steinadler in den Alpen« widmet sich seit 1994 der Beobachtung und dem Schutz der majestätischen Vögel.

**01 ERLEBNISLAND**
Das Berchtesgadener Land ist reich an Naturspektakeln.

**02 MAJESTÄTISCH**
Der Steinadler ist das Wahrzeichen des Nationalparks.

**03 SCHICKSALSBERG**
Der Watzmann dominiert das Berchtesgadener Land.

### PERFEKTES WANDERREVIER

Mit über 250 Kilometer Wanderwegen und Steigen ist der Nationalpark Berchtesgaden ein alpines Wanderparadies. Das Schöne: Man muss weder Gipfelstürmer noch Profibergsteiger sein, um die Region zu erkunden. Von barrierearmen Spaziergängen über Tageswanderungen bis zu mehrtägigen anspruchsvollen Hüttentouren ist für alle Bergfreunde etwas dabei. Beste Aussicht verspricht der Ausflug zum 1874 Meter hohen Jenner. Mit der Kabinenbahn geht es von Schönau am Königssee in 20 Minuten auf den Berg. Von hier aus führt ein leichter Spaziergang mit vereinzelten Stufen in fünfzehn Minuten zur Aussichtsplattform. Das ganze Berchtesgadener Land mit seinem Juwel, dem Königssee, liegt einem dort zu Füßen. Auch der Untersberg und das Steinerne Meer sind zu sehen. Hier oben wird die Werbung aus dem Hochglanzmagazin Wirklichkeit ...

03

01

02

## OZEAN AUS STEIN

Zwischen Watzmann, Königssee und Hochkönig liegt auf einem Plateau das Steinerne Meer. Sein erstaunlicher Name ist Programm: Millionen von Steinen türmen sich zu Wellen und formen einen Ozean aus Geröll. Die Hochfläche erreicht über 2000 Meter, Hunderte Höhlen durchlöchern das Karstgestein. Spalten und Grate formen die Felsenlandschaft. Auf österreichischer Seite gehört das Steinerne Meer zum Naturschutzgebiet Kalkhochalpen. Erfahrene Bergwanderer wählen das Karstplateau als Ziel für mehrtägige Hüttentouren, um die Gipfel des Felsenmeers zu erobern. Der höchste Punkt im Steinernen Meer ist das auf der Pinzgauer Seite gelegene Selbhorn mit 2655 Metern.

## KILOMETERLANGES PANORAMA

Ausblicke ganz ohne zu wandern verspricht die vielleicht schönste Straße Deutschlands. Die Rossfeld-Panoramastraße führt auf einem Bergrücken kurvenreich auf bis knapp 1600 Meter Höhe und bietet außergewöhnliche Blicke auf die Berchtesgadener Bergwelt. Im Cabrio sitzend, die Sonnenbrille auf der Nase, ein Tuch stilecht um den Kopf – es mag nach Klischee klingen, doch auf der Rossfeld-Panoramastraße ließe sich dieses Traumbild problemlos in die Tat umsetzen. Die Kurven führen immer wieder zu filmreifen Ausblicken. Die Alternative zum Cabrio: das E-Bike. Mit ein bisschen Unterstützung sind auch die Steigungen von bis zu 20 Prozent kein Problem mehr.

03

**01 HÖHENWEG**
Der Blick ins Wimbachtal ist buchstäblich atemberaubend.

**02 TRITTSICHER**
In den schroffen Felsen sind die jungen Steinböcke zu Hause.

**03 PFARRKIRCHE**
Das berühmte Ramsauer Postkartenmotiv.

## ROMANTISCHES RAMSAU

Die kleine Kirche St. Sebastian, im Hintergrund das Bergpanorama der Reiter Alpe, davor die Ramsauer Ache und die malerische Brücke. Dieses Bild ist weltberühmt. Die Maler des 19. Jahrhunderts entdeckten das Motiv für sich, heute ziert es Postkarten und Puzzles. Der Ramsauer Bergsteiger Johann Grill, genannt der Kederbacher (1835–1917), war es, der als Erster die Watzmann-Ostwand durchstieg. Der Ramsauer Bergsteiger betreute als erster Hüttenwirt das Watzmannhaus und verkörperte die besondere Beziehung der Ramsauer zu den Bergen. Heute ist Ramsau ein vom Deutschen Alpenverein zertifiziertes Bergsteigerdorf. Nach österreichischem Vorbild verschreibt sich ein Bergsteigerdorf dem sanften Tourismus, fördert den Naturschutz und eine nachhaltige Entwicklung.

01

## BEZAUBERNDER WALD

Die Romantiker liebten Ramsau. Nicht nur die Kirche, auch der malerische Hintersee und der urwüchsige Zauberwald ließ die Künstlerherzen höher schlagen. Der Zauberwald entstand vor Jahrtausenden durch einen Felssturz. Riesige Felsbrocken formten das Land zu Wald und See und schufen das, was wir heute als Idealbild eines romantischen Bergsees empfinden. Das Bild findet sich vielfach in den Skizzenbüchern von Künstlern wie Carl Rottmann, Ferdinand Waldmüller, Friedrich Gauermann und Wilhelm Busch wieder. Das klare, grünblaue Wasser bildet einen fast unwirklichen Kontrast zum Grün des Zauberwalds. Entlang des Naturlehrpfads Zauberwald kann man sich von der Magie selbst überzeugen. Die Bäume spenden Schatten, zwischen den von Moos überzogenen Steinen wachsen hier und da Pilze.

Wer den See besonders stimmungsvoll erleben will, kommt früh am Morgen. Dann liegt der Nebel noch still über dem Wasser.

## SPEKTAKULÄRE KLAMM

Bei Ramsau wartet ein Kletterabenteuer: In der Wimbachklamm tritt das Wasser, das von den Bergen unterirdisch abfließt, zutage. Mit lautem Getöse bahnt sich der Wildbach einen Weg durch die enge Felsschlucht. Über Brücken und Stege lässt sich die Wimbachklamm erwandern. Der Weg durch die 200 Meter lange Schlucht ist kurz, aber eindrucksvoll. Er schlängelt sich am rauschenden Bach nach oben, immer zwischen den steilen Felswänden hindurch, begleitet von Wasserfällen aus allen Richtungen.

Oben angekommen lohnt ein Ausflug zum ehemaligen Jagdschloss der Wittelsbacher. Heute verheißt die Berggaststätte eine willkommene Stärkung nach dem Klamm-Abenteuer.

### TIPP

### Unter Tage

Das Salzbergwerk Berchtesgaden ist das älteste aktive Salzbergwerk Deutschlands und bereits seit 1880 für Besucher zugänglich. Kaum in den Schutzoverall gestiegen, geht es mit der Schmalspurbahn ab in den Stollen. Holzrutschen, die Salzkathedrale und ein unterirdischer Salzsee sind die Höhepunkte des sensationellen Ausflugs unter Tage.

www.salzbergwerk.de

02

**01 WIE GEMALT**
Der Hintersee brachte schon die Romantiker zum Schwärmen.

**02 WILDROMANTISCH**
Die wilde Klamm liegt im Herzen des Nationalparks.

*Eine kleine weiße Kapelle mit roten Zwiebeltürmen, dahinter steiler Fels, davor das klare Wasser: Die Wallfahrtskapelle St. Bartolomä ist ein Postkartenmotiv und weltbekannt. Wenn sich der bayerische Himmel blau über dem See wölbt, die Ostalpen in Sonnenlicht gehüllt sind und der Königssee smaradgrün schimmert, dann ist das Bayern wie aus dem Bilderbuch. Dass der Königssee wie ein starker Magnet Touristen aus aller Welt anzieht, wundert nicht. Wer sinnvoll plant, etwa früh kommt oder die Wochentage nutzt, kann seiner Schönheit noch immer vollends verfallen.*

02

### EIN FEST DER FARBEN

Schöner könnte es nicht sein: smaragdfarben, türkisgrün, intensiv blau. Das Wasser des Königssees funkelt. Seine satte Farbe kommt von den im Wasser gelösten Kalkteilchen, die

01

das Sonnenlicht brechen. Das Seewasser ist nicht nur bezaubernd anzusehen, man könnte es sogar trinken, so sauber ist es. Zum Baden lädt der Gebirgssee nur die Hartgesottenen ein, denn er ist eisig kalt. Da erscheint die Bootsfahrt als die bessere Wahl, vor allem wenn man die berühmte Kapelle besuchen will. Sie ist fast nur über das Wasser zu erreichen. Der Landweg dorthin ist lang, unwegsam und führt durch hochalpines Terrain. Die steilen Hänge um den Königssee machen eine Umrundung unmöglich. Bei der beliebten Überfahrt, die man wohlweislich auf den frühen Morgen legen sollte, kann man nicht nur das Bergseepanorama genießen und das Glitzern des Wassers bewundern, sondern auch Zeuge eines Kuriosums werden: des Königsseer Echos.

### HALLO ECHO!

Bereits seit 1909 sind auf dem See Elektromotorboote unterwegs und schippern täglich Besucher über den See. Bei der Fahrt spielt der See seinen ganzen wildromantischen Charme aus. Schroffer Fels, Wasser – man kann den malerischen Anblick des fjordartigen Sees kaum in Worte fassen, man muss es schon selbst erleben. Nach einer besonders engen Stelle des Sees bleibt das Boot stehen. Alles ist in stiller Erwartung, denn jeder weiß, was

# Königssee

jetzt kommt. Der Bootsführer packt sein Flügelhorn aus und bläst einen lauten Ton gen Steilwand. Ein Echo erschallt, und die Zuhörer sind entzückt. Früher wurde das Echo etwas rabiater vorgeführt. Da schoss man mit Böllern und erzeugte so gar einen bis zu siebenfachen Widerhall.

### ZWEI KAPELLEN

Die Wallfahrtskapelle St. Bartolomä vor der 1800 Meter hohen Ostwand des Watzmanns ist das vielleicht beliebteste Fotomotiv im ganzen Berchtesgadener Land. Doch wer noch weiter geht, entdeckt eine ganz andere Art von Kapelle. Dazu muss man eine Stunde erübrigen können und sich von St. Bartholomä auf den Weg durch den Wald zum tiefstgelegenen permanenten Eisfeld der Deutschen Alpen

machen. Auch wenn das Firneisfeld seinen Status als Gletscher bereits Mitte des 20. Jahrhunderts verloren hat, beeindruckt diese kalte Eiswelt. Durch die Schneelawinen von der Watzmann-Ostwand wird das Eisfeld ständig genährt. Darin befindet sich ein geräumiger Hohlraum: die so genannte Eiskapelle. Ihr Eingang gleicht einem Gletschertor, der Blick ins Innere, wo sich Schächte und Gänge gebildet haben, ist faszinierend; das Betreten allerdings lebensgefährlich.

**01 FIRNEISFELD**
Die Eiskapelle schrumpft immer weiter.

**02 ST. BARTHOLOMÄ**
Die markanten roten Kuppeldächer der Zwiebeltürme.

**03 KÖNIG DER SEEN**
Für viele ist der Königssee der schönste aller Bergseen.

03

### GIGANTISCHER WASSERFALL

Wer die große Runde mit dem Boot macht, erreicht in rund 20 weiteren Fahrminuten das hintere Ende des acht Kilometer langen Sees und die Station Salet Obersee. Es bietet sich die Gelegenheit, ein wenig mehr Bergluft zu schnuppern, ohne gleich auf hochalpine Bergtour zu gehen. Atemberaubend schön liegt hier der Obersee. Bis ins 12. Jahrhundert war er Teil des Königssees und wurde dann durch einen Gebirgssturz vom Königssee getrennt. Entlang des Obersees zeigt sich das Gebirgspanorama von seiner fast übertrieben schönen Seite. Auf dem Weg nach oben zur Fischunkelalm wird es steil. Einige Stellen sind mit Seilen gesichert, doch die Mühe lohnt sich. Nach dem felsigen Pfad warten satte Bergwiesen und eine gewaltige Kulisse. In den Sommermonaten ist die Fischunkelalm bewirtschaftet und bietet sich für eine Einkehr an. Doch das Ziel liegt noch eine halbe Stunde entfernt: der Röthbach-Wasserfall, der höchste in Deutschland. Rund 470 Meter stürzen die Wassermassen die Felsen hinab. Trotz des Höhenrekords bleibt der Wasserfall von Trubel verschont. Man kann ihn ganz in Ruhe bewundern.

### ABTRIEB MIT HINDERNISSEN

Der Almabtrieb ist immer ein Höhepunkt in den Alpendörfern. Am Königssee kommt die Angelegenheit besonders speziell daher: Wenn die Kühe von der Alm in den Stall gebracht werden, müssen sie die gleichen Wege wie die Menschen nutzen, und das ist am Königssee gar nicht so einfach. Unterhalb der Alm

01

müssen die Rinder zunächst an den steilen Passagen einen abenteuerlich rutschigen Kletterpart bewältigen und trotten dann am Obersee entlang. In Salet werden die Kühe auf Transportschiffe, die sogenannten Landauer, geladen und nach Schönau gebracht. Dort schmückt man sie festlich, allerdings nur, wenn Mensch und Vieh während des gut 100 Tage währenden Almsommers nichts zugestoßen ist. So will es der Brauch. Im Tal wird bereits ab Bartholomäus, dem 24. August, mit dem Aufkranzen begonnen. Dann stellen die Bäuerinnen und Bauern den Kopfschmuck für die Rinder her, dabei werden die sogenannten Fuikln in Handarbeit aus Fichtenbäumchen, Blumen und bunten Schaberbandln angefertigt. Wer an der Zeremonie teilhaben und bei der Viehankunft zusehen will, hat im Oktober die Gelegenheit dazu.

## TIPP

### Beste Aussicht

*Wenn nur Zeit für eine kurze Stippvisite ist und man in der Nähe von Schönau die Landschaft erkunden will, sollte man den berühmten Malerwinkel aufsuchen. Ein kleiner Spaziergang von 15 Minuten Dauer bringt Besucher von der Seelände zum Aussichtspunkt. Von hier aus hat man den gesamten See vor Augen. Und wer genau lauscht, kann sogar das Echo hören.*

**01 UNTER WASSER**
Fun Fact: Im Königssee liegt seit 1964 ein VW Käfer.

**02 PITTORESK**
Das Bootshaus am Obersee ziert sicher viele Fotoalben.

02

**MAJESTÄTISCH**
Der Königssee –
ein alpenländischer
Fjord.

## Bildnachweis

Shutterstock: 1, 171 (bluecrayola), 2/3, 146 o., 192 o. (Oliver Hlavaty Photo), 4 o. (Benjamin Zocholl), 4 u. (Thorsten Stark), 5 o., 202 u. (Lauredin), 5 u. (harald-muc), 6/7 (RadekD), 8/9, 16 (Marcus_Hofmann), 12 o., u. (Agami Photo Agency), 13 (ksl), 14 o. (AlexWolff68), 14 u. (Majonit), 15 (Kerrin Ingwersen), 18 o., u., 21 (Doris Oberfrank-List), 19 (NaturePicsFilms), 20 o., u. (dirkr), 22 o., 86 u., 181, 228 o. (Sina Ettmer Photography), 22 u., 24 u., 116 o., u. (R_Pilguj), 23 (Ronald Wittek), 24 u., 105 (John-Fs-Pic), 25, 78 o., 122 (Traveller Martin), 26 o. (Jearu), 26 u. (Frank Fichtmueller), 27, 32 o., 242 o., 246/247 (Michael Thaler), 28/29, 65 (Jenny Sturm), 30, 242 u., 248, 251, 254 u., 259, 264, 271 (FooTToo), 31 (YesPhotographers), 32 u. (Thorsten Schier), 34 (Vishnevskiy Vasily), 35 (Carmen Villacanas), 36 o., 38 o. (Steidi), 36 u. (Andreas Krumwiede), 37 (Erich Teister), 38 u. (powell'sPoint), 39, 48 u., 180 u. (Heide Pinkall), 40, 45 (Heinz-Peter Schwerin), 42 o. (Michael Schroeder), 42 u. (Angela Blank), 43, 64 u., 109 u., 173, 219 (rph-stock), 44 o., u. (Thorsten Link), 46 o. (Petra Nowack), 46 u. (Andreas Rose), 47 (Konrad Weiss), 48 o. (lcrms), 49 (Oliver Hoffmann), 50, 52 (Ulrike Adam), 51 (MH STOCK), 54, 55 (anyaivanova), 56 o. (Tony Roddam), 56 u., 64 o. (DR pics), 57, 59, 60 o. (dugdax), 58 (IURII BURIAK), 60 u. (Nikolai Link), 61 (Gerckens-Photo-Hamburg), 62/63 (Gunares), 66 o. (stylefoto24), 66 u., 110/111 (Tilo G), 67 (Bouke Atema), 70 (Manninx), 68, 73 u. (bali-padma), 72 (Benjamin Lissner), 73 o. (Anibal Trejo), 74 o., 132 o., 196 u. (Ina Meer Sommer), 74 u. (lichtmaster), 75 (Pascal Halder), 76 (fretschi), 77 (Gabi Wolf), 78, 186/187 (Werner Spremberg), 79 (lichtbildrausch), 80/81 (studio-fifty-five), 82 o. (Fotokon), 86 u. (photolike), 84, 86 o. (Philipp Dase), 87 (Bernd Meissner), 88 o., u., 197, 220 o., 228 u. (imageBROKER.com), 90 o., u., 91, 92 u. (Basotxerri), 92 o., 93 (Traveller70), 94/95 (Alex Stemmer), 96 u. (Rolf G Wackenberg), 97 (nehls16321), 98 (Allthings Berlin), 99 (AleksanderssonS), 100/101, 165 (Alice-D), 104 o., u. (Joel Wuestehube), 106, 224 u. (Simon Dannhauer), 107 (Marco Ritzki), 108 o. (HT-Pix), 108 u. (Jan Nedbal), 109 o. (Ugis Riba), 112 o. (Fabian Zocher), 112 u. (Andreas W. Rehkopp), 113 (Travel Faery), 114, 118 o. (ohenze), 82 u., 117, 118 u., 140 u., 212 u., 215 (Bildagentur Zoonar GmbH), 119 (V. Schneider), 120 o. (Karin Jaehne), 120 u. (AlexBuess), 121 (travelview), 123, 124 o. (S. Kuelcue), 124 u. (DZiegler), 125 (Michel_Graupeter), 126 o. (TigerSun), 126 u. (AMB), 127 (scimmery), 128 o. (Florian_Krueger), 128 u. (JiriCastka), 129 (INTERPIXELS), 130 (DanKe), 132 u. (LianeM), 133 (Spreewald-Birgit), 134 (A.N.Foto), 135, 211 (Animaflora PicsStock), 136 o. (Chris Hoff), 136 u. (Jan Schneckenhaus), 137, 148 o., 161, 222, 278 u. (ON-Photography Germany), 138 o., 139 (Tanja Esser), 138 u. (Lukassek), 140 o. (hecke61), 141 (Andreas Jung), 142/143 (ccbyhj), 144 o. (Nicole Kwiatkowski), 144 u. (T-Pix), 145 (Woloha), 146 u. (Takashi Images), 147 (Torsten54), 148 u., 151 (Manfred Ruckszio), 149 (Thorsten Trinkler), 150 o. (Christian Colista), 150 u. (Volker Rauch), 152 (gallimaufry), 153, 166/167 (Katho Menden), 154 (Sergey Dzyuba), 156 o., 206 u. (Wolfgang Zwanzger), 156 u. (C. Nass), 157 (Bernd Zillich), 158/159 (art-4stock), 160 o. (RockerStocker), 160 u. (fokke baarssen), 162 (Gergo Csorba), 163 (Bernhard Klar), 164, 168 u., 191, 262 o., 263 (Alexander Schmitz), 168 o. (CK Ma), 170 o., 193 (Circumnavigation), 170 u. (Anne Drotleff), 172 o. (David Hajnal), 172 u. (Thomas Kunz), 174 o. (PEnsell Photography), 174 u. (panoglobe), 175, 176 o. (Felix Kroll), 176 u. (Christoph Mohr), 178 o. (Rosemarie Kappler), 178 u. (Stefan Bernsmann), 179 (Jana Loesch), 180 o. (Peer Marlow), 182 o. (Mikalai Nick Zastsenski), 182 u. (NatalyaBond), 183 (Sepp photography), 184/185 (Marie-Therese Schlierkamp), 190 (S. Mueller), 192 u. (Volker Muether), 194 o. (Jakob Schultz), 194 u. (Leonid Andronov), 195 (Christopher Beyer), 196 o. (Lena Bayer), 198 (CP7 Photography), 200 o., u., 203 (Five-Birds Photography), 201 (Konstantin Mizikevitch), 202 o. (markus spiske), 204 o. (Anton Opanasiuk), 204 u., 206 o. (Reiner Conrad), 205 (Oxie99), 207, 280 (UschiDaschi), 208, 275 (CHRiiZ), 209 (Peter Fodor), 210 o. (Petr Bonek), 210 (JaklZdenek), 212 o. (Jan Hendrik), 213 (Markus Zeller), 214 o. (Gerhard Roethlinger), 214 u. (Martin Nagel), 216 (Joaquin Ossorio Castillo), 217 (jopelka), 218 o. (Simon Dux Media), 218 u. (Kai-Marco Fischer), 220 u. (Benjamin B), 221 (mmager), 223 (tichr), 224 u. (Andreas Zerndl), 225 (Arthur Palmer), 226 o. (Klaus Ulrich Mueller), 226 u. (Dora Artemiadi), 227 (Vaclav Sebek), 229 (toriru), 230 o. (Lukasz Szwaj), 230 u. (AngelinaSchaedler), 231 (Nadezda Murmakova), 232 u. (Blackbone-Productions), 232 u. (Wynian), 233 (Eva Bocek), 235 o. (Foto-Wolle), 235 u. (moreimages), 234 (KeongDaGreat), 236 o., 237, 244 u., 252 u. (Martin Erdniss), 236 u. (German Globetrotter), 238/239 (PlusONE), 240 (kb-photodesign), 243 (Melanie J), 244 o. (Jan Weigand), 245 (Markus Gann), 250 o., 252 o., 262 o. (Christina Fink), 250 u. (kviktor), 253 (Katharina Ulrich), 254 o. (ravjitwanderer), 255 (footageclips), 256 (Nemo1963), 257 (Pit Stock), 258 (Milan1983), 260/261 (Zoom Team), 265 (Ekaterina Polischuk), 266 (Creative Travel Projects), 268 o. (MNStudio), 268 u. (Ervin-Edward), 269 (marima), 270 (milosk50), 272 o. (Ondrej Prosicky), 272 u. (Lukas Saalfrank), 273 (Tobias Arhelger), 274 o. (Alexander Rochau), 274 u. (Christian Peters), 276 (Claudiu Maxim), 277 (Alex Mozgovoi), 278 o. (Ryszard Filipowicz), 279 (kavram), 281 (canadastock), 282/283 (auerimages), 287 (Bernd Juergens).

**WELTBERÜHMT**
Die Wallfahrtskirche St. Bartholomä am Westufer des Königssees gelegen.

## Impressum

Verantwortlich: Carola Holzer, Elisabeth Bandulet, Linda Weidenbach
Lektorat: Britta Menzel
Umschlaggestaltung und Layoutkonzeption: Eva Finkbeiner
Satz und Layout: VerlagsService Gaby Herbrecht
Bildredaktion: Franziska Sorgenfrei
Korrektorat: Buch&media GmbH
Kartografie und Illustrationen: Leeloo Molnar
Repro: Ludwig:media
Herstellung: Bettina Schippel
Printed in Slovenia by Florjancic Tisk

**Sind Sie mit diesem Titel zufrieden? Dann würden wir uns über Ihre Weiterempfehlung freuen.**

Erzählen Sie es im Freundeskreis, berichten Sie Ihrem Buchhändler oder bewerten Sie beim Onlinekauf. Und wenn Sie Kritik, Korrekturen, Aktualisierungen haben, freuen wir uns über Ihre Nachricht an Bruckmann Verlag, Postfach 40 02 09, D-80702 München oder per E-Mail an lektorat@verlagshaus.de.

Unser komplettes Buchprogramm finden Sie unter

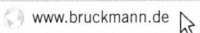
www.bruckmann.de

Umschlagvorderseite: Am Obersee spiegelt sich das Panorama der umliegenden Bergwelt (shutterstock/canadastock).
Umschlagrückseite: (oben) Im Murnauer Moos (shutterstock/FooTToo); (unten) Das Rote Kliff auf Sylt (shutterstock/Michael Thaler); (rechts) Das Zisterzienserkloster Bebenhausen (shutterstock/mmager).
Seite 1: Am Neckarsteig locken Ruine Stolzeneck und einsame Täler und Wälder.
S. 2/3: Der Thüringer Wald will als Reiseziel neu entdeckt werden.

Alle Angaben dieses Werkes wurden von den Autoren sorgfältig recherchiert und auf den neuesten Stand gebracht sowie vom Verlag geprüft. Für die Richtigkeit der Angaben kann jedoch keine Haftung übernommen werden. Sollte dieses Werk Links auf Webseiten Dritter enthalten, so machen wir uns die Inhalte nicht zu eigen und übernehmen für die Inhalte keine Haftung.

Die Deutsche Nationalbibliothek verzeichnet diese Publikation in der Deutschen Nationalbibliografie; detaillierte bibliografische Angaben sind im Internet über http://dnb.d-nb.de abrufbar.

© 2020 Bruckmann Verlag GmbH
Infanteriestraße 11a
80797 München

ISBN 978-3-7343-1837-5

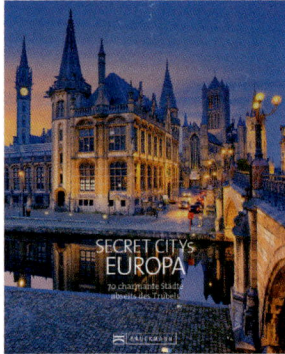

www.bruckmann-verlag.de